KB075445

웹 해킹과 보안 설정 가이드

웹 해킹과 보안 설정 가이드

웹 개발자와 서버 운영자를 위한

백승호 지음

추천의 글

1969년, 미국 대학을 중심으로 추진된 아르파넷ARPANet을 흔히 인터넷의 효시라고 이야기한다. 당시 인터넷은 일종의 상호 신뢰를 바탕으로 참여한 4개 대학을 중심으로 장애 등에 대비한 데이터의 효율적인 전송을 위한 통신 규약을 사용했다.

1982년, TCP/IP 규약이 정립된 이후에도 대부분 기업이나 기관에서는 전용 회선이나 패킷 통신 방식을 주로 사용했다. 이후에도 기업이나 기관은 속도 면에서 장점이 있는 프레임 릴레이Frame Relay, ATM 방식을 주로 사용하곤 했다. 하지만 1990년도 초반부터 브라우저라는 일종의 접속 프로그램이 발표되면서 인터넷이 대중화되기 시작했으며, 이에 따라 기업이나 기관은 인터넷이라는 통신 방식을 사용해 기업의 정보를 제공하는 수단으로 관련 시스템을 구축하고 운영하게 됐다. 이는 단순히 텍스트 위주의 데이터 표현에 HTML이라는 그림, 표 등 일종의 멀티미디어를 표시하는 기능을 포함시키게 됨으로써 정보의 바다라는 인터넷이 모든 통신 방식을 흡수하게 됐다.

하지만 인터넷은 PC나 네트워크, 서버, DBMS의 복잡한 운영체제, 시스템 소프트웨어, 프로그램 기술을 바탕으로 구현돼 있다. 따라서 인간은 신이 아니므로 작성된 소프트웨어에 취약점을 포함하게 된다. 일종의 소스코드 취약점 분석용 소프트웨어도 있지만, 복잡한 기능을 모두 검진하기는 사실상 불가능하다.

이와 같은 인터넷상의 보안 위협 상황에서 저자는 다년간 홈페이지 취약점에 대한 분석과 시큐어 코딩Secure Coding 업무를 수행한 경험을 바탕으로 이 책을 집필하게 됐다. 또한 이 책은 국내에서 많이 사용되는 각종 웹 서버 보안 설정값 등도 언급함으로써 해킹 방지를 위한 종합적인 지침서로 활용이 가능하다.

이 책은 주요 보안 취약점에 대한 실전적 분석과 대응 방안을 언급해 현장 보안 기술자나 홈페이지 개발 등에 종사하는 IT 기술자를 위한 참고서로 활용할 수 있다. 특히 홈페이지 개발자, 서버 운영자, 보안을 공부하고자 하는 IT 기술자는 많은 도움이 될 것으로 믿는다.

이 책이 인터넷 보안에 조금이나마 도움이 돼 안전한 사이버 대한민국을 구축하는 데 도움이 되길 바라며, 저자의 노력에 격려를 보낸다.

– **김우한** / 정부통합전산센터장

매년 다양한 해킹 사고들이 반복되고 있습니다. 사고가 발생할 때마다 기업에서는 해킹 방지를 위한 대책 마련에 분주하지만, 정작 어디서부터 어떻게 시작해야 할지 모르는 경우가 다반사입니다.

이 책은 이런 고민을 해결하는 데 실질적인 도움을 주고자 출간된 책입니다. 특히 정보 보안을 공부하는 학생부터 홈페이지 개발자, 서버 운영자 등 현업에 종사하는 실무자까지 누구나 쉽게 이해할 수 있는 용어와 설명을 통해 다양한 해킹 기법과 대응 방안을 소개하고 있습니다. 또한 해킹 방어를 위한 보안 설정을 비롯해 WEB이나 WAS 보안 설정, 소스코드 개발 예제 등 보안 실무자에게 꼭 필요한 정보를 체계적으로 소개함으로써 안전한 홈페이지 개발에 큰 도움을 줄 것입니다. 이 책은 저자가 사이버 안보의 최전선에서 각종 해킹과 정보 유출 사고를 방어하는 핵심 실무자로 근무하면서 경험했던 내용이 고스란히 담긴 만큼 현업에서의 활용도 역시 매우 높을 것으로 기대합니다. 특히 점검해야 할 항목이 일목요연하게 정리돼 있어, 담당자가 책을 보고 따라 하는 것만으로도 보안 체계가 크게 개선될 것입니다.

해킹에 대한 어려운 접근 방식에 불편함을 느낀 학생이나 현실과 동떨어진 내용에 답답함을 느낀 보안 실무자에게 이 책은 가장 합리적인 선택이 될 것으로 판단되며, 정보 보안에 관심이 많은 사람이라면 편안한 마음으로 이 책을 읽어보길 권합니다.

– **이득춘** / ㈜이글루시큐리티 대표이사

인터넷의 편리성 이면에는 어쩌면 그보다 더 큰 위험성이 내재돼 있다. 2011년에는 총 4,000만 명 이상의 개인정보 유출 사고(3개 기관) 및 전산망 마비 사태 발생, 2012년에는 1,300만 명의 개인정보 유출 사고 발생(3개 기관), 2013년에는 언론사, 방송국 및 은행 등의 전산망 마비 등과 같은 대형 보안 사고들이 발생한 것이 이를 대변한다. 대부분의 기관이나 기업에서는 고객들에게 편리한 서비스를 제공하기 위해 웹 서비스를 활용하고 있는 실정으로, 웹은 조직 운영의 필수 도구라 할 수 있다. 또한 이 필수 도구인 웹이 해킹의 주요 대상이 되고 있음은 주지의 사실이다. 분산 서비스 거부 공격을 제외한 대다수 공격이 웹을 대상으로 하고 있음을 보면 조직에 있어 웹 보안의 중요성은 아무리 강조해도 지나치지 않을 것이다.

저자는 이 책을 통해 개발자나 운영자들이 해킹에 대해 올바로 이해하고 애플리케이션 개발 시 보안을 고려해 어떻게 개발해야 하는지, 서버 설정은 어떻게 해야 하는지 등을 실무 측면에서 집필하게 됐다고 한다.

기존 웹 해킹 관련 서적들은 웹 해킹 기법들에 대한 소개들은 많이 하고 있으나, 실제 안전한 응용 개발과 보안 설정에 대한 설명이 미흡해 이 책에서는 해킹 기법들보다는 안전한 소스코드 개발과 서버 설정에 중점을 두고 있다. 즉, 웹 해킹에 대한 설명과 해당 공격이 발생했을 경우 어떤 위험이 따르는지, 해당 공격을 방어하기 위해 각 웹, WAS의 종류별로 보안 설정을 어떻게 해야 하는지, 그리고 소스코드 개발을 어떻게 해야 하는지에 대해 세부 지침을 기술했다.

이 책은 해킹 기법과 대응 기법을 통합적으로 기술하고 있어 웹 보안에 관심이 있는 독자들은 물론, 웹 보안을 책임지고 있는 현장의 실무자 분들에게 실질적이며 효과적인 지침을 제공할 것이다. 그러므로 끝없는 창과 방패의 싸움인 웹 보안 분야에서 방패가 승리하는 데 이 책이 크게 기여할 것으로 믿으면서 적극 추천한다.

– 이상호 / 충북대학교 전자정보대학 소프트웨어학과 교수, (사)중소기업융합학회 학회장

백승호 manitto@igloosec.com

KAIST IDEC에서 5년 반 동안 연구조원으로 근무했으며, 2005년에 충북대학교 네트워크 보안연구실에서 석사 과정을 마쳤다. 한국화학연구원, 한국생명공학연구원 등의 홈페이지를 개발했으며, 2007년부터 정부통합전산센터에서 IDS, IPS 등 보안 장비 운영 및 탐지 패턴 개발을 시작으로 웹 해킹 분석, DDoS 공격 대응, 홈페이지 취약점 점검 및 모의해킹 등의 업무를 수행했으며, 현재 사이버 침해 대응 팀장을 맡고 있다.

먼저 소망을 이루게 하신 하나님께 감사드립니다.

출간을 결심하고 책을 쓰면서 처음 하는 작업이라 여러 가지 어려운 부분들이 있었습니다. 그때마다 꼼꼼하게 챙겨주신 김희정 부사장님과 민병호 님을 비롯한 리뷰어들, 에이콘출판사 직원들께 감사드립니다.

또한 부족한 책에 추천사를 써주신 정부통합전산센터 김우한 원장님, 이글루시큐리티 이득춘 대표이사님, 충북대학교 이상호 교수님께 감사드립니다.

내용을 정리하는 데 도움을 준 김성하 과장에게도 감사의 인사를 드립니다. 그리고 취약점 점검 팀에서 취약점 점검 업무를 하면서 도움을 준 유요필 과장, 이원진 선임, 한창윤 과장, 강상훈 대리에게도 감사드립니다.

늘 곁에서 사랑과 응원으로 격려해준 가족인 어머니 이정순 여사, 동생인 승원, 승복, 제수인 신혜선, 그리고 사랑스런 조카 지연, 지우에게 감사드립니다.

끝으로 이 책이 출간되길 관심을 가져주시고, 격려해주신 모든 분께 감사드리고, 사이버 보안을 위해 늘 고민하고 수고하는 모든 분께 응원을 보냅니다.

지은이의 말

인터넷이 생활화 돼 있는 요즘 누구나 하루에도 수많은 홈페이지를 접하게 되고, 이런 홈페이지를 만드는 업체와 개발자, 서버 운영자도 그만큼 많이 존재한다. 하지만 안타깝게도 개발자와 서버 운영자들은 보안에 대해서는 잘 알지 못하는 것이 현실이다.

그동안 보안 업무를 하면서 홈페이지에 대한 취약점 점검을 수행해 점검 결과를 전달하면 대부분 업체나 개발자들은 해당 취약점에 대해 어떻게 조치를 취해야 하는지조차 모른다는 사실을 알게 됐다. 또한 취약점 제거 조치를 취한 후 자신이 조치한 내용이 올바르게 이행됐는지 확인하는 방법 또한 잘 모르고 있었다. 때문에 홈페이지 개발자와 서버 운영자들이 웹 해킹에 대해 이해하고, 소스코드를 어떻게 개발해야 취약점을 제거할 수 있는지, 서버의 보안 설정을 어떻게 해야 침해 사고를 예방할 수 있는지 알려주기 위해 이 책을 집필했다.

이 책을 통해 개발자들과 서버 운영자들이 웹 해킹에 대해 이해하고, 그에 대한 적절한 대응을 통해 해커의 공격으로부터 조금이나마 안전한 홈페이지를 운영할 수 있기를 바란다.

또한 보안에 대해 공부하고자 하는 사람들에게는 웹 해킹 기법들과 취약점의 존재 여부를 확인하는 방법, 안전한 홈페이지 개발을 위한 소스코드 개발 및 서버 보안 설정에 대한 전반적인 내용을 공부할 수 있는 유용한 교육 자료로 사용될 수 있길 기대한다.

목차

취약점 점검 항목은 여러 가지 기준을 가지고 나름대로 정의하는 경우가 많다.

이 책에서 구분한 취약점 항목은 한국인터넷진흥원, 국가정보원, 정부통합전산센터 등 기관별로 상이한 취약점 점검 항목을 한국인터넷진흥원의 주관을 통해 2011년 통일화한 '23개 표준 취약점 점검 항목'을 기준으로 했다.

23개 취약점 항목 중 공격 빈도가 낮거나 다른 항목과 유사한 Xpath 인젝션, 악성 콘텐츠, 취약한 패스워드 복구, 세션 예측, 경로 추적을 제외한 주요 취약점 18개 항목만을 기술했다.

취약점 기준은 매우 다양하지만 항목 구분과 명칭이 다를 뿐 내용은 대부분 유사하게 나타나고 있다.

이 책은 2개의 부와 부록으로 구성했다.

1부는 공격 방법이나 공격이 일어나는 부분 등을 고려해 입력 값 조작 공격, 잘못된 보안 설정, 자동화 도구, 취약한 보안 기능에 관한 4개 장으로 구성했다. 각 취약점에 대해서는 개략적인 설명을 기술하고, 웹 서버에 해당 취약점이 존재하는지 여부를 점검하기 위한 방법과, 취약한 시스템의 증상을 기술한다. 해당 취약점을 이용한 공격 성공 시 예상되는 피해를 기술하고, 해당 취약점을 제거하기 위한 일반적인 보호 대책이나 서버 설정 방법을 기술한다. 끝으로 소스코드를 수정해야 하는 경우 개발 언어별로 해당 취약점을 제거하기 위한 웹 애플리케이션의 샘플 코드를 기술했다. 책에 소개된 예제들은 참고용으로 소스코드의 일부분을 기술한 것이므로 각 서버와 서비스의 특성에 맞게 수정한 후 사용해야 한다.

2부에서는 각 웹과 WAS별로 보안 설정을 해야 하는 부분을 정리해 실제 서버에 설정을 할 경우 참고하기 편리하게 정리했다. 여기에 기록한 설정들은 일반 서비스에 대한 설정이 아니라 보안 설정에 관련된 부분만을 기술했으며, 여러 버전에 대한 내용을 포함하고 있지는 않으므로 해당 설정을 참고해 자신의 환경에 맞게 설정해야 한다.

부록에서는 '기타 보안 고려 사항'과 홈페이지에서 발생하는 에러 상태 코드에 대한 설명과 웹 해킹 시 가장 많이 사용하는 웹 프락시 툴인 버프 스위트Burp Suite의 간단한 사용법을 기술했다.

웹 해킹 기법과 대응 방안

홈페이지를 만들기 위해서는 정적인 콘텐츠를 제공하기 위한 웹 서버와 동적인 콘텐츠를 제공할 때 사용하는 웹 애플리케이션 서버WAS, 데이터를 관리하는 데이터베이스 서버 등이 필요하다.

웹 서버를 구성하는 방식에는 1-Tier, 2-Tier, 3-Tier 방식이 있다. 웹 서버, 웹 애플리케이션 서버, 데이터베이스 서버를 하나의 서버 안에 구축하는 방식을 1-Tier라고 하며, 웹 서버와 웹 애플리케이션 서버를 하나의 서버에 구축하고 데이터베이스 서버를 다른 하나의 서버로 구축하는 것을 2-Tier, 3개의 서버를 각기 분리해 구성하는 것을 3-Tier라 한다.

웹 서버가 공격을 당해 서버 권한이 노출된 경우 3-Tier 방식은 웹 애플리케이션과 데이터베이스 서버에 영향을 주지 않기 때문에 3-Tier 방식이 보안에는 가장 안전한 방법이다. 따라서 가능한 한 1-Tier 방식은 지양하고 2-Tier 이상의 방식으로 구성하는 것이 안전하다.

티어Tier의 개념은 서버-클라이언트 프로그램 개념으로 많이 사용한다. 하지만 이 책에서는 웹 서버의 구성을 이해하기 위해 기술한 것으로, 프로그램 개념보다는 서버 구성 개념으로 이해하길 바란다.

웹 서비스의 동작은 간단하게 다음과 같은 과정으로 요약할 수 있다.

- 사용자가 웹브라우저를 통해 데이터를 요청한다.
- 웹 서버는 요청을 받아 웹 애플리케이션 서버에 필요한 동적 데이터를 요청한다.
- 웹 애플리케이션 서버는 데이터베이스 서버에 동적 데이터를 요청해 생성한 후 결과를 웹 서버에 전달한다.
- 웹 서버는 결과를 사용자에게 보여줄 수 있게 HTMLHyperText Markup Language 형태로 변환해 웹브라우저로 전달한다.
- 웹브라우저에서 해당 내용을 사용자에게 보여준다.

웹 서비스를 위해서는 기본적으로 80포트를 사용하는데, 이 포트는 보안 장비에서도 모두 허용되게 돼 있다. 하지만 보안 장비에서는 사용하는 포트 이외의 포트들은 모두 차단하는 것이 원칙이다. 따라서 공격자들은 막혀있는 포트로 공격할 수 없기 때문에 기본적으로 오픈이 허용돼 있는 웹 서비스를 대상으로 공격을 시도하는 경우가 많다. 또한 취약점에 따라 공격 성공 가능성이 높은 것도 웹 해킹 공격이다.

보안 장비만으로 웹 해킹 공격을 방어하기는 사실상 불가능하며, 안전한 소스코드 개발과 적절한 보안 설정만 이뤄진다면 해킹 공격을 효과적으로 방어할 수 있다. 이 책은 해당 서버의 취약점 존재 여부를 확인하는 방법과 효과적인 방어 방법을 기술한다.

웹 취약점은 국제 웹 보안 표준기구인 OWASP[Open Web Application Security Project]에서 발표되는 취약점을 기준으로 하고 있다.

2013년에 OWASP TOP 10이 새로 발표됐다. OWASP는 3년마다 발표되는데, 2010년 버전과 내용은 크게 다르지 않다. 일부 우선순위 변경과 항목이 합쳐지거나 영역이 약간 확대됐다고 이해하면 될 것이다. OWASP TOP 10의 상세한 내용은 https://www.owasp.org/index.php/Category:OWASP_Top_Ten_Project에서 확인할 수 있다. 2013년에 발표된 OWASP TOP 10과 이 책에서 언급한 취약점 항목과의 연관 관계는 다음 표와 같다.

OWASP TOP 10	취약점 항목
1. 인젝션	운영체제 명령 실행 SQL 인젝션 XPath 인젝션
2. 취약한 인증과 세션 관리	불충분한 인증 세션 예측 불충분한 인가 불충분한 세션 관리 쿠키 변조
3. 크로스사이트 스크립팅	크로스사이트 스크립팅
4. 안전하지 않은 직접 객체 참조	파일 다운로드 경로 추적

(이어짐)

OWASP TOP 10	취약점 항목
5. 보안상 구성 오류	디렉터리 인덱싱 웹서비스 메소드 설정 공격
6. 민감한 데이터 노출	정보 누출 데이터 평문 전송
7. 기능 레벨 액세스 제어 누락	불충분한 인가 관리자 페이지 노출
8. 크로스사이트 요청 참조	크로스사이트 요청 변조
9. 알려진 취약한 구성 요소 사용	위치 공개
10. 검증되지 않은 리다이렉트 포워드	악성 콘텐츠

브루트포스, 취약한 패스워드 복구, 자동화 공격, 파일 업로드는 OWASP와 매치되지 않는 항목들이다.

웹 취약점을 확인하는 방법은 자동화 도구를 이용하는 방법과 수동으로 모의 해킹을 하는 방법이 있다.

자동화 공격 도구들로는 웹 취약점 점검 도구인 Nikto(http://www.cirt.net/nikto/nikto-current.tar.gz), skipfish(http://code.google.com/p/skipfish/), AppScan(http://www.ibm.com/developerworks/downloads/r/appscan/), Shadow Security Scanner(http://www.safety-lab.com/SSS.exe), Acunetix(http://www.acunetix.com/vulnerability-scanner/vulnerabilityscanner.exe), 웹 프락시 툴이면서 웹 취약점 점검이 가능한 Burp Suite(http://www.portswigger.net/burp/download.html) 등이 있으며, SQL 인젝션 도구인 NBSI, HDSI, 판고린 Pangolin 등이 있다.

이 책에서는 자동화 공격 도구에 대한 내용은 다루지 않으며, 수동으로 취약점을 확인하는 부분만 기술한다.

입력 값 조작 공격

인터넷이 처음 등장했을 때는 일방적으로 정보를 제공하는 형식으로 HTML의 태그만을 이용했다. 때문에 보안 이슈들이 발생하지 않았다. 하지만 인터넷이 발달하면서 사용자와 실시간 소통이나 정보 교환 기능들이 활성화되면서 사용자가 웹 서버에 요청하는 값들을 보내게 되는데, 이때 입력되는 값들에 정상적이지 않은 악의적인 값들을 입력함으로써 해킹을 시도하는 일이 발생하게 됐다.

대부분의 웹 해킹 공격이 이런 입력 값 조작에 의해 일어나는데, 이에 해당하는 공격으로는 웹 서버에 명령을 실행시키기 위한 운영체제 명령 실행, 데이터베이스의 정보를 탈취하기 위한 SQL 인젝션, 사용자의 쿠키 정보 등을 탈취하기 위한 크로스사이트 스크립트, 웹 셸 같은 악의적인 파일을 업로드하기 위한 파일 업로드 등이 해당한다.

이런 입력 값 조작 공격들은 서버 측에서 입력 값에 대해 효과적인 검증 절차를 추가하면 예방할 수 있다. 때문에 개발 단계에서부터 모든 입력 값에 대해 올바른 값인지, 허용하지 말아야 할 값이 들어오지는 않았는지 검증하는 절차를 반드시 추가해야 한다.

개발이 완료된 시점에서 수정하려면 그만큼 시간과 노력이 많이 들기 때문에 계획과 코딩 단계에서부터 보안 사항들을 고려해 개발하는 것이 가장 효과적이다.

1.1 운영체제 명령 실행

웹 서비스는 사용자가 웹 서버에 데이터를 요청하는 요청Request 패킷과 서버가 사용자에게 결과 값을 전달하는 응답Response 패킷으로 구분되는데, 대부분의 공격은 요청 패킷을 조작함으로써 이뤄진다.

운영체제 명령 실행 취약점은 사용자가 웹 서버에 요청한 URIUniform Resource Identifier[1]의 변수 값에 대해 정상적인 입력 값 외에 추가적으로 시스템 명령(예, ls, netstat, dump 등)을 삽입해 요청하는 경우 웹 서버가 이 요청을 일반 변수 값으로 인식함으로써 시스템 명령이 실행돼, 웹상에서 해당 명령의 결과 값을 출력하게 되는 취약점이다.

이 과정에서 공격자는 운영체제 명령 실행 취약점을 이용해 시스템 정보를 획득하거나, 시스템을 변조할 수 있다. 이런 취약점이 존재하는 경우는 적지만, 이 취약점이 존재하는 경우 피해가 크게 나타나기 때문에 웹 서버 관리자나 개발자는 반드시 해당 취약점의 존재 여부를 확인해 취약점이 존재할 경우 보호 대책을 강구해야 한다.

운영체제 명령 실행 취약점의 존재를 확인하려면 URI의 정상적인 변수 값 뒷부분에 연결 지시자인 세미콜론(;)을 추가한 후 뒤에 시스템 명령을 삽입해 서버에 요청을 한다. 그런 후 결과 값으로 브라우저에서 해당 명령의 실행 결과가 나타나는지 여부를 테스트한다.

---

1. URI(Uniform Resource Identifier)는 인터넷 주소를 나타내주는 도메인인 URL(Uniform Resource Locator) 뒤에 서버에게 값을 전달하기 위해 사용하는 변수명과 변수 값을 모두 포함한 전체 경로를 의미한다.

이때 사용하는 변수는 게시판 접근 등에서 사용되는 게시판 구분, 게시물 번호, 글쓰기, 수정, 내용 보기를 구분하는 변수 등이 아닌 서버에 있는 파일을 호출하는 filename 등과 같은 파일 다운로드 변수를 사용한다.

자바 스크립트[2]를 이용해 입력 값을 검증하는 경우가 있는데, 그런 경우 웹 프락시 툴을 이용해 입력 값 검증 부분을 우회해 공격할 수 있기 때문에 취약점 존재 여부를 확인할 때 자바 스크립트를 우회해 실제 서버의 소스코드에 취약점이 있는지 확인해야 한다.

변수 값에 추가로 삽입하는 구문의 예는 표 1.1과 같다.

표 1.1 운영체제 명령 삽입 구문

삽입 구문
`;exec master..xp_cmdshell 'ipconfig'`
`;/bin/ls -al`
`;system("cmd.exe dir c:\")`
`+|+ dir c:\`

`;exec master..xp_cmdshell 'ipconfig'` 구문은 MS-SQL의 확장 프로시저를 이용한 시스템 명령 실행이고, `;system("cmd.exe dir c:\")` 구문은 system 함수를 이용해 시스템 명령을 값으로 전달해 명령이 실행되게 하는 것이다. xp_cmdshell은 MS-SQL의 확장 프로시저로 사용을 제한해야 한다.

실제 운영체제 명령 실행 취약점을 확인하는 방법은 URI의 변수 값에 예제 1.1과 같이 'http://도메인명/파일명?변수명=변수 값' 같은 형식으로 구문을 삽입

---

2. 미국의 넷스케이프 커뮤니케이션스 사가 개발한 스크립트 언어. 1996년 2월에 발매한 월드와이드 웹 브라우저인 넷스케이프 내비게이터 2.0에 실장했다. 웹 브라우저에서 실행하는 스크립트 언어로, 언어 규격은 자바의 부분집합으로 돼 있다. 하이퍼텍스트 생성 언어(HTML) 문서를 작성하는 수준의 사용자가 사용하는 것을 주안점으로 해 자바의 언어 규격에서 정수형이나 문자열형 등과 같은 변수의 형을 생략하거나 새로운 클래스 정의를 할 수 없게 했다. 스크립트는 HTML 문서 속에 직접 기술하며, 'script'라는 태그를 사용한다(출처: IT 용어사전, 한국정보통신기술협회).

해 시스템 명령이 실행되는지 여부를 확인하는 것이다.

예제 1.1 운영체제 명령 삽입 예

```
http://도메인명/download.jsp?filename=;/bin/ls -al

http://도메인명/download.jsp?filename=abc.txt;/bin/ls -al
```

GET 방식[3]이 아닌 POST 방식[4]으로 값을 전달하는 경우의 운영체제 명령 삽입 예는 예제 1.2와 같다.

예제 1.2 POST 방식의 운영체제 명령 실행

```
POST /download.php HTTP/1.1
Accept: image/gif, image/jpeg, image/pjpeg, image/pjpeg,
application/x-shockwave-flash, application/x-ms-application,
application/x-ms-xbap, application/vnd.ms-xpsdocument,
application/xaml+xml, application/vnd.ms-powerpoint,
application/msword, application/vnd.ms-excel, */*
Accept-Language: ko
UA-CPU: x86
Accept-Encoding: gzip, deflate
User-Agent: Mozilla/4.0 (compatible; MSIE 8.0; Windows NT 5.1;
Trident/4.0; Mozilla/4.0 (compatible; MSIE 6.0; Windows NT 5.1; SV1) ; .NET
CLR 2.0.50727; .NET CLR 3.0.4506.2152; .NET CLR 3.5.30729; InfoPath.2;
.NET4.0C; .NET4.0E)
Host: 10.10.10.10
```

---

3. 패킷 헤드에 변수가 포함되고, 변수 크기에 제한이 따르며 일반적으로 서버에 정보를 요청할 때 사용한다.
4. 패킷의 바디에 변수가 포함됨으로써 경로에 변수가 노출되지 않으며, 변수의 크기에도 제한이 없다. 일반적으로 서버로 어떤 정보를 전달할 때 사용한다.

```
Proxy-Connection: Keep-Alive
Cookie: NNB=HJ2NQBDDGUDFC; NB=GQ3TKNJUGY3TAMBW;

db=freeboard filename=/bin/ls%20-al
```

취약점이 존재하는 경우 그림 1.1과 같이 시스템 명령 실행 결과인 파일 목록이 나타난다.

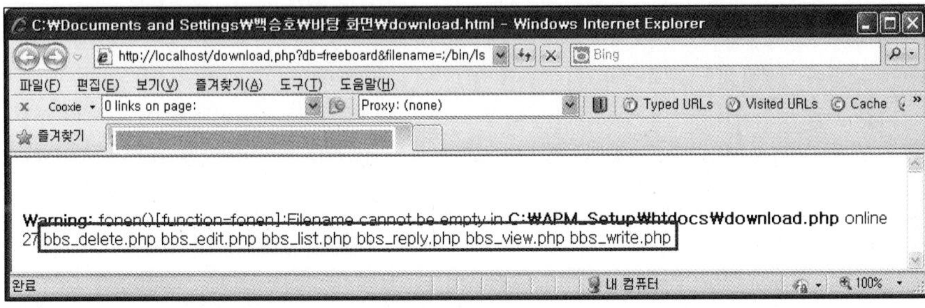

그림 1.1 시스템 명령 실행 결과

표 1.2와 같이 운영체제 명령 실행 공격의 대상이 되는 취약한 함수들은 가급적 사용하지 않는 편이 바람직하다.

표 1.2 운영체제 명령 실행 공격 시 사용하는 함수 예

언어	사용 함수
PHP	require(), include(), eval(), preg_replace()(/e 옵션과 함께 사용), exec(), passthru(), (backticks), system(), popen(), Shell Scripts 등
Perl	open(), sysopen(), glob(), system(), ''(backticks), eval() 등
Java(Servlets, JSP)	System.*(특히 System.Runtime)

여기에 기술한 함수들은 자주 사용하는 일반적인 함수들이며, 이외에 취약점이 존재하는 함수들이 있을 수 있으므로 함수를 사용할 때에는 항상 안전한지

여부를 확인한 후 사용해야 한다.

운영체제 명령 실행 취약점이 존재할 경우 시스템 정보 또는 네트워크 정보, 디렉터리 구조 및 파일 목록이 노출되며, 파일의 수정, 삭제, 다운로드가 가능하다. 또한 이를 통해 홈페이지 변조도 가능하게 된다.

취약점을 제거하기 위한 보호 대책으로 소스코드에 운영체제 명령을 실행할 수 있는 취약한 함수의 사용을 지양해야 하며, 변수 입력 값에 대해 입력 가능한 문자열을 지정한 후 지정한 문자열 이외의 나머지 문자열에 대해서는 필터링을 수행하도록 한다.

윈도우에서 사용하는 명령으로는 cd, dir, mkdir, fc, move, rmdir, taskkill, find, ipconfig, netstat, tracert, format, type, shutdown 등이 있으며, 리눅스의 경우에는 cd, ls, uname du, mk, mv, rm, pwd, chmod, chown, kill, ps, cp, ifconfig, touch, halt, reboot, cat, cp, tar 등이 있다. 이런 명령들은 필터링을 통해 입력 값에 포함되지 않게 제거해야 한다.

또한 입력 값에서 '|', ';' 등 다중 명령을 실행할 수 있는 구분자가 입력되는지 필터링을 수행한다.

1.2 SQL 인젝션

사용자가 홈페이지의 게시판 등을 호출하면 웹 서버는 웹 애플리케이션 서버를 통해 해당 게시판의 정보를 데이터베이스 서버에 전달한 후 요청한 값에 해당하는 정보를 다시 전달받아 이를 사용자에게 보여준다.

SQL 인젝션Structured Query Language Injection 취약점은 게시판을 호출하는 URI의 변수 값 등 전송되는 문자열에 대해 웹 서버에서 해당 값의 유효성을 검증하지 않음으로써 SQL 쿼리Query가 데이터베이스 서버로 전송돼 실행되는 취약점이다.

공격자는 SQL 인젝션 취약점을 이용해 로그인 인증 우회, 홈페이지 변조, 내부 자료 유출 등의 공격을 시도할 수 있다.

SQL 인젝션 공격은 해킹 시도가 가장 많이 일어나는 공격 방법 중 하나며,

피해 또한 크다. SQL 인젝션 공격에 대해서는 보안 장비에서 여러 가지 탐지 방법이나 차단 등의 대응 방안이 마련돼 있지만, 보안 장비만으로 효과적인 대응을 기대하기 어려우며, 안전한 소스코딩을 통한 대응이 필요하다.

SQL 인젝션 취약점의 존재로 인한 데이터베이스 정보 노출은, 데이터베이스에 데이터가 암호화돼 저장돼 있더라도 단방향 암호[5]가 아닌 양방향 암호[6]를 사용할 경우 홈페이지와의 통신 시 데이터를 복호화해 전달하기 때문에 데이터 암호화 여부와 관계없이 정보가 노출될 수 있어 피해가 크다.

SQL 인젝션 취약점의 존재 여부를 간단하게 확인하는 방법에는 정상 URI가 http://도메인명/board/view.php?db=free&no=1&page=1과 같은 경우 http://도메인명/board/view.php?db=free&no=‘1&page=1 또는 http://도메인명/board/view.php?db= free&no=1’&page=1 같이 특수 문자를 추가해 0x80040E14와 같은 오류 메시지가 출력되는지 확인하는 방법이 있다.

오류 코드가 포함된 오류 메시지가 발생한다는 것은 입력한 값이 데이터베이스 서버까지 전달돼 특수 문자가 데이터베이스의 쿼리문에 영향을 미친다는 증거이기 때문에 SQL 인젝션에 취약하다고 볼 수 있다.

게시판이나 검색 창을 통해 SQL 인젝션 취약점의 존재 여부를 확인하는 방법은 다음과 같다.

정상적인 URI의 변수 값에 SQL 쿼리를 추가해 참인 조건일 때와 거짓인 조건일 때 출력되는 결과를 비교해 각각 다른 결과가 출력될 경우 취약점이 존재한다고 볼 수 있다.

이때 입력하는 값들의 예는 표 1.3과 같다.

---

5. 주어진 자료로부터 암호화는 가능하지만 반대로 암호화로부터 원래 자료를 알아내기 거의 불가능한 암호화 방식으로, 패스워드 테이블을 보호하는 데 자주 이용된다.

6. 암호화 키와 복호화 키가 별도로 존재하며, 인증 절차 시 사용한다.

표 1.3 SQL 인젝션 구문

구분	삽입 구문
게시판 변수	['and 1=1]과 [and 1=2] 결과 ['and '1'='1]과 ['and '1'='2] 결과 ['and '1'='1'--]과 ['and '1'='2'--] 결과 [and 1〉2]과 [and 1〈2] 결과 [' and '1'〉'2]과 [' and '1'〈'2] 결과
우편번호 검색	[화암동' and '1'='1'--]과 [화암동' and '1'='2'--] 결과 [화암동' and '1'='1]과 [화암동' and '1'='2] 결과 [화암동' and 1=1--]과 [화암동' and 1=2--] 결과 [화암동%' and '%'=']과 [화암동%' or '%'='] 결과

표 1.4는 정상적인 URI인 http://도메인명/view.jsp?idx=1 부분에 SQL 인젝션 구문을 삽입하는 예를 보여준다.

표 1.4 SQL 인젝션 예

구분	삽입 예
참인 조건	http://도메인명/view.jsp?idx=1 **and 1=1--**
거짓인 조건	http://도메인명/view.jsp?idx=1 **and 1=2--**

그림 1.2와 같이 참 값을 입력했을 경우의 결과 화면과 그림 1.3과 같이 거짓인 값을 입력했을 때 출력되는 결과 화면이 다르게 나타남을 확인할 수 있다. 따라서 추가된 입력 값이 데이터베이스 서버로 전달돼 실행됐다는 것을 알 수 있으며, SQL 인젝션 취약점이 존재함을 의미한다.

그림 1.2 SQL 인젝션이 참인 결과

그림 1.3 SQL 인젝션이 거짓인 결과

이때 입력 값을 다양하게 조작해 입력하면 데이터베이스의 이름, 테이블 이름, 테이블 구조뿐만 아니라 실제 데이터까지 확인할 수 있게 된다.

이는 블라인드 인젝션이라는 기법을 이용하게 되는데 URI의 변수 값에 의도적으로 '오류'가 발생되는 SQL 쿼리문을 전달해 나타나는 오류 메시지를 통해 테이블의 존재 여부, 테이블명, 필드의 개수, 필드명 등을 하나씩 획득해 가는 과정을 거치는 공격 기법이다. 블라인드 인젝션은 SQL 쿼리문을 어느 정도 이해하고 있어야 가능한 공격 방법이다. 하지만 이런 공격을 자동으로 할 수 있는 공격 도구들도 많이 있다.

로그인 페이지에 SQL 인젝션 취약점이 존재할 경우에는 로그인이 가능하게 되며, 로그인 화면을 통한 SQL 인젝션 취약점을 확인 방법은 다음과 같다.

로그인 화면의 아이디/패스워드 입력란에 표 1.5와 같은 SQL 쿼리를 입력하면 취약점이 존재하는 시스템에서는 로그인이 성공한다.

표 1.5 로그인 화면 SQL 인젝션 구문

' or 1=1--	' or 1=1#
' or 1=1;	" or 1=1--
" or 1=1#	" or 1=1;
or 1=1--	or 1=1#
or 1=1;	' or '1'='1
" or "1"="1	' or 'a'='a
') or ('a'='a	

SQL 구문에서 사용하는 --, ;, # 등은 데이터베이스의 주석 처리 문자로 이후의 구문들을 모두 무시하게 처리한다.

그림 1.4의 관리자 페이지 로그인 화면의 아이디 입력란에 'or 1=1--를 입력하고 패스워드 입력란에 임의의 값을 입력하면 해당 값이 데이터베이스로 전달돼 그림 1.5와 같이 관리자 페이지로의 로그인이 성공됨을 확인할 수 있다.

그림 1.4 로그인 화면

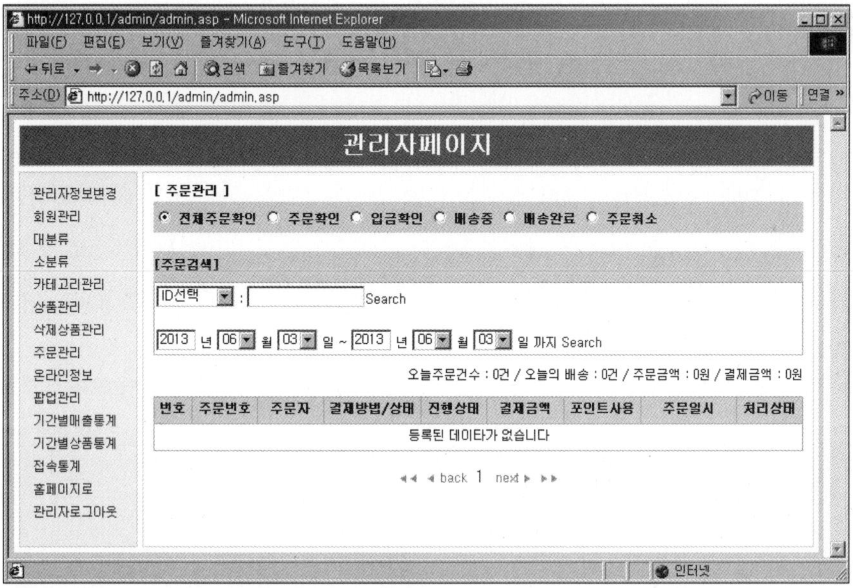

그림 1.5 SQL 인젝션을 통한 로그인 성공 화면

SQL 인젝션 공격이 성공하면 데이터베이스의 정보와 구조를 파악할 수 있으며, 데이터베이스에 있는 주요 자료를 외부로 유출하거나 수정, 삭제할 수도 있다. 또한 다른 사용자로 로그인을 할 수 있어 다른 사용자의 게시물을 조작하거나 정보를 노출시킬 수 있다.

해당 취약점을 제거하려면 데이터베이스와 연동하는 데 사용되는 모든 입력 변수 값들을 점검해 사용자의 입력 값에 SQL 쿼리문에 이용되는 특수 문자(', ", /, \, ;, :, %, Space, --, +, <, >, (,), #, & 등)가 포함되지 않게 필터링해야 한다.

특수 문자 필터링뿐만 아니라 쿼리 문자열Query String[7]에 대한 길이를 제한하고, 데이터베이스와 연동하는 스크립트의 모든 변수를 점검해 사용자의 입력 값에 SQL 쿼리문이 허용되지 않는 문자열(@variable, @@variable, print, set, or, union, and, insert, openrowset 등)이 포함되지 않게 필터링한다.

데이터베이스의 오류 메시지는 사용자에게 불필요한 정보를 제공함으로써 해당 정보를 이용해 추가 공격 시도를 할 수 있다. 그렇기 때문에 오류 메시지를 사용자에게 보여주지 않아야 하며, 웹 애플리케이션이 사용하는 데이터베이스의 사용자 권한은 제한하는 편이 좋다.

MS-SQL의 경우 master..xp_cmdshell, xp_startmail, xp_sendmail, sp_makewebtask 같은 확장 프로시저[8]는 운영체제 명령 실행, SQL 인젝션 등에 이용되기 때문에 제거하는 편이 안전하다.

또한 선처리 구문Prepared Statement을 통해 방어할 수 있는데, 이는 SQL 쿼리문을 선처리한 후 컴파일하면 이후 입력되는 변수 값을 항상 문자열로 다루기 때문에 사용자가 어떤 악의적인 SQL 구문을 변수 값에 삽입하더라도 SQL 문에 영향을 미치지 않아 SQL 인젝션이 발생하지 않는다.

JSP에서 선처리 구문을 구성하는 예는 예제 1.3과 같다.

예제 1.3 JSP의 Prepared Statement 적용 예

```
// 쿼리문과 변수 값 설정
ps = con.prepareStatement("Select name, id, no from Member where id=? And
```

7. 사용자 웹 프로그램으로 입력 데이터를 전달하는 가장 단순하고 또한 널리 사용되는 방법이다.
8. 일반적인 어떤 행동을 수행하기 위한 일련의 작업 순서를 말하는데, 프로그래밍에서는 루틴이나 서브루틴, 또는 함수와 같은 뜻이다. 하나의 프로시저는 특정 작업을 수행하기 위한 프로그램의 일부분이다.

```
    passwd=?");

// 입력되는 문자열을 일반 문자열로 변환, 변수형에 따라 사용, 예) setInt, setDeouble
ps.setString(1, "test");
ps.setString(2, "1234");

// 쿼리문 실행
rs = ps.executeQuery();
```

ASP에서 선처리 구문을 구성하는 예는 예제 1.4와 같다.

예제 1.4 ASP의 선처리 구문 적용 예

```
Cmd.CommandText = "Select name From member Where id = ? and password = ?"
'// 쿼리 문자열 설정

'// 변수 생성, adchar, adinteger, advarchar 등 가능,
'// 자세한 내용은 Command 객체 참고
Cmd.Parameters.Append(Cmd.CreateParameter("id", adchar, adParamInput,
    Len(id), id))
Cmd.Parameters.Append(Cmd.CreateParameter("password", adchar,
    adParamInput, Len(password), password))

'// 커맨드 객체 실행과 결과를 레코드셋으로 받기
Set rs = Cmd.Execute
```

PHP의 경우에는 php.ini 파일의 설정 값 중 magic_quotes_gpc 값을 예제 1.5와 같이 On으로 설정한다. magic_quotes_gpc 옵션의 역할은 GPC^Get, Post, Cookie^를 통해 넘어오는 문자열 중에서 '(작은따옴표)와 "(큰따옴표), \(역슬래시), NULL 값의 앞에 자동으로 역슬래시 문자를 붙여주는 기능을 한다. 그렇기 때문에 특수 문자가 동작하지 않게 됨으로써 SQL 인젝션 공격에 대응할 수 있다.

예제 1.5 PHP의 특수 문자 처리 설정 예

```
; GET/POST/Cookie를 통해 전달되는 데이터에 대한
; Magic quotes 처리
magic_quotes_gpc = On       ; Off에서 On으로 변경

; SQL이나 exec() 함수 등을 통해 실시간 생성된 데이터에 대한
; magic quotes 처리
magic_quotes_runtime = Off

; 사이베이스 스타일의 magic quotes 사용(작은따옴표와 큰따옴표 대신 \' 사용).
magic_quotes_sybase = Off
```

선처리 방법 이외에 사용자로부터 전달되는 모든 변수의 입력 값에 대해 표 1.6과 같은 특수 문자와 쿼리 예약어를 필터링함으로써 오류 처리를 하거나 '\' 문자나 공백 문자로 치환하는 방법도 있다.

표 1.6 필터링 문자열

'	union	*/	substring
"	select	/*	from
--	insert	+	where
#	drop	user_tables	declare
(	update	user_table_columns	substr
)	and	table_name	openrowset
>	or	column_name	xp_
<	if	syscolumns	sysobjects
=	join		

ASP의 특수 문자 필터링 샘플은 예제 1.6과 같다.

예제 1.6 SQL 인젝션 필터링을 위한 ASP 예제

```
memo = Request.QueryString("memo")
'특수 문자 필터링
memo = replace(memo, "'", "")
memo = replace(memo, """", " ")
memo = replace(memo, "=", " ")
memo = replace(memo, "*/", " ")

... 중략 ...

'특수 구문 필터링
memo = UL_ReplaceText(memo, "select", "")
memo = UL_ReplaceText(memo, "drop", "")
memo = UL_ReplaceText(memo, "update", "")
memo = UL_ReplaceText(memo, "delete", "")

... 중략 ...

set con = server.createObject("ADODB.Connection")
set rs = server.createObject("ADODB.Recordset")
query = "select name from board where id = " & memo
con.Open "Provider = SQLOLEDB; Data Source = (local); Initial Catalog =
board; Id = id; Password = "
rs.activeConnection = con
rs.open query
If not rs.eof Then response.write "게시물" & rs.fields("title").value
Else response.write "게시물이 없습니다."
End If
```

PHP에서의 일반 문자열 변환과 오류 메시지 노출을 방지하려면 예제 1.7과 같이 addslashes() 함수를 사용해 문자열을 변환해준다.

예제 1.7 PHP의 문자열 변환과 오류 메시지 방지의 예

```
$query = sprintf("SELECT id, password, name FROM member WHERE id = '%s';",
    addslashes($id));

// id 변수를 문자형으로 받고, id 변수의 특수 문자를 일반 문자로 변환
// @로 php 오류 메시지를 막는다.
$result = @OCIParse($conn, $query);
if(!@OCIExecute($result))
  error("SQL 구문 오류");
@OCIFetchInto($result, &$rows);
```

PHP에서 pre_replace() 함수를 이용해 특수 문자와 특수 구문을 필터링하는 방법은 예제 1.8과 같다.

예제 1.8 PHP의 특수 문자와 특수 구문 필터링의 예

```
$memo = preg_replace('/([\x00-\x08\x0b-\x0c\x0e-\x19])/', '',$memo);
$memo = preg_replace("/union[^\x21-\x7e]/i", "union ", $memo);

... 중략 ...

$memo = preg_replace("/[\+%\\;\^~|\!\?\*$#\[\]\{\}]/i", "", $memo);
$memo = preg_replace("/</", "&lt", $memo);
$memo = preg_replace("/>/", "&gt", $memo);
... 중략 ...
```

JSP의 특수 문자와 특수 구문 필터링은 replaceAll() 함수를 사용해 예제 1.9와 같이 사용한다.

예제 1.9 JSP의 특수 문자와 특수 구문 필터링의 예

```
// 특수 문자 필터링
memo = memo.replaceAll("%", "");
memo = memo.replaceAll(";", "");

... 중략 ...

// 특수 구문 필터링
memo_low= memo.toLowerCase();
if(memo_low.contains("union") || memo_low.contains("select")
    ... 중략 ...)
{
  memo = memo_low;
  memo = memo.replaceAll("union", "");
  memo = memo.replaceAll("select", "");

  ... 중략 ...

}
```

앞의 예제들과 같이 모든 필터링은 서버 측 스크립트(서버에서 실행되는 스크립트)를 사용하게 해야 하며, 클라이언트 측 스크립트(자바스크립트와 같이 사용자 컴퓨터에서 실행되는 스크립트)인 자바스크립트 등을 이용할 경우 해커는 이를 우회해 공격할 수 있다.

1.3 크로스사이트 스크립팅

크로스사이트 스크립팅XSS, Cross Site Scripting 취약점은 악성 스크립트를 홈페이지 게시판, 이메일 등을 통해 유포함으로써 사용자가 해당 게시물이나 메일을 클릭했을 때 악성 스크립트가 실행되게 하는 취약점이다.

공격자는 크로스사이트 스크립팅 취약점을 이용해 사용자의 개인 정보, 로그인 정보 등을 탈취해 2차 공격에 사용할 수 있으며, 주로 사용자의 쿠키 정보를 획득하기 위해 사용한다.

실제로 크로스사이트 스크립팅 취약점은 가장 많이 발견돼 보고되는 취약점 중 하나다.

크로스사이트 스크립팅 취약점을 확인하려면 홈페이지의 통합 검색 창, 게시판의 검색 창에 스크립트 구문을 입력하거나 게시판에 글을 쓸 때 작성자, 이메일, 제목, 본문 등의 입력 창에 스크립트 구문을 삽입해 글 목록이나 게시물을 내용을 볼 때 스크립트가 실행되는지 여부를 확인하는 방법을 사용한다.

검색 창의 경우 취약점이 존재하더라도 사용자에게 직접적인 영향을 미치지는 않지만, 검색어 순위를 유지해서 보여주는 홈페이지에서는 문제가 발생할 수 있기 때문에 검색 창의 스크립트 실행 여부도 꼭 체크해야 한다.

그림 1.6은 검색 창에 스크립트("><script>alert("XSS");</script>)를 삽입하는 예이며, 그림 1.7은 게시판의 내용 부분에 스크립트를 삽입하는 예다. 그림 1.8은 취약점이 존재할 경우 스크립트가 실행된 결과 화면이다.

그림 1.6 검색 창 스크립트 삽입 화면

작성자	테스트
비밀번호	●●●●●●
이메일	test@nate.com
제 목	테스트
선 택	공지글
내 용	<script>alert("XSS")</script> 테스트

• 등록 • 취소

그림 1.7 게시판 내용 부분의 스크립트 삽입

그림 1.8 스크립트 실행 결과

크로스사이트 스크립팅 공격에 이용되는 구문은 매우 다양하기 때문에 입력 구문들에 대해서는 일일이 열거하지 않겠지만, 인터넷 검색을 통해 쉽게 찾을 수 있으며, 보안 장비 우회를 위한 다양한 구문들이 있다.

공격자는 스크립트를 실행함으로써 사용자의 쿠키Cookie[9] 값을 획득해 인증 우회에 사용할 수 있으며, 웹 페이지 내의 패스워드나 신용카드 번호 같은 민감한 정보를 유출시킬 수도 있다.

또한 스크립트 내에 악성 프로그램을 다운로드하는 사이트를 링크시키면 사용자가 모르는 사이에 악성 프로그램이 컴퓨터에 설치되기도 한다.

9. 웹사이트에 접속할 때 자동적으로 만들어지는 임시 파일로 이용자가 본 내용, 상품 구매 내역, 신용카드 번호, 아이디(ID), 패스워드, IP 주소 등의 정보를 담고 있는 일종의 정보 파일

크로스사이트 스크립팅 취약점을 제거하는 근본적인 방법은 사용자로부터 입력받는 모든 값을 서버에서 검증한 후 입력받는 방식을 사용하는 것이다. 입력 값을 검증하는 방법은 사용자 입력으로 사용할 수 있는 문자를 정해 놓은 후 나머지 모든 문자를 필터링하는 방법을 사용한다.

검증 대상 입력 값은 <script>, <object>, <applet>, <embed> 등과 같은 스크립트 정의어이며, 애플리케이션 차원에서 HTTP 헤더, HTML, 자바Java/VBScript, 플래시Flash, GIF/JPG, 쿠키, 쿼리 문자열, 폼 필드, 히든 필드 등의 모든 매개변수Parameter에 대해 허용된 유형의 데이터만 입력할 수 있게 해야 한다.

입력되는 특수 문자는 그대로 받아들이지 말고, 특수 문자를 엔티티Entity[10] 형태로 변경한 후 입력받아야 하며, 사용자가 입력한 문자열에서 <, >, (,), #, &, " 등을 `replace` 같은 문자 변환 함수를 사용해 `<`, `>`, `(`, `)`, `#`, `&`, `"`로 치환해 사용한다.

언어별로 취약점을 제거하는 방법은 다음과 같다.

1.3.1 ASP에서의 크로스사이트 스크립팅 취약점 제거

`Server.HTMLEncode()` 함수를 사용해 특정 문자열에 대한 HTML 인코딩을 수행한다. IIS 5.0 이상에서 적용 가능하며, `<%= Server.HTMLEncode("<script>") %>`와 같이 처리했을 경우 `<script>` 형식으로 출력되기 때문에 스크립트가 실행되지 않게 된다.

크로스사이트 스크립팅 취약점을 제거하기 위해 필터링을 수행해야 하는데, `replace()` 함수를 이용해 필터링을 한다. `replace()` 함수를 이용한 문자 필터링의 개발 코드 샘플 예제는 예제 1.10과 같다.

10. 프로그래밍 언어에서의 구문 요소, 즉 변수나 배열, 형(type), 값, 식(expression), 문장(statement) 등 기술의 대상이 되는 모든 것을 가리킨다.

예제 1.10 ASP의 크로스사이트 스크립팅 필터링의 예

```
If use_html Then                          'HTML tag를 사용하게 할 경우 부분 허용
  memo = Server.HTMLEncode(memo)          'HTML encoding 수행

  '허용할 HTML tag만 변경
  memo = replace(memo, "&lt;p&gt;", "<p>")
  memo = replace(memo, "&lt;P&gt;", "<P>")
  memo = replace(memo, "&lt;br&gt;", "<br>")
  memo = replace(memo, "&lt;BR&gt;", "<BR>")

  ' 스크립트 문자열 필터링
  memo = UL_ReplaceText(memo, "javascript", "x-javascript")
  memo = UL_ReplaceText(memo, "script", "x-script")
  memo = UL_ReplaceText(memo, "iframe", "x-iframe")

  ... 중략 ...

Else                                       'HTML tag를 사용하지 못하게 할 경우
  memo = Server.HTMLEncode(memo)           'HTML encoding 수행
  memo = replace(memo, "<", "&lt;")
  memo = replace(memo, ">", "&gt;")
End If

Response.write "게시물 내용-" & memo & "<BR>"
```

1.3.2 PHP에서의 크로스사이트 스크립팅 취약점 제거

htmlspecialchars() 함수를 이용해 특정 문자열에 대한 HTML 인코딩을 수행한다. htmlspecialchars("<script>")와 같이 처리했을 경우 <script> 형식으로 출력돼 스크립트 실행이 되지 않는다.

또한 strip_tags() 함수를 이용해 문자열로부터 HTML 태그와 PHP 태그를 제거할 수 있다. strip_tags() 함수는 PHP 3.0.8 이상에서 적용 가능하며,

strip_tags('<script>')와 같이 처리했을 경우 모든 HTML에서 <script> 태그가 제거된다.

> **참고**
> htmlspecialchars() 함수를 사용하는 것보다 strip_tags()나 strip_replace() 함수를 사용해 처리하는 것이 더 바람직하다.

개발 코드의 예는 예제 1.11과 같다.

예제 1.11 PHP의 크로스사이트 스크립팅 필터링의 예

```
$use_tag = "img, font, p, br";          // 허용할 HTML 태그

if($use_html == 1) {                     //HTML 태그를 사용하게 할 경우 부분 허용
   $memo = strip_replace("<", "&lt;", $memo);// HTML 태그를 모두 제거
   $tag = explode(",", $use_tag);

   for($i=0; $i<count($tag); $i++) {  // 허용할 태그만 사용 가능하게 변경
      $memo = eregi_replace("&lt;".$tag[$i]." ", "<".$tag[$i]." ", $memo);
      $memo = eregi_replace("&lt;".$tag[$i].">", "<".$tag[$i].">",
            $memo);
      $memo = eregi_replace("&lt;/".$tag[$i], "</".$tag[$i], $memo);
   }
} else {
   // HTML 태그를 사용하지 못하게 할 경우
   // htmlspecialchars() 사용 시 일부 한글이 깨어지는 현상이 발생할 수 있음
   $memo = strip_replace("<", "&lt;", $memo);
   $memo = strip_replace(">", "&gt;", $memo);
   echo "게시물 내용 : " . $memo . "<BR>\n";
}
```

1.3.3 JSP에서의 크로스사이트 스크립팅 취약점 제거

예제 1.12는 reaplaceAll() 함수를 이용한 JSP의 개발 소스 예제다.

예제 1.12 JSP의 크로스사이트 스크립팅 필터링의 예

```
String memo_db = "";

if(use_html) {                  // HTML 태그를 사용하게 할 경우 부분 허용
  //HTML tag를 모두 제거
  memo = memo.replaceAll("<", "&lt;");
  memo = memo.replaceAll(">", "&gt;");

  // 허용할 HTML 태그만 변경
  memo = memo.replaceAll("&lt;p&gt;", "<p>");
  memo = memo.replaceAll("&lt;P&gt;", "<P>");
  memo = memo.replaceAll("&lt;br&gt;", "<br>");
  memo = memo.replaceAll("&lt;BR&gt;", "<BR>");

  //스크립트 문자열 필터링
  memo_db= memo.toLowerCase();
  if(memo_db.contains("javascript") || memo_db.contains("script") ||
      memo_db.contains("iframe") ... 중략 ...) {
    memo = memo_db;
    memo = memo.replaceAll("javascript", "x-javascript");
    memo = memo.replaceAll("script", "x-script");
    memo = memo.replaceAll("iframe", "x-iframe");

    ... 중략 ...

  }
}
else {                 // HTML 태그를 사용하지 못하게 할 경우
  memo = memo.replaceAll("<", "&lt;");
```

```
    memo = memo.replaceAll(">", "&gt;");
}
```

1.4 크로스사이트 요청 변조

크로스사이트 요청 변조CSRF, Cross Site Request Forgery 취약점은 로그인한 사용자 브라우저로 하여금 사용자의 쿠키와 기타 인증 정보를 포함하는 위조된 HTTP 요청을 웹 애플리케이션에 전송함으로써 타인의 쿠키 값이나 세션 정보를 의도한 사이트로 보내거나, 전송 값을 글에 삽입함으로써 정상 사용자가 해당 게시물 등을 클릭할 때 홈페이지에서 같은 동작이 반복적으로 일어나게 하는 취약점이다.

일반적으로 악용되는 태그tag들은 <Script>, <OBJECT>, <APPLET>, <EMBED>, <IMG> 등과 같은 것으로 페이지 내의 코드에 포함된다. <FORM> 같은 태그들도 위험할 수 있는데, 주요 정보를 사용자에게 노출시킬 수 있는 위험이 있다.

취약점을 확인하는 방법은 게시판의 글쓰기 화면에서 내용을 입력한 후 확인 버튼을 클릭하였을 때 전송되는 패킷을 웹 프락시 툴로 확인해보면 POST 메소드를 이용해 요청을 전달하는 URI 부분과 Body 부분에 전달되는 변수명과 변수 값들을 확인할 수 있다. 이때 확인된 URI 뒤에 Body 부분의 변수명과 변수 값을 추가함으로써 전체 URI를 생성한 후 이미지 태그를 이용해 예제 1.13과 같이 <img> 태그의 src 부분에 생성한 URI를 입력한다. 그런 다음 화면에 보이지 않게 높이와 너비를 0으로 설정해 완성한 태그를 게시판의 글쓰기 화면의 내용 부분에 생성한 이미지 태그에 삽입함으로써 글을 등록한다.

예제 1.13 크로스사이트 요청 변조 입력의 예

```
<img src="http://도메인명/write_ok.php?cmdProc=write&name=test&passwd=
    test&title=test&body=test" width=0 height=0>
```

그림 1.9는 실제 게시판에 크로스사이트 요청 변조 값을 입력해 글을 등록하는 화면이며, 그림 1.10은 등록된 게시물을 조회할 때마다 동일한 글이 등록된 결과를 보여주는 화면이다.

질문과 답변

제목	test
작성자	test
비밀번호	●●●●
내용	(아래 참조)

```
test<img
src="http://192.168.246.128/board/board_insert.as
p?
cmd2=write&page=1&gubun=qna&b_com=yes&info_title=
test&info_name=test&info_pwd=test&info_content=te
st">
```

쓰 기　취 소

그림 1.9 크로스사이트 요청 변조 공격 화면

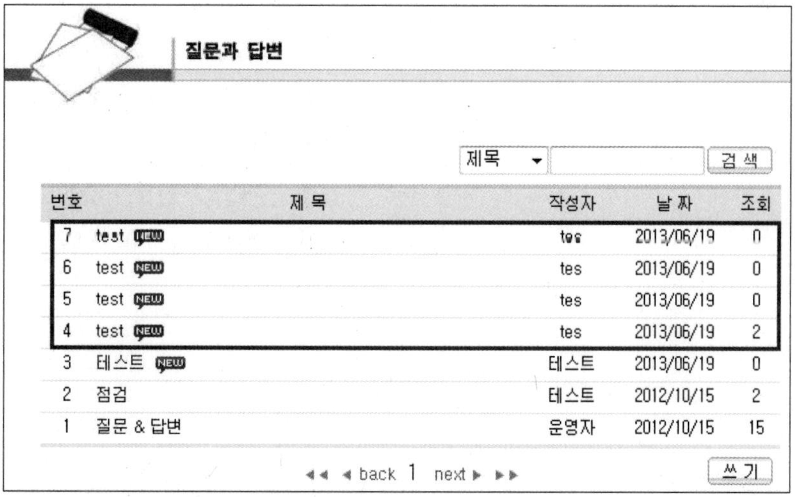

질문과 답변

제목 ▾　검 색

번호	제 목	작성자	날 자	조회
7	test NEW	tes	2013/06/19	0
6	test NEW	tes	2013/06/19	0
5	test NEW	tes	2013/06/19	0
4	test NEW	tes	2013/06/19	2
3	테스트 NEW	테스트	2013/06/19	0
2	점검	테스트	2012/10/15	2
1	질문 & 답변	운영자	2012/10/15	15

◀◀ ◀ back 1 next ▶ ▶▶　쓰 기

그림 1.10 크로스사이트 요청 변조 공격의 실행 결과

취약점이 존재할 경우 해당 게시물을 클릭할 때마다 사용자가 원하지 않는 작업이 수행된다. 이는 게시판에 동일 게시물 등록뿐 아니라 원치 않는 악성 코드 다운로드 등도 가능하다.

해당 취약점을 예방할 수 있는 최선의 방안은 모든 입력 값을 서버 측에서 상세히 검증하는 것으로, 헤더, 쿠키, 질의문, 폼 필드, 숨겨진 필드 등과 같은 모든 변수를 엄격한 규칙에 의해 검증함으로써 HTML을 사용할 경우 태그 내에 ?, & 등이 포함되지 않게 필터링하는 것이다.

특별한 목적이 있는 경우가 아닌 이상 게시판에서 HTML를 사용하지 못하게 하는 편이 안전하다.

또한 각 HTTP 요청 내에 예측할 수 없는 임의의 토큰token을 추가함으로써 이 토큰 값을 검증하면 대응이 가능하다.

예제 1.14는 로그인 성공 시 로그인 처리와 함께 토큰을 생성해 세션에 저장하는 예다.

예제 1.14 로그인 시 토큰 생성 예

```
<%
if (로그인 성공) Then
  ...로그인 관련 처리 실행...

  .....

  CSRF_Token = 랜덤 함수를 이용한 무작위 문자열 생성
  Session ("Token") = CSRF_Token
End if
%>
```

예제 1.15는 웹 페이지를 호출할 때 URL을 통해 토큰을 전송하는 예다.

예제 1.15 토큰 값 전송 예

```
<form name="frm" action="write_ok.asp">
<input type="hidden" name="Token" value="<%=Session(Token)%>">

... 중략 ...

</form>
```

예제 1.16은 호출된 웹 페이지에서 URL을 통해 전송된 토큰과 세션에 저장된 토큰을 비교해 정상적인 값인지 체크하는 예다.

예제 1.16 토큰 값 검증 예

```
<%
url_Token=request("Token")
session_Token = Session("Token")

if url_Token <> session_Token then
   //토큰이 서로 다를 경우 오류 처리
   response.redirect "/error.html"
end if
%>
```

위와 같이 토큰을 통한 검증을 거쳐 토큰 값이 없거나 다를 경우 요청한 행위를 무시하거나, 오류 메시지를 출력한 후 이전 페이지로 이동하게 하면 된다.

1.5 파일 업로드

파일 업로드File Upload 취약점은 첨부 파일을 업로드할 수 있는 게시판에 일반적으로 허용된 파일(이미지 파일, 문서 파일 등) 이외에 악의적인 스크립트가 포함된 소스 파일(.jsp, .php, .asp 등)을 업로드해 실행시킬 수 있는 취약점이다.

공격자는 파일 업로드 취약점을 이용해 악성 스크립트를 업로드한 후 업로드된 파일이 서버상에 저장된 경로를 확인하거나 유출한 후 이 경로를 통해 서버상에서 스크립트를 실행시켜 셸을 획득함으로써 서버 정보 획득, 파일 열람과 삭제, 홈페이지 변조 등 셸의 기능에 따라 다양한 작업을 수행할 수 있으며, 웹 서버를 장악할 수 있다.

파일 업로드 취약점은 여러 가지 공격 중 피해가 가장 크게 발생하는 취약점으로, 소스코드를 개발할 때 반드시 체크해야 하는 부분이다.

취약점을 확인하기 위한 사전 준비로 악성 스크립트 파일(asp_shell.asp)을 준비하고 악성 스크립트 파일을 복사해 확장자를 이미지 파일(a.jpg)로 변경한다. 이는 자바 스크립트를 이용한 필터링이 적용돼 있는 경우 우회하기 위한 준비이며, 자바스크립트를 이용한 필터링을 하지 않는 홈페이지의 경우 확장자를 이미지 파일로 변경할 필요 없이 직접 악성 스크립트 파일을 업로드할 수 있다.

게시판의 글쓰기 화면에서 첨부 파일이나 내용 부분 글 편집기의 이미지 업로드 기능을 이용해 그림 1.11과 같이 글쓰기 화면에서 첨부 파일 기능으로 파일을 업로드하거나, 첨부 파일 기능이 없을 경우 그림 1.12와 1.13과 같이 게시판의 에디터 기능에 포함돼 있는 이미지 파일 첨부 기능을 이용해 파일을 첨부한다.

많은 홈페이지에서 에디터 기능을 사용하는데, 꼭 필요하지 않은 경우에는 사용하지 않는 편이 안전하다.

첨부 파일 기능을 이용할 경우에는 웹 셸을 직접 업로드하고, 자바스크립트를 통해 파일명 검증을 거쳐 파일이 업로드되지 않을 경우에는 이미지 파일 확장자로 변경한 파일을 업로드한 후 웹 프락시 툴을 이용해 전송된 패킷을 원래의 파일명으로 수정해주면 업로드가 가능할 수 있다.

그림 1.11 글쓰기를 할 때 파일 업로드 화면

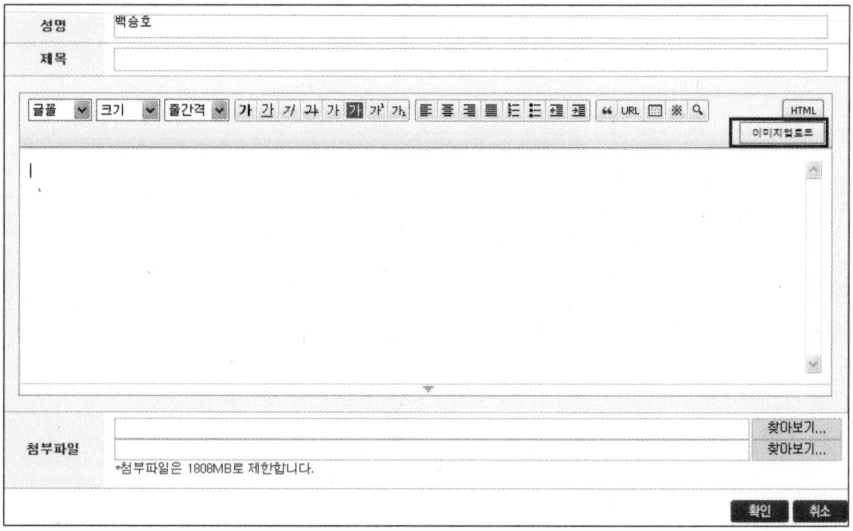

그림 1.12 에디터의 이미지 파일 업로드 기능

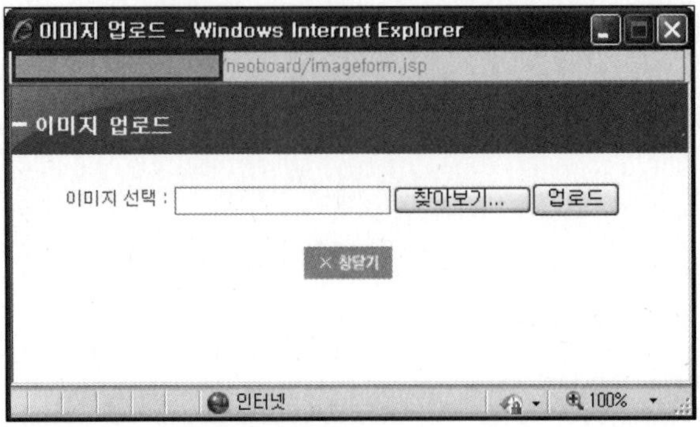

그림 1.13 이미지 파일 업로드 화면

글 작성 완료 후 전송되는 패킷을 웹 프락시 툴로 가로챈 후 변수 부분의 'a.jpg'를 그림 1.14와 같이 'asp_shell.asp'로 변경한 후 전송한다.

웹 프락시 툴의 사용 방법은 부록을 참고하기 바란다.

```
Content-Disposition: form-data; name="info_name"

test
-----------------------------7dd1def70754
Content-Disposition: form-data; name="info_pwd"

test
-----------------------------7dd1def70754
Content-Disposition: form-data; name="info_content"

test
-----------------------------7dd1def70754
Content-Disposition: form-data; name="info_file"; filename="asp_shell.asp"
Content-Type: text/plain

<%@ LANGUAGE='VBScript' CODEPAGE='65001'%>
```

그림 1.14 파일명 변조

게시물 작성 완료 후 첨부 파일의 등록 정보 등을 이용해 첨부 파일의 경로를 확인한 다음에 해당 파일을 호출해 악성 스크립트 파일이 실행되는지 확인한다. 그림 1.15는 업로드된 웹 셸의 실행 화면이다.

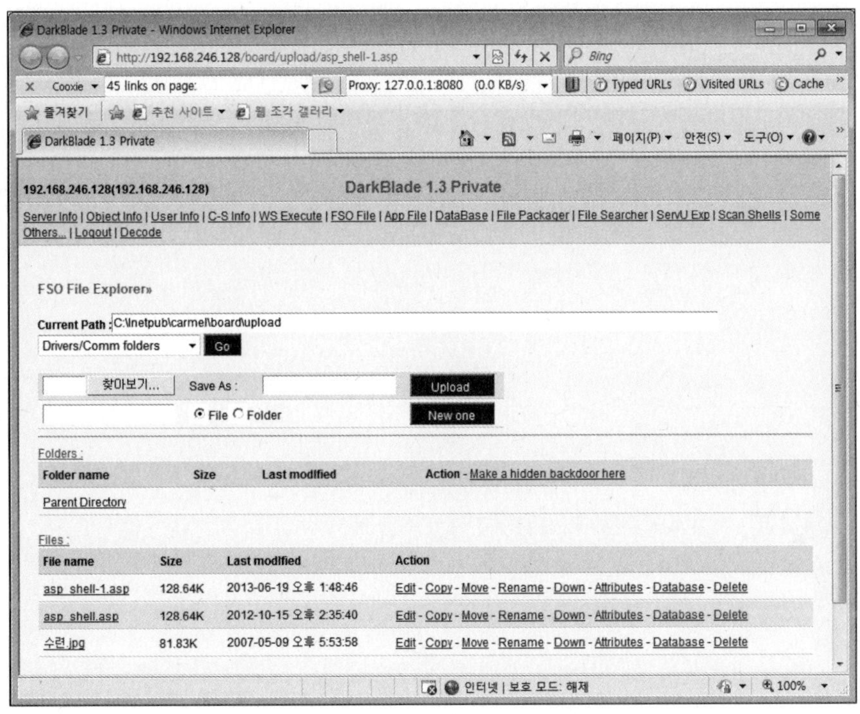

그림 1.15 웹 셸 실행 화면

파일 업로드 시 변경하는 파일의 확장자 예는 표 1.7과 같다.

표 1.7 파일 업로드 공격 시 사용하는 확장자

업로드 방식	확장자
일반	asp, php, jsp
ASP 우회	.asp, .aspx, .AsP, .aSP, .jpg.asp, .cer, .der, .cdx, .asp;.jpg 등
PHP 우회	.PhP, .pHP, .php3, .php4, .php.kr 등
JSP 우회	.JsP, jSp, .js%70 등

공격이 성공하면 업로드된 셸 프로그램을 통해 웹 서버를 원격에서 제어할 수 있으며, 홈페이지 위/변조와 데이터베이스 연결을 통한 중요 정보 유출 등

심각한 피해가 발생하게 된다.

파일 업로드 취약점에 대한 대응 방안으로는 첨부 파일이 저장되는 업로드 디렉터리의 실행 권한을 제거해 운영하는 방법이 있다.

IIS의 경우 시작 ❯ 제어판 ❯ 관리 도구에서 인터넷 서비스 관리자를 선택한 후 해당 업로드 디렉터리에서 오른쪽 클릭을 하고 등록 정보를 선택한 후 그림 1.16과 같이 디렉터리의 실행 권한을 없음으로 설정한다.

그림 1.16 IIS 업로드 디렉터리의 실행 권한 삭제 화면

아파치Apache는 설정 파일인 httpd.conf 파일의 해당 디렉터리에 대한 문서 타입을 컨트롤하기 위해 예제 1.17과 같이 `Directory` 세션의 `AllowOverride` 지시자에서 '`FileInfo`' 또는 '`All`'을 추가한다.

예제 1.17 아파치 문서 타입 지정

```
<Directory "/usr/local/apache">
AllowOverride FileInfo(또는 All) ...
...
</Directory>
```

설정 후 아파치 데몬을 재시작해야 한다.

또한 httpd.conf 파일 내에 있는 특정 디렉터리의 확장자를 예제 1.18과 같이 텍스트 형태로 인식하게 한다.

예제 1.18 특정 디렉터리 파일 텍스트 형태로 인식

```
<Directory ~ "/usr/local/apache/htdocs/(upload|file)">
  RemoveType .html .php .jsp .asp
</Directory>
```

파일 업로드 디렉터리에 .htaccess 파일을 만들고 예제 1.19와 같이 FileMatch 지시자를 이용해 *.ph, *.inc, *.lib 등의 서버 측 스크립트Server Side Script 파일에 대해 직접 URL 호출을 금지시키고, AddType 지시자를 이용해 현재 서버에서 운영되는 서버 측 스크립트 확장자를 text/html로 MIME 타입을 재조정함으로써 업로드된 파일이 실행되지 않게 설정한다.

예제 1.19 .htaccess 파일을 이용한 실행 제한

```
<FileMatch "\.(ph|inc|lib)">
  Order allow, deny
  Deny from all
</FileMatch>

AddType text/html .html .htm .php .php3 .php4 .phtml .phps .in .cgi .pl
.shtml .jsp
```

또한 업로드 디렉터리를 별도의 드라이브나 별도의 물리적 서버에 분리해 저장하는 것이 안전하며, 웹사이트에서 다운로드 모듈을 작성해 외부로부터 업로드 디렉터리의 직접 URL 호출을 통한 접근이 불가능하게 해야 하며, 파일 저장 시 파일명과 확장자를 추측할 수 없게 파일명을 무작위 문자열로 생성하고, 실행 불가능한 확장자로 변경해 저장하는 것이 안전하다.

IIS의 경우 세미콜론(;) 파싱 취약점이 존재해 예제 1.20과 같이 세미콜론 필터링을 추가해야 한다.

예제 1.20 세미콜론 필터링의 예

```
// 파일명 부분 추출
Filename=Mid(file_name, InstrRev(file_name,"\")+1)

// 파일명에 세미콜론(;)이 존재하는지 검사한다.
If InStr(Filename,";" ) Then
  response.write "<script>alert(`업로드 금지 파일입니다`);
  history.back()</script>"
  response.End
End if
```

웹 서버의 서비스 환경을 고려해 문서, 텍스트, 이미지 파일 등 업로드를 허용할 파일을 지정한 후 지정된 확장자 이외의 파일이 업로드되지 않게 제한한다. 이때 확장자 점검은 반드시 서버 측에서 이뤄져야 한다.

1.5.1 ASP에서의 파일 업로드 점검

예제 1.21은 ASP의 확장자 필터링을 통한 파일 업로드 점검 예다.

예제 1.21 ASP 파일 업로드 점검

```
<%
'확장자 검사
$a_file = "jpg, gif, png, pdf, hwp, doc"        // 허용할 확장자

'리턴 값: true-"ok", false-"error"
Function Check(filename, acpfile)
  Dim e_file
  Check = "ok"
  If instr(filename, "\0") Then
    Response.Write "허용하지 않는 입력 값"
```

```
    Response.End
  End If
  ' 이미지 전용 업로드인 경우 이미지 형태 체크
  if up("filename").MimeType <> "image" then
    Response.Write "이미지 파일이 아닙니다."
    Response.End
  End If

  '허용할 확장자 체크
  if a_file <> "" Then
    ok_file = split(a_file, ",")
    for each p in ok_file
      if instr(LCase(e_file), p)>0 then
        Check = "ok"
        Exit Function
      End If
    Next
  Else
    Check = "error"
  End If

  ' 확장자 누락 체크 (예 test.asp. )
  if (e_file = "" And InStr(filename, ".")>0) then
    Check = "error"
    Exit Function
  End If

  ' 상위 경로 접근 체크
  if InStr(Filename, ".." ) Then
    Check = "error"
    Exit Function
  End If
End Function
```

```
%>
```

1.5.2 PHP에서의 파일 업로드 점검

예제 1.22는 PHP의 확장자 필터링을 통한 파일 업로드 점검 예다.

예제 1.22 PHP 파일 업로드 점검

```
/* 업로드 디렉터리 지정 */
$uploaddir = '/var/www/uploads/';

if($_FILES['userfile']['name']) {

  //파일 이름에 특수 문자가 있을 경우 업로드를 금지시킴
  if (eregi("[^a-z0-9\._\-]",$_FILES['userfile']['name'])) {
    print "파일 이름의 특수 문자 체크";
  }

  //파일 확장자 중 업로드를 허용할 확장자를 정의
  $full_filename = explode(".", $_FILES['userfile']['name']);

  /* 공격자가 file.zip.php와 같이 파일명을 생성해 업로드할 경우를 위해 마지막
  확장자를 점검하게 해야 한다. */
  $extension = $full_filename[sizeof($full_filename)-1];

  /* 확장자에 대문자와 소문자를 혼용해 사용할 경우를 대비해 모두 소문자로 바꿔
  비교를 한다. */
  $extension= strtolower($extension);

  if (!(ereg($extension", "hwp") || ereg($extension", "pdf") ||
      ereg($extension", "doc") || ereg($extension", "jpg") ||
      ereg($extension", "gif") || ereg($extension", "png"))) {
```

```
        print "업로드 금지 파일입니다";
    }
}
```

1.5.3 JSP에서의 파일 업로드 점검

예제 1.23은 JSP의 확장자 필터링을 통한 파일 업로드 점검 예다.

예제 1.23 JSP 파일 업로드 점검

```
<%
// String avaext[]: 허용할 확장자
String a_file[] = {"hwp", "pdf", "doc", "jpg", "gif", "png"};

// 리턴 값: true, false
public Boolean Upload_Filter(String fileName, String a_file[]) {
    String e_file = fileName.substring(fileName.lastIndexOf('.') +
            1).toLowerCase();
    Boolean result = true;

    // 허용할 확장자 체크
    for(int i=0; i<a_file.length; i++) {
        if(a_file[i].equals(e_file) )
            result = true;
        break;
    }

    // IIS 파싱 오류 체크
    if(fileName.contains(";") ) {
        return false;
    }

```

```
    // 확장자 누락 체크(예 test.jsp. )
    if(e_file.length() == 0 ) {
        return false;
    }

    // 상위 경로 접근 체크
    if(fileName.contains("..") ) {
        return false;
    }

    if(fileName == null) {
        return false;
    }

    return result;
} %>
```

1.6 파일 다운로드

파일 다운로드File Download 취약점은 웹 애플리케이션에서 상대 경로를 사용할 수 있게 설정돼 있는 경우 상대 경로 표시 문자열인 '../'를 통해 허가되지 않은 상위 경로로 이동해 시스템의 주요 파일이나 소스 파일 등에 접근해 파일을 다운로드하는 취약점이다.

공격자는 파일 다운로드 취약점을 이용해 /etc/passwd, /etc/shadow, /etc/host 등 시스템 정보가 포함돼 있는 주요 파일과 웹 소스 파일 또는 설정 파일을 다운로드함으로써 시스템 계정과 패스워드, 데이터베이스 접속 정보 등을 획득해 시스템에 침투, 내부 자료 유출 등 2차적인 공격에 악용할 수 있다.

취약점을 확인하는 방법에는 홈페이지의 파일 다운로드할 수 있는 곳의 URI를 확인해 변수 값을 조작함으로써 시스템 파일이나 소스 파일의 다운로드가 가능한지 확인하는 방법이 있다.

예를 들어 정상 URI인 'http://도메인명/down.jsp?Filename=파일.hwp'의 Filename의 값을 'http://도메인명/down.jsp?Filename=./../../../../etc/././passwd'와 같이 수정하거나 정상 URI인 'http://도메인명/down.jsp?savePath=/upload/&Filename=파일.hwp'의 savePath 값과 Filename 값을 'http://도메인명/down.jsp?savePath=/../../../../../etc/&fileName=passwd'와 같이 수정해 파일이 다운로드되는지 여부를 확인한다.

그림 1.17은 파일 다운로드 취약점을 이용해 URI의 fileName 값에 정상 파일의 이름 대신 ../../../../../../../etc/passwd를 입력해 시스템 파일이 다운로드되는 예다.

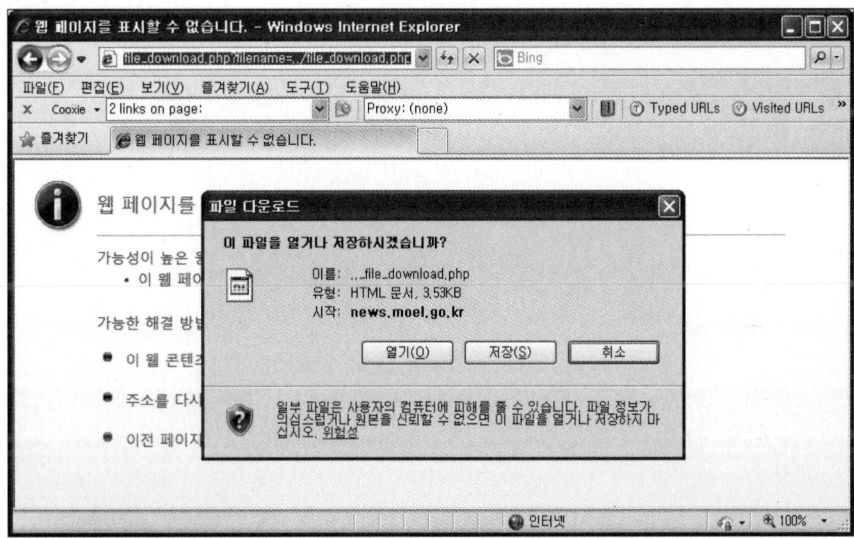

그림 1.17 파일 다운로드 예

변수 조작 시 삽입 구문은 예제 1.24와 같다. 이는 보안 장비에서 차단되는 것을 우회하기 위해 다양한 방법으로 값을 변경해 시도하는 것이다.

예제 1.24 파일 다운로드 시 사용 구문

```
../../../../../../../../../../../../etc/passwd
../../../../../../../../../../../../winnt/win.ini
../../../../../../../../../../../../boot.ini
..../..../..../..../..../..../etc/passwd
..//..//..//..//..//..//..//etc/passwd
./../../../../../../../../../../etc/passwd
URL 인코딩: .(%2e), /(%2f), \(%5c)
16비트 유니코드 인코딩: .(%u002e), /(%u2215), \(%u2216)
더블 URL 인코딩: .(%252e), /(%25ef), \(%255c)
```

취약점이 존재할 경우 /etc/passwd, /etc/shadow 등 시스템의 주요 파일이 유출되며, 웹 애플리케이션 소스 파일이 유출돼 공격자는 유출된 파일 내용을 확인해 데이터베이스 접속 정보 등 내부 접속 정보를 획득 가능하며, 이를 이용해 데이터베이스에 접근함으로써 내부 정보를 획득할 수 있다.

보호 대책으로는 파일 다운로드 시 파일명을 직접 소스상에서 사용하거나 입력받지 않게 하며, 게시판 이름과 게시물 번호를 이용해 서버 측에서 데이터베이스 재검색을 통해 해당 파일을 다운로드할 수 있게 해야 하고, 다운로드 위치는 지정된 데이터 저장소를 지정해 사용하고, 웹 루트 디렉터리 상위로 이동되지 않게 설정한다.

PHP를 사용하는 경우 php.ini에서 magic_quotes_gpc 값을 On으로 설정하면 역슬래시 문자에 대한 대응이 가능하다.

IIS에서는 그림 1.18과 같이 웹사이트의 등록 정보 보기 화면에서 **홈 디렉터리** 탭을 선택하고, **구성** 버튼을 클릭한 후 **옵션** 탭에서 **부모 경로 사용**의 체크를 해제해준다.

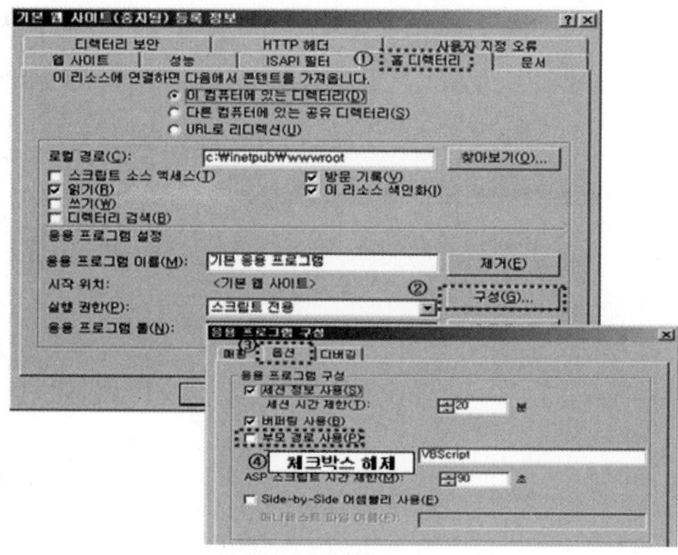

그림 1.18 상위 디렉터리 이동 방지 설정

IIS 7의 경우는 그림 1.19와 같이 IIS인터넷 정보 서비스 관리자의 해당 사이트를 선택한 후 ASP의 부모 경로 사용을 False로 선택한다.

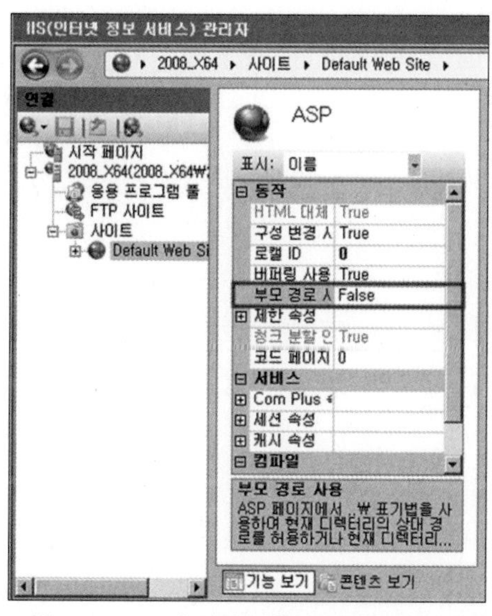

그림 1.19 IIS 7의 상위 디렉터리 이동 방지 설정

아파치는 예제 1.25와 같이 httpd.conf 파일 내의 Indexs 부분을 삭제한다.

예제 1.25 아파치의 파일 다운로드 대응 설정

```
Options Includes **Indexes** FollowSysLinks
AllowVarride None
Order allow, deny
allow from all
```

1.7 정리

입력 값 조작은 대부분 파라미터 값 조작을 통해 공격이 이뤄지며, 공격을 당했을 경우 피해가 크게 나타난다. 때문에 홈페이지를 개발할 때 이런 입력 값들에 대한 검증 절차가 누락되지 않게 꼼꼼히 살펴봐야 한다.

앞서 여섯 가지 공격 방법에서 살펴본 바와 같이 필터링을 통해 제거해야 할 특수 문자, 문자열 등이 매우 다양하기 때문에 책에 소개된 내용을 참고해 계속 추가해나갈 필요가 있다.

웹 취약점 점검뿐만 아니라 안전행정부에서 권고하는 47개 소스코드 취약점 점검 항목도 개발 시 참고하면 도움이 될 것이다(안전행정부고시 제2013-36호 「전자정부법」제45조 제3항에 따른 「정보시스템 구축・운영 지침」 참조).

안전행정부에서 제공하는 「소프트웨어 개발 보안(시큐어 코딩) 관련 가이드」는 안전행정부 홈페이지(http://www.mospa.go.kr/gpms/ns/mogaha/user/userlayout/bulletin/bonbu/elet/userBtView.action?userBtBean.bbsSeq=1022279&userBtBean.ctxCd=1151&userBtBean.ctxType=21010002¤tPage=11)에서 다운로드할 수 있다.

2

잘못된 보안 설정

홈페이지를 서비스하려면 서버에 여러 가지 설정이 필요하다. 웹과 웹 애플리케이션 서비스를 설치하면 기본적으로 서비스가 목적이기 때문에 보안 사항이 고려되지 않은 상태로 설치된다. 따라서 설치된 상태 그대로 서비스를 하면 안전하지 않은 보안 설정으로 인해 공격자들의 표적이 될 수 있다. 서비스를 설치한 후 보안 관련 설정 등이 제대로 돼 있는지 확인할 필요가 있다.

잘못된 보안 설정으로 나타날 수 있는 취약점들은 디렉터리 내의 파일 정보들이 노출되는 디렉터리 인덱싱, 웹과 웹 애플리케이션의 종류나 버전 정보가 노출되는 정보 누출, 관리자가 아닌 일반 사용자가 관리자 페이지에 접근할 수 있는 관리자 페이지 노출, 불필요하게 존재하는 파일들에 의해 발생하는 위치 공개, 불필요한 메소드 활성화로 인한 취약점인 웹 서비스 메소드 설정 공격 등이 있다.

이런 취약점은 환경 설정 파일에 있는 보안 관련 항목의 값을 수정하거나 불필요하게 존재하는 파일의 삭제, 접근 가능한 IP만 허용하게 하는 접근 제어 등을 통해 조치할 수 있다.

2.1 디렉터리 인덱싱

일반적으로 웹 서버에는 URL 입력 시 Default.html, index.html, index.html 등 기본적으로 호출할 파일을 지정해 놓는데, 웹 루트 디렉터리에 해당 파일이 없을 경우 디렉터리 내의 파일 리스트를 웹 브라우저에 표시한다. 이를 디렉터리 인덱싱Directory Indexing 취약점이라고 한다.

공격자는 디렉터리 인덱싱 취약점을 이용해 웹 서버 내의 디렉터리 구조를 파악하고, 주요 소스 파일이나 설정 파일을 다운로드하는 등 정보를 획득할 수 있다.

디렉터리 인덱싱 취약점을 확인하는 방법은 웹 페이지 요청 시 도메인명 하위의 파일명과 변수명, 변수 값을 삭제하고 디렉터리 이름만 입력(끝에 '/'까지 입력)하거나 URL 뒤에 %3f.jsp, %23.jsp를 입력해 표 2.1과 같이 확인할 수 있다.

표 2.1 디렉터리 인덱싱 공격 예

http://도메인명/include/dbconn/
http://도메인명/data/
http://도메인명/board/
http://도메인명/common/
http://도메인명/images/
http://도메인명/icon/
http://도메인명/%3f.jsp
http://도메인명/%23.jsp

디렉터리 인덱싱 취약점이 존재할 경우 그림 2.1과 같이 요청한 디렉터리의 파일 목록들이 나타나며, 파일 열람과 다운로드가 가능하다.

그림 2.1 디렉터리 인덱싱 취약점 화면

구글 검색을 이용한 디렉터리 인덱싱 확인 방법은 구글 검색 창에 'intitle:index of site:도메인명'과 같이 입력하면 구글을 통해 수집된 취약점 정보가 그림 2.2와 같이 나타난다.

그림 2.2 디렉터리 인덱싱 구글 검색 화면

이와 같이 디렉터리 인덱싱 취약점에 노출될 경우 웹 서버 내의 디렉터리 구조와 파일 목록이 노출되며, 파일의 다운로드가 가능해 자료 유출이 발생할 수 있다.

IIS인터넷 정보 서비스의 경우 대응 방안은 다음과 같다.

그림 2.3과 같이 제어판 ▶ 관리 도구 ▶ 인터넷 서비스 관리자(혹은 인터넷 정보 서비스) ▶ 기본 웹사이트에서 마우스 오른쪽 버튼을 클릭한다. 속성 부분을 보면 기본 웹사이트 등록 정보에서 홈 디렉터리 부분을 클릭한 후 디렉터리 검색(B) 부분의 체크를 해지한다.

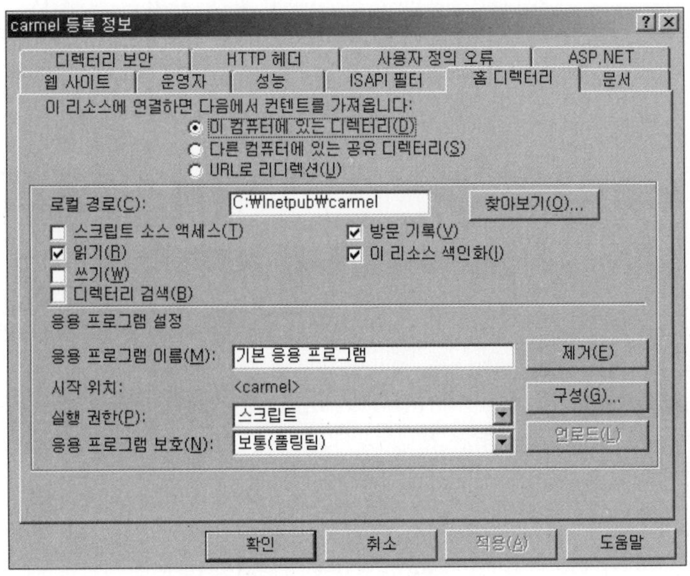

그림 2.3 IIS의 디렉터리 인덱싱 취약점 조치 화면

IIS 7의 경우에는 그림 2.4와 같이 IIS 관리자의 해당 웹사이트에서 디렉터리 검색을 사용 안 함으로 적용한다.

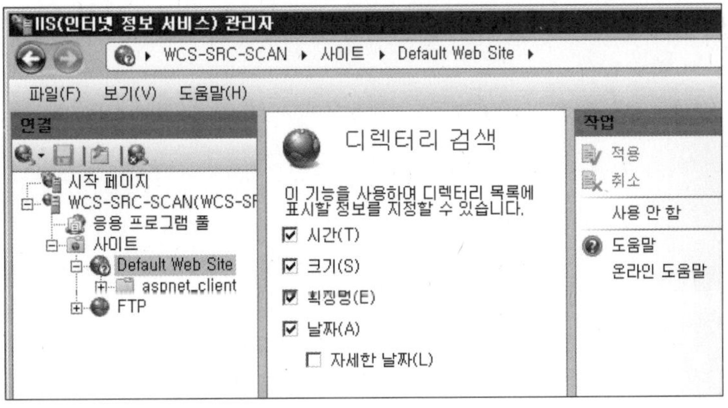

그림 2.4 IIS 7의 디렉터리 인덱싱 취약점 조치 화면

아파치의 경우에는 서버에서 설정 파일인 'httpd.conf' 파일을 찾은 후 예제 2.1과 같이 파일 내용 중 Options 항목 뒤에 있는 Indexes라는 단어를 지우고 파일을 저장한다.

이때 Options는 디렉터리별로 설정할 수 있게 돼 있으므로 모든 디렉터리에 대해 Options 항목의 Indexes를 제거하거나 IncludeNoExec 옵션으로 설정한다.

예제 2.1 아파치의 디렉터리 인덱싱 취약점 제거 예

```
<Directory "/usr/local/www">
  Options Indexes ← 제거
</Directory>
```

설정을 적용하려면 웹 서버 데몬daemon[1]을 재시작해야 한다.

톰캣Tomcat의 경우에는 /[톰캣 설치 디렉터리]/conf/web.xml에서 예제 2.2와 같이 default servlet의 <param-value> 값을 굵은체로 표시된 부분과 같이 false로 설정한다.

예제 2.2 톰캣의 디렉터리 인덱싱 취약점 제거의 예

```
<servlet>
  <servlet-name>default</servlet-name>
  <servlet-class>
      org.apache.catalina.servlets.DefaultServlet
  </servlet-class>
  <init-param>
    <param-name>listings</param-name>
    <param-value>false</param-value>
```

1. 주기적으로 서비스 요청을 처리하기 위해 계속 실행되는 프로그램

```
    </init-param>
    <load-on-startup>1</load-on-startup>
</servlet>
```

웹로직[WebLogic]의 경우에는 관리 콘솔을 이용할 때 왼쪽 메뉴의 트리에서 설정할 애플리케이션을 선택한 후 Configuration 탭의 Descriptor를 선택하고 Index Directory Enabled 항목을 비활성화시킨다.

웹로직 12c의 경우에는 도메인 구조에서 해당 홈페이지의 배치를 선택한 후 구성 탭의 일반 탭에서 인덱스 디렉터리가 사용으로 설정됨의 체크를 해제하면 된다.

웹로직에서 설정 파일을 직접 변경할 경우에는 예제 2.3과 같이 WebLogic.xml 파일에서 WebLogic-web-app 요소의 <index-directory-enabled> 속성을 false로 설정한다.

예제 2.3 WebLogic.xml 파일의 디렉터리 인덱싱 취약점 제거의 예

```
<container-descriptor>
    <index-directory-enabled>false</index-directory-enabled>
</container-descriptor>
```

Plan.xml 파일을 사용할 때는 예제 2.4와 같이 /WEB-INF/Plan.xml 파일에서 <variable>의 <value> 값을 false로 설정한다.

예제 2.4 plan.xml 파일의 디렉터리 인덱싱 취약점 제거의 예

```
<variable-definition>
    <variable>
        <name>
            ContainerDescriptor_indexDirectoryEnabled_12342524519210
```

```
    </name>
    <value>false</value>
  </variable>
</variable-definition>
```

웹투비WebtoB의 경우에는 /[웹투비 설치 디렉터리]/config/[환경 파일.m]에 DIRINDEX 절을 삽입하고, NODE 절에 DirIndex 절과 관계된 설정을 예제 2.5와 같이 -index로 설정한다.

예제 2.5 웹투비의 디렉터리 인덱싱 취약점 제거 예

```
DIRINDEX name OPTIONS // 'DIRINDEX' 절 삽입
*NODE

....

DirIndex : DIRINDEX 이름
Options : "+index"로 설정 시 디렉터리 검색 기능 'on', 내용 삭제 시 디렉터리 검색 기능
'off', "-index"로 설정
```

아이플래닛iPlanet 6.1의 경우에는 웹 관리 콘솔 사용 시 Administration Server를 적용할 서버로 선택한 후 Virtual Server Class 탭을 클릭한다. Select a Class를 해당 클래스Class로 선택한 후 Manage 버튼을 클릭한다. Content Mgmt 탭을 클릭하고, 왼쪽 메뉴의 Document Preferences를 선택한 후 Directory Indexing 항목을 None으로 선택하고 File to user for error response 항목에 오류 페이지를 지정한다.

아이플래닛 7.0의 경우에는 해당 서버의 내용 처리 탭의 일반 탭에서 디렉터리 목록의 목록 유형 항목을 없음으로 체크한 후 오류 페이지를 설정해준다.

아이플래닛의 설정 파일을 이용해 설정할 경우에는 예제 2.6과 같이 /[iPlanet 설치 디렉터리]/https-[Server_name]/config/obj.conf에서 magnus-internal/

directory의 fn 값을 send-error로 설정하고, error page의 path를 설정한다.

예제 2.6 obj.conf를 이용한 디렉터리 인덱싱 취약점 제거의 예

```
<Object name="default">
  AuthTrans fn="match-browser" browser="*MSIE*"
  ssl-unclean-shutdown="true"

... 중략 ...

  ObjectType fn="force-type" type="text/plain"
  Service method="(GET|POST)" type="magnus-internal/imagemap"
  fn="imagemap"
  Service method="(GET|POST)" type="magnus-internal/directory"
  fn="send-error"
  path="C:/Sun/WebServer/docs/error/error.html"

... 중략 ...

  Error fn="send-error" reason="Server Error"
  path="C:/Sun/WebServer/docs/error/error.html"
  AddLog fn="flex-log" name="access"
</Object>
```

디렉터리 인덱싱 취약점은 개발자가 프로그램의 수정 작업 없이 올바른 서버 설정만 해준다면 불필요한 정보가 노출되는 일이 발생하지 않기 때문에 서버 설정 시 반드시 체크해서 설정해야 하는 항목이다.

2.2 정보 누출

공격자들은 홈페이지를 공격하기 전에 홈페이지에 대한 여러 가지 사전 정보를 수집하게 된다. 어떤 포트들이 열려 있는지, 웹 서버와 웹 애플리케이션 서버와 데이터베이스는 어떤 종류의 어떤 버전을 사용하고 있는지 등 다양한 정보를 수집한 후 수집한 정보를 이용해 공격을 시작한다.

정보 누출은 자체만으로 피해가 크지는 않지만, 공격의 실마리를 제공해주는 역할을 하기 때문에 불필요한 정보를 공격자에게 제공하지 않게 사전에 취약점 존재 여부를 확인해 이에 대한 적절한 보안 설정을 해야 한다.

정보 누출은 홈페이지의 서버 설정 정보, 파일의 절대 경로 등 공격에 이용될 수 있는 불필요한 데이터나 개인 정보가 노출되는 취약점이며, 개발 과정에서 작성한 주석이나 홈페이지에서 발생하는 오류 메시지 등을 통해 불필요하게 중요한 정보가 노출됨으로써 공격자에게 2차 공격을 하는 데 필요한 중요 정보를 제공할 수 있다.

정보 누출에는 중요한 정보뿐만 아니라 홈페이지에서 제공하고자 하는 정보 이외의 정보가 노출되는 것을 모두 포함한다.

정보 누출 취약점을 확인하는 방법은 존재하지 않는 파일을 호출하거나 URI에 전송되는 변수 값, 검색 창, 로그인 창 등 애플리케이션에서 사용되는 값과 다른 데이터형의 숫자 또는 특수 문자를 입력해 오류 메시지가 노출되는지 여부를 확인하는 것이다.

오류 페이지가 설정돼 있지 않거나 디폴트 오류 페이지를 사용할 경우 그림 2.5나 그림 2.6과 같이 오류 메시지에 아파치 톰캣의 버전 정보가 노출되거나 WAS의 정보가 노출된다.

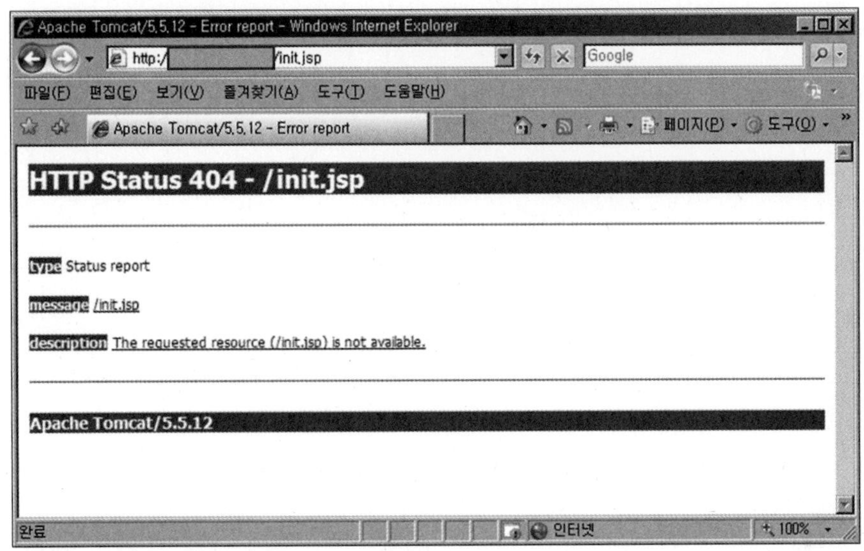

그림 2.5 오류 메시지를 통한 톰캣 버전 정보의 노출

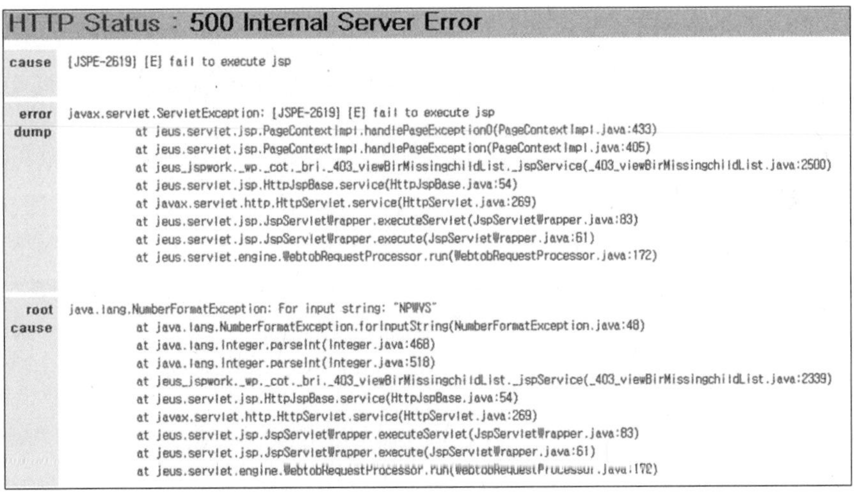

그림 2.6 오류 메시지를 통한 WAS 정보 노출

또한 서버에서 클라이언트에게 전송하는 패킷 중에도 서버 정보가 포함될 수 있으며, 이는 웹 프락시 툴을 이용해 그림 2.7과 같이 응답 패킷 확인으로 서버 정보를 볼 수 있다.

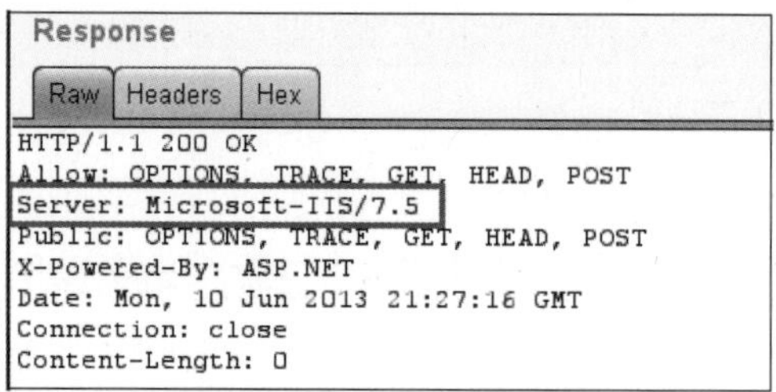

그림 2.7 웹 프락시 툴을 이용한 서버 정보 노출

웹 프락시 툴의 사용법은 부록 C의 '웹 프락시 툴 사용법'을 참고하기 바란다.

로그인 시 아이디나 패스워드가 틀렸을 경우 그림 2.8과 같이 각기 다른 메시지가 출력되는 경우를 확인할 수 있는데, 이 메시지를 통해 아이디가 존재하는지 여부를 확인할 수 있으며, 해커는 해당 아이디에 대한 패스워드 무작위 대입 공격을 진행할 수 있다.

그림 2.8 오류 메시지를 통한 아이디 존재 확인

사용자의 편의성을 생각하면 어느 부분이 잘못돼 있는지 알려주는 것이 좋지만, 보안 측면에서는 안전하지 않은 방법이다.

정보 누출 취약점이 존재할 경우 위의 예에서 확인할 수 있듯이 오류 페이지나 응답 패킷을 통한 시스템 정보 수집이 가능해지며, 데이터베이스 접속 오류 메시지를 통한 데이터베이스 접속 정보나 테이블명, 필드명 등의 노출이 가능해진다. 또한 로그인 실패 시의 메시지를 통해 아이디 존재 여부를 확인해 무작위 대입 공격의 표적이 되기도 하기 때문에 사용자에게 보여주는 메시지 하나하나에도 신경을 써야 한다.

불필요한 정보가 노출되지 않게 하려면 로그인 시 아이디나 패스워드가 틀린 경우 "아이디가 틀렸습니다.", "패스워드가 틀렸습니다." 같이 각 메시지를 출력하지 말고 "로그인에 실패 했습니다." 또는 "입력하신 정보가 일치하지 않습니다." 등의 통합 메시지를 출력하게 함으로써 아이디와 패스워드 중 어느 것이 잘못됐는지 알 수 없게 해야 보안상 안전하다.

또한 웹 애플리케이션의 인수에 특수 문자를 입력할 때 '특수 문자 입력 불가' 메시지를 출력하거나 오류 메시지를 설정해 별도의 오류 페이지를 보여주게 해야 한다.

개발할 때 오류를 확인하기 위해 설정했던 경로 정보와 디버그 정보 등은 개발이 완료된 후에는 최종 사용자에게 제공되지 않게 반드시 수정해야 한다.

아파치의 경우에는 예제 2.7과 같이 httpd.conf 파일에서 `ErrorDocument` [오류 코드][사용자 정의 오류 페이지] 형식으로 오류 핸들링을 설정하면 오류 메시지를 통한 정보 노출을 예방할 수 있다.

예제 2.7 아파치의 오류 페이지 설정 방법

```
# Customizable error responses come in three flavors:
# 1) plain text 2) local redirects 3) external redirects
# Some examples:
ErrorDocument 500 "error.html"
ErrorDocument 404 "error.html"
```

```
ErrorDocument 403 "error.html"
ErrorDocument 401 "error.html"
ErrorDocument 400 "error.html"
```

아파치의 서버 정보가 노출되는 부분은 httpd.conf 파일에서 ServerTokens의 설정 값이 Min/OS/Full일 경우 Prod로 설정하면 서버의 버전 등이 노출되지 않는다. 표 2.2는 각 설정 키워드에 대한 서버 정보 예를 보여준다.

표 2.2 SterverTokens의 설정 값

키워드	제공하는 정보	예
Prod	웹 서버 종류	Server: Apache
Min	Prod 키워드 제공 정보와 웹 서버 버전	Server: Apache/1.3.0
OS	Min 키워드 제공 정보와 운영체제	Server: Apache/1.3.0(Unix)
Full	OS 키워드 제공 정보와 설치된 모듈(애플리케이션) 정보	Server: Apache/1.3.0(Unix) PHP/3.0 MyMod/1.2

IIS의 경우 오류 페이지 설정 방법은 그림 2.9와 같이 인터넷 정보 서비스 관리자에서 마우스 오른쪽 버튼 클릭한 후 속성 버튼을 클릭하고 사용자 지정 오류 탭에서 오류 페이지를 지정한다.

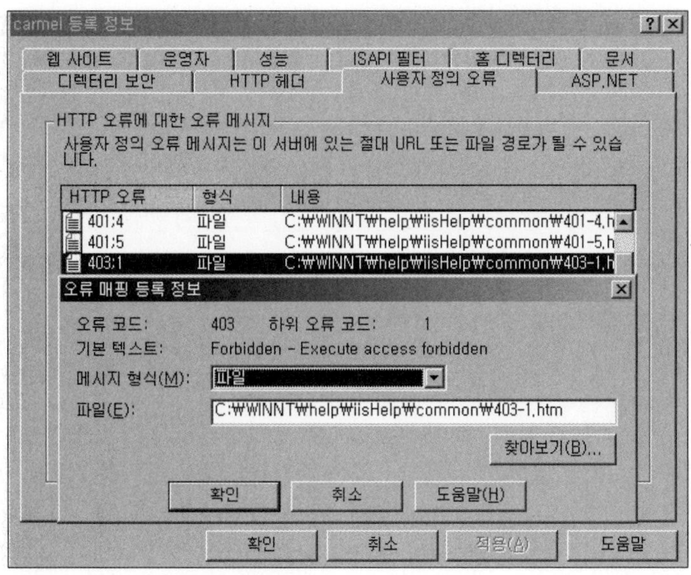

그림 2.9 IIS의 오류 페이지 설정

헤더에 서버 정보가 노출되는 것을 방지하려면 'URL 스캔'을 설치한 후 `RemoveServerHeader` 옵션의 값을 '1'로 설정한다. 설정 값이 '0'일 경우 서버 정보를 숨기지 않고 노출하게 된다.

또한 인터넷 정보서비스(IIS) 관리의 해당 웹사이트를 선택한 후 HTTP 헤더 탭의 사용자 정의 HTTP 헤더 부분에서 불필요한 부분이 존재할 경우 그림 2.10과 같이 삭제해 노출되는 정보가 발생하지 않게 설정한다.

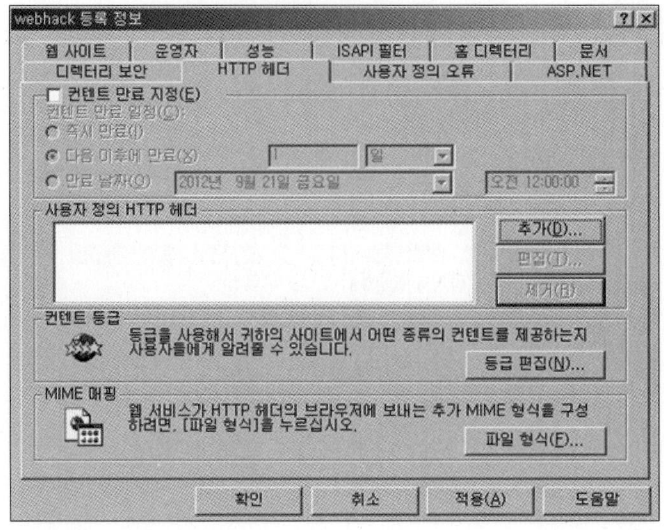

그림 2.10 IIS 헤더 정보 숨기기

해당 설정을 했을 경우 서비스 재시작을 통해 설정된 내용이 적용되게 해야 한다.

IIS 6.0의 경우에는 HKLM\SYSTEM\CurrentControlSet\Services\HTTP\Parpameters\DisableServerHeader의 레지스트리 값을 1로 설정한다.

ASP.NET을 사용할 경우 버전 정보가 노출되는 것을 방지하려면 web.config 파일의 <system.web> 섹션에서 httpRuntime 항목의 enableVersionHeader 값을 false로 설정하면 된다.

```
<httpRuntime enableVersionHeader="false" />
```

톰캣의 경우에는 예제 2.8과 같이 /[톰캣 설치 디렉터리]/conf/web.xml에서 마지막 부분에 오류 처리 부분을 추가해 각 오류 코드에 대해 오류 발생가 발생하면 지정된 오류 페이지를 보여주게 해야 한다. 이때 오류 코드는 기본적으로 400, 401, 403, 404, 500에 대해 모두 설정해야 한다.

예제 2.8 톰캣 오류 페이지 설정

```
<welcome-file-list>
  <welcome-file>index.html</welcome-file>
</welcome-file-list>
<error-page>
  <error-code>400</error-code>
  <location>/error.jsp</location>
</error-page>
<error-page>
  <error-code>401</error-code>
  <location>/error.jsp</location>
</error-page>
<error-page>
  <error-code>403</error-code>
  <location>/error.jsp</location>
</error-page>
<error-page>
  <error-code>404</error-code>
  <location>/error.jsp</location>
</error-page>
<error-page>
  <error-code>500</error-code>
  <location>/error.jsp</location>
</error-page>
<error-page>
  <exception-type>java.lang.Throwable</exception-type>
  <location>/error.jsp</location>
</error-page>
```

또한 서버 정보 노출을 막으려면 예제 2.9와 같이 /[톰캣 설치 디렉터리]/conf/server.xml에서 server의 값이 설정돼 있는 경우 해당 부분의 값을 없애준다.

예제 2.9 톰캣 서버 정보 설정

```
<Connector port="80" protocol="HTTP/1.1" connectionTimeout="20000"
  URIEncoding="UTF-8" redirectPort="80" server="" allowTrace="false" />
```

X-Powered-By의 값을 제거하려면 예제 2.10과 같이 web.xml 파일의 com.sun.faces.sendPoweredByHeader 값을 false로 설정한다.

예제 2.10 톰캣 서버 정보 설정

```
<context-param>
  <param-name>com.sun.faces.sendPoweredByHeader</param-name>
  <param-value>false</param-value>
</context-param>
```

웹투비[WebtoB]의 경우에는 컴파일 전의 '환경파일.m'에서 ErrorDocument 부분을 예제 2.11과 같이 오류 코드(400, 401, 403, 404, 500 등), 사용자 정의 오류 페이지 형식으로 오류 핸들링을 설정해 컴파일한 후 웹 서버를 재기동한다.

예제 2.11 웹투비 오류 페이지 설정

```
// ERRORDOCUMENT를 설정
*NODE
tmax ErrorDocument = "err1, err2, err3, err4, err5"
*ERRORDOCUMENT
err1 Status=400, Url="error.html"
err2 Status=401, Url="error.html"
err3 Status=403, Url="error.html"
err4 Status=404, Url="error.html"
err5 Status=500, Url="error.html"
```

헤더 정보를 숨기기는 방법은 '환경파일.m' 파일에서 ServerTokens의 설정 값이 Min/OS/Full일 경우 Off 또는 Prod로 설정한다.

표 2.3은 각 ServerTokens 값에 대한 예다.

표 2.3 웹투비 ServerTokens 설정 값

ServerTokens 설정	내용
Off	Server에 대한 정보를 보내지 않음
Prod	예) WebtoB
Min	예) WebtoB/3.1.5
OS	예) WebtoB/3.1.5(LINUX_i386)
Full	예) WebtoB/3.1.5(LINUX_i386)
Custom=xxx/x.x	예) xxx/x.x

제우스JEUS 5.x의 경우 오류 페이지를 설정하려면 /[제우스 설치 디렉터리]/config/[node name]/[node_servlet_engine]/WEBMain.xml에서 오류 메시지 반환 관련 항목인 print-error-to-browser의 값을 예제 2.12와 같이 false로 설정한다.

예제 2.12 제우스 5.x의 오류 메시지 설정

```
<web-container>
  <context-group>

    ... 중략 ...

    <group-name>MyGroup</group-name>
    <print-error-to-browser>false</print-error-to-browser>
    ... 중략 ...
  </context-group>
```

```
</web-container>
```

헤더 정보를 숨기려면 예제 2.13과 같이 JEUSMain.xml 설정 파일 내의 DJEUS.servlet.response.header.serverInfo 값을 false로 설정한다.

예제 2.13 제우스 5.x의 서버 정보 노출 설정

```
<JEUS-system>
  <node>

    ... 중략 ...

    <command-option>

      ... 중략 ...

      DJEUS.servlet.response.header.serverInfo=false
    </command-option>
```

제우스 6.x 이상 버전에서의 오류 페이지 설정은 예제 2.14와 같이 /[제우스 설치 디렉터리]/config/[node name]/[node_servlet_engine]/WEBMain.xml 파일에서 오류 메시지 반환 관련 항목인 <attach-stacktrace-on-error>의 값을 false로 설정한다.

예제 2.14 제우스 6.x의 오류 메시지 설정

```
<context-group>
  <group-name>MyGroup</group-name>
  <attach-stacktrace-on-error>false</attach-stacktrace-on-error>
</context-group>
```

레진Resin의 경우 오류 페이지 설정 방법은 예제 2.15와 같이 /[resin 설치 디렉터리]/conf/resin.conf 파일에서 오류 핸들링 부분인 <error-page>에 error-code별로 이동할 오류 페이지를 지정해 설정한다. 기본적으로 400, 401, 403, 404, 500에 대해서는 모두 설정하는 것이 바람직하다.

예제 2.15 레진의 오류 메시지 설정

```
<!--
  - Select an error page to display when the connection fails.
  - <error-page exception='connection' location='/error.html'/>
  - <error-page error-code='400' location='/error.jsp'/>
  - <error-page error-code='401' location='/error.jsp'/>
  - <error-page error-code='403' location='/error.jsp'/>
  - <error-page error-code='404' location='/error.jsp'/>
  - <error-page error-code='500' location='/error.jsp'/>
-->
```

아이플래닛 6.1의 경우 웹 관리 콘솔을 이용하는 방법은 다음과 같다.

먼저Administration Server를 적용할 서버로 선택한 후 Virtual Server Class 탭을 선택한다. Select a Class에 해당 클래스를 선택한 후 Manage 버튼을 클릭한다. Content Mgmt 탭을 선택한 후 왼쪽 메뉴의 Error Responses를 클릭해 Error Code의 항목별로 오류 페이지를 설정한다.

아이플래닛 7.0의 경우에는 가상 서버의 내용 처리 탭에 있는 오류 페이지 탭에서 새로 만들기 버튼을 클릭한 후 오류 코드 400, 401, 403, 404, 500에 대해 각각 파일을 지정해준다.

설정 파일을 이용하는 설정 방법에서는 예제 2.16과 같이 /[iPlanet 설치 디렉터리]/https-[Server_name]/config/obj.conf error 부분에서 상황별로 오류 페이지를 지정해 설정한다.

예제 2.16 아이플래닛의 설정 파일을 이용한 오류 페이지 설정

```
<Object name="default">
  AuthTrans fn="match-brower" browser="*MSIE*"
  ssl-unclean-shutdown="true"
  NameTrans fn="ntrans-j2ee" name="j2ee"
  NameTrans fn="pfx2dir" from="/mc-icons"

.. 중략 ...

  Error fn="error-j2ee"
  Error fn="send-error" reason="Unauthorized"
  path="C:/Sun/WebServer/docs/error/error.html"
  Error fn="send-error" reason="Forbidden"
  path="C:/Sun/WebServer/docs/error/error.html"
  Error fn="send-error" reason="Not Found"
  path="C:/Sun/WebServer/docs/error/error.html"
  Error fn="send-error" reason="Server Error"
  path="C:/Sun/WebServer/docs/error/error.html"
  AddLog fn="flex-log" name="access"
</Object>
```

헤더 정보를 숨기는 방법은 아이플래닛 6.1의 경우 /[iPlanet 설치 디렉터리]/https-[server_name]/config/magnus.conf 파일에서 ServerString을 none으로 설정하면 된다.

아이플래닛 7.0의 경우에는 일반 탭의 고급 검색 탭에서 HTTP 설정의 서버 헤더에 있는 사용자 정의를 체크한 후 원하는 값을 입력한다. 설정이 완료되면 저장 버튼을 클릭해 보류 중인 배포를 실행시켜 배포해야만 설정이 적용된다.

웹로직의 경우 오류 페이지 설정 방법은 예제 2.17과 같이 /WEB-INF/WebLogic.xml 파일의 <verbose> 값을 false로 설정하면 된다.

예제 2.17 웹로직의 오류 메시지 설정

```
<WebLogic-web-app>
  <verbose>false</verbose>
</WebLogic-web-app>
```

헤더 정보 숨기기 설정은 관리 콘솔에서 HTTP 매개변수의 Send Server Header 값을 False로 설정한다.

웹로직의 X-Powered-By의 값을 제거하려면 관리 콘솔에서 domainName ❯ Configuration ❯ Web Application에서 X-Powered-By Header 항목을 X-Powered-By Header will not be sent로 설정하면 된다.

제이보스jboss의 정보 누출을 방어하기 위한 방법은 예제 2.18과 같이 server.xml의 Connector 항목에서 server 값을 삭제하고, xpoweredBy 값을 false로 설정하면 된다.

예제 2.18 제이보스의 서버 정보 누출 설정

```
<Connector protocol="HTTP/1.1" port="8080"
  address="${jboss.bkind.address}"
  connectionTimeout="20000" redirectPort="8443"
  server="" xpoweredBy="false" />
```

Sun-ON-WEB-Server/6.1과 같이 서버 정보가 노출될 경우에는 httpds-HOSTNAME/config/magnus.conf 파일에 "ServerString none"을 추가한다.

PHP의 경우에는 설정 파일인 php.ini 파일의 display_errors의 값을 off로 설정하고 expose_php의 값을 off로 설정하면 PHP에서 발생하는 오류 메시지의 노출을 차단할 수 있다.

2.3 관리자 페이지 노출

관리자 페이지는 데이터베이스에 직접 접근하지 않고, 게시판 관리나 회원 관리 등을 편리하게 하기 위한 페이지로, 홈페이지의 관리자만이 접속해 사용하는 페이지다.

관리자 페이지 노출 취약점은 URL 강제 접속, SQL 인젝션 등 다양한 공격으로 노출될 수 있다. 관리자 페이지가 노출되면 공격자는 관리자만 열람/게시할 수 있는 콘텐츠를 조작해 홈페이지를 변조할 수 있으며, 회원 정보 등을 열람할 수 있게 된다.

따라서 관리자 페이지는 특정 사용자의 IP에서만 접근 가능하게 해야 하며, 80포트가 아닌 별도의 포트를 생성해 사용하는 것이 안전하다.

관리자 페이지 노출 여부를 확인하려면 일반 사용자가 인가되지 않은 IP에서 관리자 페이지에 접근 가능한지 확인한다.

일반적으로 많이 사용하는 관리자 페이지 URL(/admin, /manager, /webmaster, /master, /administrator, /system 등)로 접근 가능한지 확인한다.

관리자 페이지를 알고 있을 경우에는 관리자 컴퓨터가 아닌 일반 사용자 컴퓨터의 브라우저에서 해당 페이지를 직접 호출해 확인할 수도 있다.

또한 관리자 페이지는 사용자 인증을 통해 접근해야 하기 때문에 인증 없이 관리자 권한으로 접근 가능한 페이지(/admin/main.asp, /admin/menu.php, /admin/member_lsit.php 등)에 직접 접근이 가능한지를 확인한다.

이 경우 일부 페이지가 아닌 관리자 권한으로 접근 가능한 모든 페이지를 확인해야 한다.

일반적인 WAS의 디폴트 관리자 페이지는 표 2.4와 같다.

표 2.4 WAS 디폴트 관리자 페이지

종류	URL
톰캣(Tomcat)	도메인명/manager/html 도메인명:8080/manager/html
웹로직(WebLogic)	도메인명:7001/console
웹스피어(Websphere)	도메인명:7090/admin 도메인명:9090/admin 도메인명:9043/admin
레진(resin)	도메인명:8080/resin-admin
제우스(JEUS)	도메인명/webadmin

관리자 페이지는 권한을 가진 IP에서만 접근 가능하게 접근 권한을 설정해야 한다.

IIS 웹 서버에서의 보호 대책은 다음과 같다.

설정 > 제어판 > 관리 도구 > 인터넷 서비스 관리자를 선택한다. 해당 관리자 페이지 폴더에서 오른쪽 마우스 버튼을 클릭하고 **등록 정보 > 디렉터리 보안 > IP 주소 및 도메인 이름 제한 > 편집** 버튼을 클릭한다. 그림 2.11과 같이 액세스 거부를 선택하고 추가 버튼을 클릭해 관리자 호스트 IP나 서브넷을 등록한다.

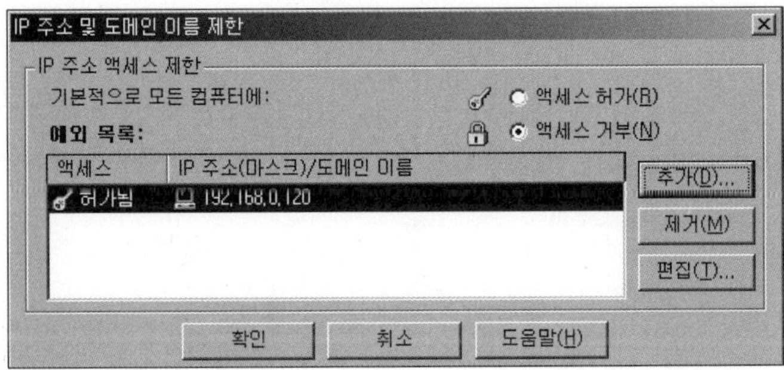

그림 2.11 IIS의 관리자 접근 IP 설정

아파치 웹 서버에서의 보호 대책은 다음과 같다.

예제 2.19와 같이 아파치 웹 서버의 환경 설정 파일인 **httpd.conf** 파일의 `Directory` 섹션에 있는 `AllowOverride` 지시자에서 `AuthConfig`나 `All`을 추가해 .htaccess 파일을 통해 사용자 계정, 패스워드를 등록한 사용자만 접근이 가능하게 하고, 관리자 디렉터리(admin)는 특정 IP에서만 접근이 가능하게 설정한다.

예제 2.19 아파치의 hpptd.conf 파일의 관리자 접근 IP 설정

```
<Directory /home/www/admin/>
  AllowOverride AuthConfig(또는 All)
  Order deny, allow
  Deny from all
  Allow from 10.10.10.10 10.10.11.1/24
</Directory>
<Directory "접근을 제어하고자 하는 디렉터리">

  ... 중략 ...

  AllowOverride FileInfo AuthConfig Limit

  ... 중략 ...

</Directory>

... 중략 ...

AccessFileName .htaccess
<File ~ "^\ht">
  Order allow, deny
  Deny from all
</Files>
```

예제 2.20는 .htaccess 파일의 설정 예다.

예제 2.20 아파치의 .htaccess 파일의 관리자 접근 IP 설정

```
AuthName "인증이 필요한 관리자 페이지입니다."
AuthType Basic
AuthUserFile /home/www/admin/.htpasswd
AuthGroupFile /dev/null
require valid-user
Order deny, allow
Deny from all
Allow from 10.10.10.10 10.10.11.1/24
```

관리자 페이지와 같이 인증이 필요한 디렉터리에 .htaccess 파일을 만들고 admin 계정의 패스워드로 예제 2.21과 같이 ~apache/bin/htpasswd를 이용해 사용자 정보 파일(.htpasswd)을 생성한다.

예제 2.21 .htpasswd 사용자 설정

```
<Directory /home/www/admin/>
# ~apache/bin/htpasswd -c /home/www/admin/.htpasswd [사용자명]
New password: ********
Re-type new password: ********
Adding password for user [사용자명]
#
```

> **참고**
>
> 아파치 서버의 경우 AllowOverride 지시자를 변경하면 서비스를 재시작해야 하고, 관리자 페이지의 디렉터리 이름을 변경할 때는 웹 프로그램에서 경로명을 지정하는 경우처럼 수정해야 하며, 관리자 디렉터리에는 일반 사용자의 접근이 필요한 파일이 존재하지 않아야 한다.

관리자 페이지는 일반 사용자의 접근이 필요치 않는 페이지이기 때문에 허용된 관리자 IP에서만 접근 가능하게 해야 하며, 관리자 인증 후 접속할 수 있는 모든 페이지의 경우 해당 페이지 주소를 직접 입력해 접속하지 못하게 관리자 페이지 각각에 대해 관리자 인증을 위한 세션을 체크해야 한다.

2.3.1 ASP에서의 관리자 IP 인증

ASP의 관리자 IP 인증 예는 예제 2.22와 같다.

예제 2.22 ASP의 관리자 IP 인증

```
<%
If user_auth(id, password) <> 1 Then 'DB에서 사용자 인증을 처리
  Response.write "인증 실패"
Else
  If Request.ServerVariables("REMOTE_ADDR") <> "10.10.10.10" Then
    '관리자 IP 확인
    Response.write "관리자 IP가 아닙니다."
  Else
    Session("logged_in") = 1 '인증에 성공했을 경우 logged_in 에 1의 값을 설정
    Session("id") = id
    Session("ip") = Request.ServerVariables("REMOTE_ADDR")
  End If
End If
%>
```

2.3.2 PHP에서의 관리자 IP 인증

PHP의 관리자 IP 인증 예는 예제 2.23과 같다.

예제 2.23 PHP의 관리자 IP 인증

```
<?PHP
@session_start();              //세션 데이터를 초기화
if(!user_auth($id, $password) || $_SERVER["REMOTE_ADDR'] !=
       "10.10.10.10") {
  //데이터베이스에서 사용자 인증을 처리, 관리자 IP인지 확인한다.
  print "인증 실패";
} //인증 실패 시 종료

//인증에 성공한 경우 처리해야 되는 부분
if (!session_is_registered("logged_in")) {
  $logged_in = 1;           //인증에 성공했을 경우 logged_in에 1의 값을 설정
  $ip = $_SERVER["REMOTE_ADDR"];
  session_register("logged_in");      //인증 결과 저장
  session_register("id");             //사용자 ID를 저장
  session_register("ip");             //사용자 IP를 저장
?>
```

2.3.3 JSP에서의 관리자 IP 인증

JSP의 관리자 IP 인증 예는 예제 2.24와 같다.

예제 2.24 JSP의 관리자 IP 인증

```
<%@ page contentType = "text/html; charset = euc-kr" %>
<%@ pagc import="java.util.* " %>
<%@ page import="java.sql.* " %>
<%
  //HttpSession session = request.getSession(true);
  String ip = request.getRemoteAddr();
  // form에서 사용자 id와 사용자 password를 아래 변수로 전달
  if(!user_auth(id, password) || !ip.equals("10.10.10.10")) {
```

```
    //DB에서 사용자 인증을 처리, 관리자 IP인지 확인
    out.println "인증 실패";
  } else {
    //인증에 성공한 경우 처리해야 되는 부분
    session.putValue("logged_in", "1");
    session.putValue("id", id);
    session.putValue("ip", ip);
  }
%>
```

2.4 위치 공개

일반적으로 예측 가능한 디렉터리나 파일명이 존재할 경우 이를 통해 일반 사용자가 해당 파일을 브라우저상에서 직접 호출해 열람할 수 있다. 또한 웹 서버의 업데이트 시나 상용 에디터 등의 설치 시 불필요한 샘플 페이지나 디폴트 페이지 등이 설치됨으로써 이를 통해 불필요한 정보 노출이나 파일 업로드 등 원하지 않는 결과가 발생할 수 있다.

위치 공개는 개발 시 사용한 테스트 파일, 애플리케이션(아파치, IIS, 톰캣 등) 설치 시 기본적으로 설치되는 관리자 페이지, 샘플 페이지나 매뉴얼 페이지 등을 삭제하지 않아 발생하는 취약점이다.

공격자는 이런 취약점이 존재할 경우 백업 파일 등을 통해 웹 서버의 소스 파일 다운로드가 가능해 소스코드상에 기록돼 있는 데이터베이스 접속 정보, 웹 서버 정보 등을 분석하고, 이를 이용해 웹 서버 침투, 자료 유출 등 2차 공격에 악용할 수 있다.

정상 파일의 백업 파일이나 디폴트 파일들이 존재하는지 여부를 확인한다. 그런 파일들에는 .bak, .backup, .org, .old, .zip, .log, .sql, .new, .txt, .tmp, .temp, db 스키마, cgi-bin, servlets-examples, samples, iisHelp, server-info, jsp-examples, dbcon.inc, manual, usage, iissamples, scripts, iisHelp, IISAdmin, _vit_bin, Printers, phpinfo.php, examples, jsp, servlets 등이 있다.

그림 2.12는 백업 파일의 존재로 인해 소스코드나 SQL 쿼리문이 노출되는 예이며, 그림 2.13은 개발 시 편의를 위해 만들어 놓은 데이터페이스 쿼리문을 저장해 놓은 파일을 통해 데이터베이스의 테이블 구조가 노출되는 예다.

```
주소(D)                    in/admin/admin_admin_list.asp.bak

<%@ Language=VBScript %>
<!--#include virtual="/admin/includes/session_check.asp"-->
<!--#include virtual="/inc/conn.asp"-->
<%
GMenu=1
LMenu=7

'user_id =session("user_id")
'user_id = Session("manager_id")
user_id = Request.Cookies(      )("user_id")

page=request("page")
if page="" then page=1

if Session("permission") = "00" then
        csql="select count(user_id) from           admin Where Left(user_id,4
```

그림 2.12 백업 파일

```
주소(D) http://\               kr/db스키마

CREATE TABLE [admin] (
        [USER_ID] [varchar] (50) COLLATE Korean_Wansung_CI_AS NOT NULL ,
        [USER_PWD] [varchar] (10) COLLATE Korean_Wansung_CI_AS NOT NULL ,
        [PERMISSION] [varchar] (10) COLLATE Korean_Wansung_CI_AS NULL ,
        [NAME] [varchar] (50) COLLATE Korean_Wansung_CI_AS NULL ,
        [is_bonbu] [char] (1) COLLATE Korean_Wansung_CI_AS NOT NULL ,
        [jichong] [char] (2) COLLATE Korean_Wansung_CI_AS NULL ,
        [rank] [char] (2) COLLATE Korean_Wansung_CI_AS NULL ,
        CONSTRAINT [PK_admin] PRIMARY KEY  CLUSTERED
        (
                [USER_ID]
        )  ON [PRIMARY]
) ON [PRIMARY]
GO
```

그림 2.13 데이터페이스 쿼리문 저장 파일

그림 2.14는 톰캣 환경 설정 파일인 Web.xml 페이지의 노출 예다. 해당 파일을 통해 불필요한 설정 정보들이 노출된다. 이 설정 파일은 노출되는 경우가 많으며 인터넷 익스플로러Internet Explorer에서는 오류가 발생해 결과 값이 제대로 나타나지 않는 경우가 있는데, 이런 경우에는 크롬Chrome이나 파이어폭스

Firefox 등을 이용해 열람할 때 정상적인 파일 내용이 노출되기도 한다.

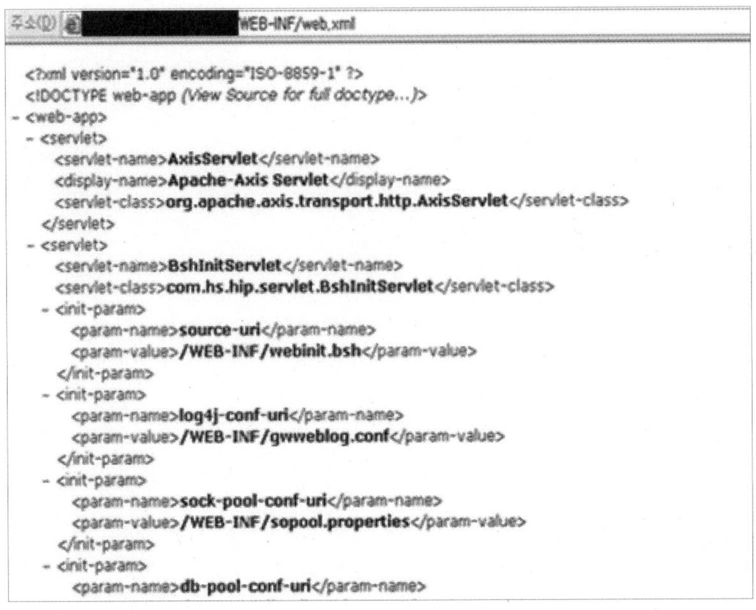

```
주소(D) WEB-INF/web.xml

<?xml version="1.0" encoding="ISO-8859-1" ?>
<!DOCTYPE web-app (View Source for full doctype...)>
- <web-app>
  - <servlet>
      <servlet-name>AxisServlet</servlet-name>
      <display-name>Apache-Axis Servlet</display-name>
      <servlet-class>org.apache.axis.transport.http.AxisServlet</servlet-class>
    </servlet>
  - <servlet>
      <servlet-name>BshInitServlet</servlet-name>
      <servlet-class>com.hs.hip.servlet.BshInitServlet</servlet-class>
    - <init-param>
        <param-name>source-uri</param-name>
        <param-value>/WEB-INF/webinit.bsh</param-value>
      </init-param>
    - <init-param>
        <param-name>log4j-conf-uri</param-name>
        <param-value>/WEB-INF/gwweblog.conf</param-value>
      </init-param>
    - <init-param>
        <param-name>sock-pool-conf-uri</param-name>
        <param-value>/WEB-INF/sopool.properties</param-value>
      </init-param>
    - <init-param>
        <param-name>db-pool-conf-uri</param-name>
```

그림 2.14 톰캣 환경 설정 파일

또한 톰캣 서버의 디폴트 페이지인 http://도메인명:8080/index.jsp, http://도메인명/tomcat-docs, 디폴트 관리자 페이지인 http://도메인명:8080/admin, http://도메인명:8080/manager/html의 존재 여부도 확인해야 한다.

이렇게 불필요하게 존재하는 디폴트 페이지를 이용해 시스템 정보가 노출될 수 있으다. 또한 관리자 페이지를 이용해 관리자 권한이 노출될 수도 있으며, 상용 데이터의 디폴트 업로드 페이지 등을 이용해 웹 셸 업로드 등 2차적인 피해가 발생할 수도 있다.

백업 파일이 존재할 경우에는 실행돼 결과를 보여주는 것이 아니라 텍스트 형태로 결과를 출력하기 때문에 이를 통한 소스코드 노출과 소스코드 노출을 통한 변수 값, 데이터베이스 접속 정보, 데이터베이스 구조 등의 노출도 발생할 수 있다.

보호 대책으로는 초기 서비스를 설치할 때 디폴트로 설치되는 콘텐츠나 서비스들을 삭제하거나 비활성화시켜야 한다.

디폴트 패스워드는 반드시 변경해야 하며, 관리자 페이지 등의 경로는 변경 또는 접근 제한 설정을 해야 한다. 디폴트 디렉터리(/htdocs, /cgi-bin 등), 디폴트 페이지(manual, sample 등), 샘플 페이지 등은 일반 사용자가 접근할 수 없게 삭제 또는 변경하거나 적절한 권한(디렉터리 또는 파일 접근 권한)을 설정해야 한다.

웹로직, 제우스, 톰캣 등 원격 관리 콘솔 기능을 제공하는 제품을 사용할 경우 관리 콘솔이 디폴트로 설치돼 있는지 확인하고, 사용하지 않는 관리 콘솔을 중지하거나 삭제한다.

또한 홈페이지 디렉터리와 다른 곳에서 백업본을 생성하고 소스 수정 후 소스만 업로드하게 함으로써 웹 브라우저를 통해 보여주는 디렉터리에는 html, asp, php, cgi, jsp 등만 업로드하며, 텍스트로 기록된 파일들은 업로드하지 않아야 한다.

불필요한 파일 관리를 위해 httpd.conf 파일을 예제 2.25와 같이 수정한다.

예제 2.25 아파치의 불필요한 파일 관리

```
<FIles ~"\.bak$">
  Order allow, deny
  Deny from all
</Files>
```

홈페이지를 리뉴얼하는 경우 기존 소스코드를 서버에 그냥 남겨둔 채 신규 홈페이지를 오픈하는 경우가 있는데, 이때 기존 소스코드의 접근을 통한 침해가 발생할 수 있기 때문에 리뉴얼 후의 기존 소스코드는 동일한 서버에 존재하지 않게 해야 한다.

`find /html -name "*.bak"` 명령 등을 통해 불필요한 파일의 존재 여부를 확인하고, 서비스에 사용되지 않는 불필요한 파일들은 모두 삭제해야 한다.

IIS의 샘플 디렉터리는 예제 2.26과 같다.

예제 2.26 IIS 샘플 디렉터리

```
C:\inetpub\iissamples
C:\program files\system\msadc\sample(IIS 4.0만 해당)
C:\winnt\htlp\iishelp(IIS 설명서)
C:\program files\common files\system\msadc\sample(데이터 액세스)
%SystemRoot%\System32\Inetsrv\IISADMPWD
```

또한 예제 2.27과 같은 숨겨진 디렉터리나 파일이 존재할 경우도 취약하다.

예제 2.27 IIS 숨겨진 디렉터리나 파일

```
\inetpub\wwwroot\_private
\inetpub\wwwroot\_vti_bin
\inetpub\wwwroot\_vti_cnf
\inetpub\wwwroot\_vti_log
\inetpub\wwwroot\_vti_pvt
```

inetpub 디렉터리 내에는 shtml.dll, author.dll, dvwssr.dll, fpcount.exe, htimage.exe, imagemap.exe 파일이 들어있다.

- 톰캣의 매뉴얼 디렉터리는 /[톰캣 설치 디렉터리]/manual/이며, /[톰캣 설치 디렉터리]/conf/httpd.conf 파일의 매뉴얼 관련 부분을 삭제하거나 주석 처리한다.
- 웹투비의 샘플 디렉터리는 /[웹투비 설치 디렉터리]/sample이며, 웹투비 4.1 이상 버전은 해당되지 않는다.
- 아이플래닛의 매뉴얼 디렉터리는 /[iPlanet 설치 디렉터리]/manual이며, 예제 디렉터리는 /[iPlanet 설치 디렉터리]/webapps/examples다.
- 제우스의 샘플 디렉터리는 /[제우스 설치 디렉터리]/samples다.
- 웹로직의 샘플 도메인에는 알려진 자체 취약점이 존재하지 않지만 불필요하므로 삭제하는 것이 좋으며, 샘플 도메인Sample Domain 경로는 /[웹로직 설치 디렉

터리]/samples/domains/examples/, /[웹로직 설치 디렉터리]/samples/domains/medrec/이며, 샘플 서버Sample Server 경로는 /[웹로직 설치 디렉터리]/samples/server/examples/, /[웹로직 설치 디렉터리]/samples/server/medrec/다.

2.5 웹서비스 메소드 설정 공격

메소드는 웹 애플리케이션에서 기본적으로 제공하는 클라이언트와 통신하기 위한 도구이며, GET, POST, PUT, MOVE, DELETE 등 여러 가지 메소드가 있다.

메소드는 다양한 기능을 수행하는데, 공격자는 웹 서버에 허용돼 있는 메소드를 이용해 파일 업로드, 웹 서버 파일 삭제 등 웹 서버를 인증 없이 조작할 수 있다. 따라서 서비스를 위해 꼭 필요한 메소드인 GET, POST, OPTIONS를 제외하고 모두 비활성화시키는 편이 안전하다.

HEAD 메소드의 경우에는 디폴트로 사용하는 경우가 있지만, HEAD 메소드와 제이보스의 취약점이 결합해 파일이 업로드되는 사례가 발표된 바 있다(참고: 위험한 HTTP 메소드를 이용한 웹 응용 침투시험, SANS KOREA, 2012. 11). 그러므로 디폴트로 설정돼 있더라도 꼭 필요하지 않은 메소드는 비활성화시키는 편이 안전하다.

웹 서비스 메소드의 활성화 여부를 확인하려면 윈도우의 명령 창(cmd.exe)을 실행한 후 명령 창에 입력하거나 웹 프락시 툴의 Repeater 기능을 이용해 다음 내용을 입력해 메소드 활성화 여부를 확인한다.

- telnet 도메인명 80[enter]
- OPTIONS / HTTP/1.0 또는 OPTIONS * HTTP/1.0[enter][enter]

위와 같이 입력하면 허용된 메소드들이 그림 2.15와 같이 나타남을 확인할 수 있다.

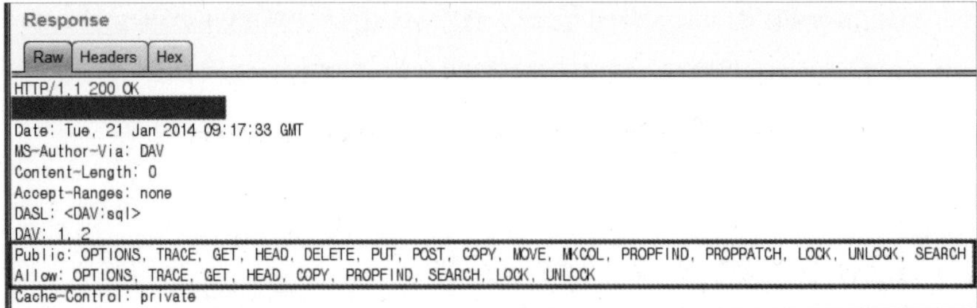
Response

Raw | Headers | Hex

HTTP/1.1 200 OK

Date: Tue, 21 Jan 2014 09:17:33 GMT
MS-Author-Via: DAV
Content-Length: 0
Accept-Ranges: none
DASL: <DAV:sql>
DAV: 1, 2
Public: OPTIONS, TRACE, GET, HEAD, DELETE, PUT, POST, COPY, MOVE, MKCOL, PROPFIND, PROPPATCH, LOCK, UNLOCK, SEARCH
Allow: OPTIONS, TRACE, GET, HEAD, COPY, PROPFIND, SEARCH, LOCK, UNLOCK
Cache-Control: private

그림 2.15 메소드 확인 결과

OPTIONS 메소드의 비활성화로 허용 메소드를 확인할 수 없을 경우 메소드를 개별적으로 확인해야 한다(예: HEAD * HTTP/1.0).

OPTIONS 메소드로 확인했을 경우 허용된 메소드들이 나타나는데, 실제로는 허용돼 있지 않은 경우도 가끔 발생한다. 정확한 확인을 위해서는 OPTIONS 메소드를 통해 허용이 확인된 메소드들에 대해 개별적으로 재확인을 거칠 필요가 있다.

PUT 메소드의 경우 취약점이 존재할 경우 실제 파일을 업로드함으로써 홈페이지 변조를 일으킬 수 있다.

PUT 메소드를 이용한 파일 업로드 방법은 다음과 같다.

```
telnet 도메인명 80[enter]
PUT /파일명 HTTP/1.1[enter]
Host: 도메인명(IP 가능)[enter]
Content-Length:콘텐츠 길이[enter]
[enter]
```

enter 키를 누르면 서버에서 콘텐츠를 입력받을 준비를 한다. 이때 입력한 콘텐츠가 PUT 뒤에 지정한 파일명으로 생성된다(화면상에 HTTP/1.1 100 Continue가 표시된다. 단, HTTP/1.0에서는 빈 화면만 나타난다).

이후에 생성할 파일의 내용을 입력하면 된다. 이때 길이는 콘텐츠 길이에서 지정한 길이만큼이 입력된다. 공격이 성공한 경우 서버는 201 Created 또는 200 OK로 응답한다.

PUT 메소드를 이용해 파일 업로드가 가능하려면 홈 디렉터리에 쓰기 권한이 설정돼 있어야만 한다.

각 기본 메소드의 기능은 표 2.5와 같다. 기본 메소드 이외에 확장 메소드로 PATCH, PROFIND, PROPPATCH, MKCOL 등을 사용하는 경우도 있다.

표 2.5 메소드 기능 표

메소드 이름	설 명
OPTIONS	요청한 URL의 웹 서버가 어떤 메소드를 지원하는지 알기 위해 사용한다.
GET	URL에 해당하는 정보의 전송 요청을 보낸다.
HEAD	URL에 해당하는 정보의 전송을 요청하지만, GET과는 다르게 헤더(Header) 정보만을 요청한다.
POST	서버가 처리할 수 있는 자료를 보낸다. GET으로 보낼 수 없는 자료들을 전송할 때 사용한다.
PUT	메시지 본문의 내용을 실제 서버에 파일로 기록하게 하는 기능을 한다.
DELETE	해당 URL의 자원, 정보를 삭제한다.
TRACE	요청한 자원이 수신되는 경로를 보여준다.
CONNECT	프락시와 같은 중간 서버에 터널을 형성해 요청하기 위해 사용한다.

불필요한 메소드가 활성화돼 있는 경우 PUT 메소드를 통해서는 파일 업로드가 가능하다. 이를 통해 웹 셸 등의 업로드가 가능하며, index.html 파일로 업로드할 경우 메인 페이지가 업로드한 파일 내용으로 변조된다.

또한 MOVE, DELETE 등의 메소드를 이용해 홈페이지의 소스 파일을 삭제하거나 이동시킴으로써 홈페이지 조작이 가능하다. 따라서 POST, GET, OPTIONS 이외에 애플리케이션에서 사용되지 않는 HTTP 메소드들(PUT, DELETE 등)은 모두 비활성화시키는 편이 안전하다.

웹 서비스 메소드 설정 취약점을 해결하기 위한 대응 방안은 다음과 같다.

IIS 5.0에서는 WebDAV를 사용 안 함으로 처리한다. 그림 2.16과 같이 레지스트리 편집기(Regedt32.exe)를 실행한 후 레지스트리에서 HKEY_LOCAL_MACHINE\SYSTEM\CurrentControlSet\Services\W3SVC\Parameters 키를 검색한 후 편집 메뉴에서 값 추가를 선택한 후 DisableWebDAV 레지스트리 값을 추가하고, 데이터 형식을 DWORD로 하고 값을 '1'로 설정한다. IIS 서비스나 서버를 다시 시작해야 이 변경 내용이 적용된다.

그림 2.16 IIS 5.0의 WebDAV 사용 안 함 설정

또한 웹 서비스 사용 폴더의 '쓰기' 권한과 '스크립트 소스 액세스' 권한을 제거하면 파일이 업로드되지 않거나 업로드되더라도 실행이 되지 않아 피해를 당하지 않게 된다.

그림 2.17과 같이 기본 웹사이트 등록 정보의 홈 디렉터리 탭을 선택한 후 스크립트 소스 액세스와 쓰기 항목의 체크를 없애준다.

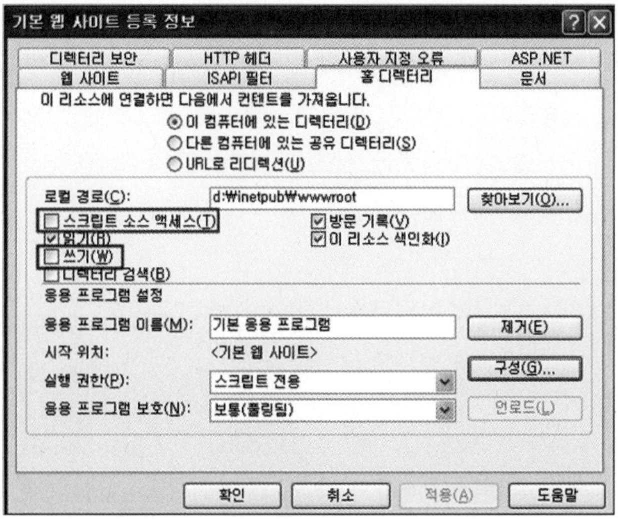

그림 2.17 웹 폴더 쓰기 권한 설정

IIS 6.0의 HTTP 메소드 제한은 그림 2.18과 같이 인터넷 정보 서비스(IIS) 관리의 웹 서비스 확장 메뉴를 선택한 후 WebDAV의 상태를 금지로 변경한다. WebDAV 서비스를 제거하면 PUT, DELETE 같은 위험한 메소드 외의 GET, POST, TRACE, OPTIONS 메소드만 존재한다.

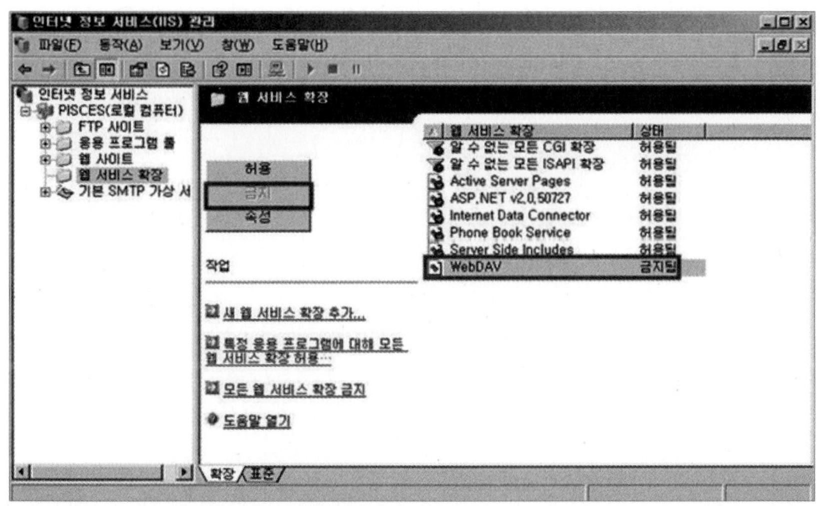

그림 2.18 IIS 6.0의 메소드 제한 설정

또한 마이크로소프트에서 만든 URL Scan을 통한 메소드 제한은 설치 후 URL Scan 폴더(windows\system32\inetsrv\urlscan)의 urlscan.ini 파일을 예제 2.28과 같이 수정해 허용할 메소드만 기록하고 불필요한 메소드는 삭제하면 된다.

예제 2.28 URL Scan의 메소드 제한 설정

```
[options]
UseAllowVerbs=1

[AllowVerbs]
GET
POST
OPTIONS
```

IIS 5.0에서는 URLScan.ini 파일의 RemoveServerHeader 값을 1로 설정하고, IIS 6.0에서는 레지스트리(HKLM\SYSTEM\CurrentControlSet\Services\HTTP\Parameters DisableServerHedaer)를 수정한다.

아파치는 예제 2.29와 같이 httpd.conf 파일을 수정한다. 예제와 같이 설정하면 정상적으로 아파치 웹 서버에 로그인 권한을 가진 사용자 외에 다른 사용자는 제한된 메소드인 PUT, DELETE, COPY, MOVE, PATCH 등을 사용할 수 없게 된다.

예제 2.29 아파치의 메소드 제한 설정

```
<Directory />
  <LimitExcept GET POST>
    Order allow, deny
    deny from all
  </LimitExcept>
</Directory>
```

또한 TRACE 메소드는 **httpd.conf** 파일에서 TraceEnable의 값을 Off로 설정해 적용한다. TraceEnable은 아파치 1.3.34 ~ 2.0.55 버전 이상에서만 지원하기 때문에 그 이하 버전에서는 mod_rewrite를 사용한다. 이 방법은 Trace 메소드를 내부에서 무효화 처리함으로써 활성화된 것처럼 보여도 메소드를 실행할 수 없게 한다.

아파치의 경우에는 GET과 HEAD 메소드는 같이 사용하게 돼 있다.

httpd.conf 파일을 예제 2.30과 같이 입력한 후 아파치를 재구동한다.

예제 2.30 아파치의 mod_rewrite 설정

```
LoadModule rewirte_module libexec/mod_rewrite.so
Addmodule mod_rewrite.c

<IfModule mod_rewrite.c>
  RewriteEngine on
  RewriteCond%{REQUEST_METHOD} ^TRACE
  RewriteRule.*-[F]
</IfModule>
```

웹투비는 기본적으로 GET, POST, HEAD 등을 지원하지만, PUT, DELETE 등을 삭제할 때는 **http.m** 파일 내의 *NODE 섹션에서 예제 2.31과 같이 설정한 후 wscfl -i http.m을 실행해 웹투비를 재기동해야 한다.

예제 2.31 웹투비의 메소드 제한 설정

```
*NODE
webmain WEBTOBDIR = "/usr/local/webtob",
SHMKEY = 69000,
DOCROOT = "/usr/local/webtob/docs",
User = "nobody",
Group = "nobody",
```

```
IndexName = "Index.html",
UserDir = "public_html",
DirIndex = "Index",
Method = "-PUT, -DELETE, -HEAD, -MOVE, -TRACE",
LanguagePrio = "kr"
```

가상 호스트Virtual Host를 사용할 경우에는 가상 호스트 설정이 우선 시 되기 때문에 http.m 파일 내의 *VHOST 섹션을 예제 2.32와 같이 동일하게 설정해야 한다.

예제 2.32 웹투비의 VHOST 메소드 제한 설정

```
* VHOST
DOCROOT = "/usr/local/webtob/docs",
NODENAME = "test",
PORT = "80",
HOSTNAME = "www.test.co.kr",
Method = "-PUT, -DELETE, -HEAD, -MOVE, -TRACE",
HOSTALIAS = "test.co.kr"
```

아이플래닛에서 불필요한 메소드를 제거하는 방법은 예제 2.33과 같이 obj.conf 파일에서 제거하고자 하는 메소드를 입력해 설정한다.

예제 2.33 아이플래닛의 메소드 제한 설정

```
<Client method = "TRACE">
  AuthTrans fn = "set-variable" remove-headers = "transfer-encoding"
  set-headers = "content-length: -1" error = "501"
</Client>
<Client method = "PUT">
  AuthTrans fn = "set-variable" remove-headers = "transfer-encoding"
```

```
  set-headers = "content-length: -1" error = "501"
</Client>
<Client method = "DELETE">
  AuthTrans fn="set-variable" remove-headers = "transfer-encoding"
  set-headers = "content-length: -1" error = "501"
</Client>
<Client method = "MOVE">
  AuthTrans fn = "set-variable" remove-headers = "transfer-encoding"
  set-headers = "content-length: -1" error = "501"
</Client>
<Client method = "MKDIR">
  AuthTrans fn = "set-variable" remove-headers = "transfer-encoding"
  set-headers = "content-length: -1" error = "501"
</Client>
<Client method = "RMDIR">
  AuthTrans fn = "set-variable" remove-headers = "transfer-encoding"
  set-headers = "content-length: -1" error = "501"
</Client>
<Object name="default">

...중략...

Service method="(GET|POST)" type="magnus-internal/imagemap"
fn="imagemap"
Service method-"(GET|POST)" type="magnus-internal/directory"
fn="send-error"
path="C:/Sun/WebServer/docs/error/error1.html"
Service method="(GET|POST)" type="*~magnus-internal/*" fn="send-file"
Service method="TRACE" fn="service-trace"
```

톰캣에서 불필요한 메소드를 제거하는 방법은 [톰캣 설치 디렉터리]\conf\web.xml 파일에서 예제 2.34와 같이 제거할 메소드를 추가해 설정한다.

예제 2.34 톰캣의 메소드 제한 설정

```
<security-constraint>
  <display-name>Forbidden</display-name>
  <web-resource-collection>
    <web-resource-name>Protected Area</web-resource-name>
    <!-- Define the context-relative URL(s) to be protected -->
    <url-pattern>/*</url-pattern>
    <!-- If you list http methods, only those methods are protected -->
    <http-method>DELETE</http-method>
    <http-method>TRACE</http-method>
    <http-method>HEAD</http-method>
    <http-method>PUT</http-method>
  </web-resource-collection>
  <auth-constraint>
    <!-- Anyone with one of the listed roles may access this area -->
    <role-name></role-name>
  </auth-constraint>
</security-constraint>
```

제우스에서 불필요한 메소드를 제거하는 방법은 예제 2.35와 같이 웹 설정 파일인 web.xml 파일에서 허용할 메소드만 등록해 설정하게 한다.

예제 2.35 제우스의 메소드 제한 설정

```
<url-pattern>/</url-pattern>
<url-pattern>/index.html</url-pattern>
<http-method>GET</http-method>
<http-method>POST</http-method>
<http-method>OPTIONS</http-method>
```

웹로직에서 불필요한 메소드를 제거하는 방법은 예제 2.36과 같이 [웹로직 설치 디렉터리]/WEB-INF/web.xml 파일에서 불필요한 메소드를 설정한다.

예제 2.36 웹로직의 메소드 제한 설정

```
<security-constraint>
  <display-name>Forbidden</display-name>
  <web-resource-collection>
    <web-resource-name>Protected Area</web-resource-name>
    <!-- Define the context-relative URL(s) to be protected -->
    <url-pattern>/*</url-pattern>
    <http-method>DELETE</http-method>
    <http-method>TRACE</http-method>
    <http-method>HEAD</http-method>
    <http-method>PUT</http-method>
  </web-resource-collection>
  <auth-constraint>
    <role-name></role-name>
  </auth-constraint>
</security-constraint>
```

2.6 정리

잘못된 보안 설정에 의한 취약점은 웹 서버를 설치하면서 보안에 관련된 부분의 설정을 소홀히 했을 경우 나타난다.

서버를 구성할 때 제대로 설정해 놓으면 소스코드가 수정되더라도 변하지 않는 부분이기 때문에 디렉터리 인덱싱, 서버 정보 노출, 관리자 페이지 노출이나 디폴트 페이지 등 삭제, 불필요한 메소드 제한 설정 등은 서비스 구동에는 영향을 미치지 않지만, 보안 관점에서 꼭 신경 써서 설정해야 하는 부분들이다.

하지만 대부분의 사람들이 쉽게 지나치는 부분으로, 많은 홈페이지에서 잘못된 보안 설정에 의한 취약점이 발견되고 있다. 조금만 신경을 쓰면 해결되는 부분이지만, 그렇지 않은 경우 해커들에게는 보기 좋은 유혹거리가 될 것이다.

이 책을 접하는 독자들은 이런 부분을 꼭 체크함으로써 해커들에게 공격의 빌미를 제공하지 않길 바란다.

자동화 도구

해킹 방법에는 자동화 도구를 이용한 방법과 수동으로 공격하는 방법이 있다. 도구를 이용한다는 것만으로 자동화 도구로 구분하기에는 무리가 있다. 대부분의 공격들이 자동화 도구를 이용하기 때문이다. 3장에서는 수동으로 공격하기에는 시간과 어려움이 존재해 자동화 도구를 이용해 공격할 수밖에 없는 공격을 자동화 도구로 분류했다.

자동화 도구를 이용한 대표적인 공격으로는 아이디와 패스워드를 찾기 위해 무작위로 대입하는 브루트포스brute force 공격이 있다. 브루트포스 공격에는 미리 정의해 놓은 사전Dictionary 공격 방식과 문자열을 조합해 공격하는 방식이 있는데, 두 가지 경우 모두 자동화 도구가 반드시 필요하다.

이처럼 동일한 동작을 반복적으로 수행할 수 있게 해주는 자동화 공격에 자동화 도구를 이용한다.

자동화 도구를 이용한 공격에 대응하는 방안으로는 일정 횟수 이상의 시도를 하지 못하게 하는 방법과, 자동화 도구에서는 알 수 없고 사람만이 인식할 수 있는 문자열인 캡차 코드captcha code를 같이 입력하게 하는 캡차 기법을 이용한 방법 등이 있다.

3.1 브루트포스

브루트포스Brute Force 취약점은 일반적으로 사용자 계정이나 관리자 계정을 생성할 때 관리의 편의성을 위해 디폴트 아이디/패스워드 또는 유추하기 쉬운 아이디/패스워드를 사용함으로써 공격자가 쉽게 유추해 로그인에 성공하게 하는 취약점이다.

공격자는 이 취약점을 이용해 관리자나 사용자의 아이디/패스워드를 유추해 인가되지 않은 페이지에 쉽게 접근할 수 있다.

앞에서 설명했던 정보 누출 중 로그인 실패 시 오류 메시지를 통해 아이디의 존재 여부를 확인할 수 있기 때문에 공격자는 패스워드만 유추하면 되기 때문에 공격이 훨씬 쉽게 이뤄진다.

무작위 대입 공격을 가능하게 하는 도구들도 있지만, 이는 시간이 많이 소요되고, 또한 이런 도구들을 사용할 경우 보안 장비에서 차단이 가능하기 때문에 개발자나 운영자는 유추하기 쉬운 아이디/패스워드 사용이나 디폴트 아이디/패스워드를 사용하지 않는다면 브루트포스 공격을 어느 정도 예방할 수 있다.

디폴트 계정의 디폴트 패스워드를 사용하거나 유추하기 쉬운 아이디와 패스워드를 사용할 경우의 취약한 아이디와 패스워드의 예는 표 3.1과 같다.

표 3.1 취약한 아이디/패스워드 예

취약한 아이디	취약한 패스워드
admin, administrator, manager, guest, test, ftpuser, system, scott, tomcat, root user, operator, anonymous, WebLogic, webmaster, master, super, 사이트명 등	admin, root, asdf, qwer, abcd, aaaa, 1234, 1111, test, password, public, passwd, blank 패스워드, 계정과 동일한 패스워드, 사이트명

사용자나 관리자의 아이디/패스워드가 노출됨으로써 개인 정보가 유출되거나 관리자 권한이 노출될 수 있으며, 관리자 계정이 노출된 경우 홈페이지를 변조하거나 서버의 모든 정보가 노출될 수 있다.

브루트포스 공격을 예방하려면 웹 서비스의 회원 가입 정책 중 사용자의 아이디로 test, admin 등 유추하기 쉬운 아이디의 사용을 제한하고, 패스워드는 길이와 형태에 패스워드 정책을 적용함으로써 패스워드의 길이, ID 포함 검사, 영문과 숫자의 혼합 여부를 체크하게 해야 한다.

패스워드 생성 규칙은 세 가지 종류 이상의 문자로 구성하되 9자리 이상의 길이를 갖는 문자열, 또는 두 가지 종류 이상의 문자로 구성하되 10자리 이상의 길이를 갖는 문자열로 구성하는 것이다.

문자의 종류란 소문자, 대문자, 숫자, 특수 문자를 의미한다.

> **참고(출처)**
> - KISA 지식정보보안산업지원센터(암호이용 가이드라인)
> - 방송통신위원회(정보통신망 이용촉진 및 정보보호 등에 관한 법률 제 28조 제 1항)

패스워드를 생성할 때 간단한 문자(영어 단어 포함)나 숫자의 연속 사용, 키보드 상에서 일련화된 배열을 따르는 패스워드, 사전에 있는 단어, 이를 거꾸로 철자화한 단어, 생일, 전화번호 등 개인 정보나 아이디와 비슷한 추측하기 쉬운 패스워드 사용을 지양해야 하며, 이전에 사용한 패스워드는 재사용하지 않게 해야 한다.

또한 로그인에 5회 실패할 경우 30분 사용 중지 또는 아이디가 잠기게 하는 '계정 잠금 기능'도 브루트포스 공격에 대응하기 위한 방법 중 하나다.

3.2 자동화 공격

자동화 공격 취약점은 웹 애플리케이션에 정의된 프로세스를 이용해 반복적인 공격을 수행함으로써 자동으로 수많은 프로세스가 생성되는 취약점이며, 자동화 공격 취약점을 방치하면 자동 로봇이나 공격자가 반복적으로 웹사이트 기능을 사용해서 시스템을 악용할 수 있다.

자동화 공격 취약점이 있는지 확인하려면 메일 발송이나 게시물 글쓰기 시 전송되는 패킷에 웹 프락시 툴을 이용해 요청 값을 획득한 후 웹 프락시 툴의 리피터Repeater 기능을 이용하거나 자동화 공격 도구를 이용해 패킷을 재전송함으로써 동일한 작업을 반복적으로 수행하는지 확인하는 방법을 사용한다.

그림 3.1은 실제 전송되는 값을 웹 프락시 툴을 이용해 캡처한 후 리피터 기능을 이용해 재전송하는 화면이다.

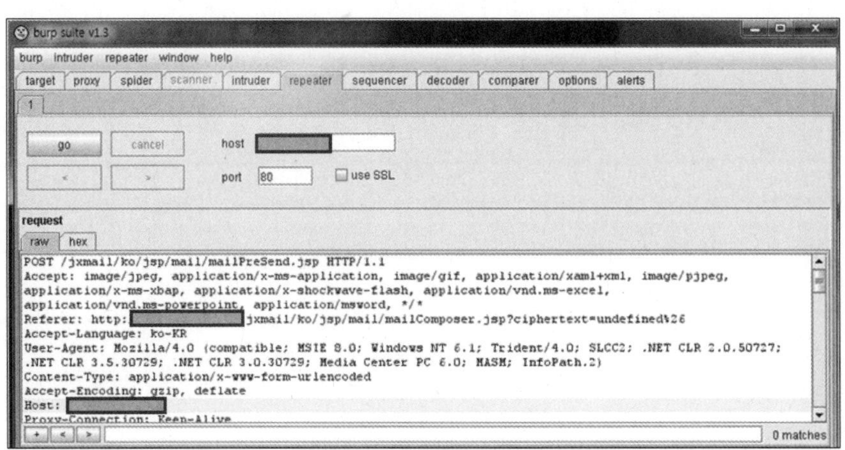

그림 3.1 자동화 공격 예

취약점이 있을 경우 자동으로 대량의 게시물 등록이 가능하다. 이 취약점을 통해 광고성 게시물, 불건한 게시물 유포 등 게시물을 대량으로 등록할 수 있다.

자동화 공격을 방지하려면 동일 IP에서 제한 시간 동안 동일한 프로세스를 반복하지 못하게 하거나, 글쓰기 화면 호출 시 토큰(세션)을 생성한 후 글 내용을 데이터베이스에 저장할 때 토큰 값이 존재할 경우에만 저장하게 하며, 저장 후에는 토큰 값을 삭제한다.

또한 게시물 등록 시 그림 3.2와 같은 캡차 기법[1]을 이용하면 자동화 공격을 예방할 수 있다.

그림 3.2 캡차의 예

3.3 정리

요즘은 자동화 도구를 구하기가 무척 쉽다. 인터넷을 조금만 찾아보면 무료로 이용할 수 있는 자동화 도구들을 쉽게 찾을 수 있다. 모든 것이 그렇듯이 이런 자동화 도구들 또한 양면성을 갖고 있다. 자동화 도구를 어떤 목적으로 사용하느냐에 따라 결과가 크게 달라지기 때문이다.

자동화 도구를 이용해 취약점을 찾아내고 보안 취약점을 제거한다면 매우 유용한 도구가 되는 반면, 공격용으로 사용했을 경우 범죄가 된다.

에너지 활용을 목적으로 개발된 원자력이 원자폭탄으로 사용될 수 있듯이 자동화 도구들 역시 선의의 목적으로만 이용하길 바란다.

자동화 도구에 의한 공격들은 공격의 횟수 제한이나 도구가 알 수 없는 인간만이 확인할 수 있는 캡차 기법 등을 이용하고, 패스워드 등은 생성 규칙을 준수해 유추하거나 무작위 대입 공격으로 쉽게 찾아 낼 수 없게 함으로써 대응할 수 있다.

---

1. 게시물 등록 시 사람만 알아볼 수 있는 문자와 숫자 이미지를 입력하게 해 입력 값이 확인될 경우에만 게시물이 등록되게 하는 기법

4 취약한 보안 기능

취약한 보안 기능이란 사용자 식별이나 권한 확인 또는 세션 관리, 암호화 모듈을 이용한 중요 데이터 입력 값 암호화나 SSL을 이용한 암호화 통신을 하지 않음으로써 발생하는 취약점이다.

취약한 보안 기능을 이용한 공격의 예로는 사용자의 인증을 우회해 익명성을 갖게 되는 불충분한 인증, 권한 없는 게시판이나 게시물에 접근해 글쓰기, 수정, 삭제 등이 가능한 불충분한 인가, 암호화를 하지 않아 중요 정보가 평문으로 전송되는 데이터 평문 전송 등이 있다.

이런 공격들은 정상 사용자의 행위와 구분하기 어렵기 때문에 침입탐지시스템IDS, Intrusion Detection System[1]이나 침입방지시스템IPS, Intrusion Prevention System[2] 등의 보안 장비에서 탐지가 어려우며, 개발 시 안전한 시큐어 코딩을 하거나 암호화 모듈을 통한 패킷 암호화 또는 SSL 통신 등을 해야 안전하다.

---

1. 컴퓨터 시스템의 비정상적인 사용, 오용, 남용 등을 실시간으로 탐지하는 시스템
2. 네트워크에서 공격을 찾아내 자동으로 비정상적인 트래픽을 차단시키는 시스템

4.1 불충분한 인증

대부분 홈페이지에서는 회원 가입이나 게시판에 글쓰기를 할 때 일반적으로 실명 인증, 공인 인증서 또는 G-PIN정부 지급 개인 식별번호 등을 통해 사용자를 확인한 후 회원 가입이나 글쓰기를 할 수 있다.

공격자는 이런 인증 기능을 우회해 익명으로 회원 가입을 하거나 게시판에 익명으로 게시물을 등록할 수 있다. 익명성이 보장되면 광고성 게시물이나 악성 게시물들을 등록할 수 있게 된다.

주민등록번호 인증 우회 방법은 회원 가입 폼 화면을 호출할 때 웹 프락시 툴을 이용해 응답되는 패킷 중 주민등록번호의 유효성을 체크하는 자바 스크립트 부분을 확인해 해당 부분을 삭제한 후 전송하면 주민등록번호 인증을 우회할 수 있다.

회원 가입 폼 화면에서 임의의 주민등록번호를 입력해 검증을 진행하면 인증을 체크하는 부분이 삭제됐기 때문에 인증 절차 없이 회원 가입이 정상적으로 진행되는지 여부를 확인할 수 있다.

실명 인증 우회 취약점을 확인하는 방법은 다음과 같다.

- 회원 가입이나 글쓰기 시 실명 인증(공인 인증서와 G-PIN 인증 등 포함)을 할 경우에는 정상적인 실명 인증을 거친 후 입력 창에서 실명 이외의 다른 값들을 입력한다.
- 모든 내용을 입력한 후 **저장** 버튼을 클릭한 다음 서버로 전송되는 패킷에서 전송되는 값 중 실명 인증 부분의 값을 웹 프락시 툴을 이용해 익명으로 수정해 서버로 전달한다.
- 가입된 회원 정보를 확인하거나 등록된 게시물을 확인해 수정한 익명으로 회원 가입이나 글쓰기가 이뤄졌는지 확인한다.
- 또는 처음 실명 인증 시 비정상적인 값을 입력해 인증을 요청하면 인증된 결과 값이 반송될 때 실명 인증 오류 값(예, 0)이 전송되는데, 이때 이 값을 정상적인 값(예, 1)으로 수정했을 경우에도 정상적인 인증을 거친 것처럼 인

식될 수 있다.

보호 대책으로는 실명 인증을 확인할 때 이름, 주민등록번호 등을 세션[3]으로 처리한 후 데이터베이스에 저장할 때 세션 값을 이용할 경우 사용자가 변조할 수 없기 때문에 안전하다. 세션으로 처리하는 방법은 다음에 나오는 불충분한 인가의 조치 방법을 참고하면 된다.

또한 실명 인증에 사용되는 정보는 중요 정보이기 때문에 반드시 암호화해 전송하거나 HTTPS[4]를 통해 안전하게 전송될 수 있게 해야 한다.

4.2 불충분한 인가

불충분한 인가 취약점은 특정 페이지의 접근 권한에 대한 검증 절차의 부재로 인해 접근 권한이 필요한 데이터나 페이지에 비인가된 사용자가 접근할 수 있게 되는 취약점이다.

공격자는 전송되는 URI의 변수 값을 조작해 전송함으로써 웹 서버로 하여금 공격자가 원하는 행위를 하게 시도하는데, 취약한 시스템에서는 인가되지 않은 게시판의 글쓰기, 타인의 게시물 수정이나 삭제, 비공개글 열람 등 인가되지 않은 행위가 이뤄진다.

---

3. 세션 정보는 서버에 저장한다. 따라서 웹 서버가 종료되거나 일정한 시간 동안 서버에 반응을 하지 않으면 자동 삭제된다.

4. HTTPS(hypertext transfer protocol over Secure Sockets Layer, HTTP over SSL)는 하이퍼텍스트 전송 규약(HTTP) 계층 아래의 SSL 서브 계층에서 사용자 페이지 요청을 암호화, 복호화하는 브라우저에 설치된 넷스케이프 웹 프로토콜이다. TCP/IP에서 HTTP 포트 80 대신 포트 443을 사용하고, SSL은 RC4 스트림 암호 알고리즘용으로 40비트 크기의 키를 사용한다. 넷스케이프 브라우저에서 https://URL로 페이지를 지정하면 HTTPS는 그것을 암호화하고, 도착된 https://URL은 HTTPS 서브 계층에서 복호화된다. HTTPS와 SSL은 사용자의 송신자 인증을 위해 서버로부터 X.509 디지털 인증서 사용을 지원한다(IT용어사전, 한국정보통신기술협회).

그러므로 불충분한 인가는 데이터베이스에 직접 접근하지 않더라도 데이터를 조작하거나 삭제할 수 있기 때문에 중요한 취약점 중 하나다.

4.2.1 불충분한 인가 취약점의 확인 방법

불충분한 인가 취약점이 있는지 확인하려면 URI의 변수 값을 조작해 다음과 같이 글쓰기, 수정, 삭제 등이 가능한지 여부를 확인한다.

- 글 목록 보기 URI인 http://도메인명/board.php?mode=list에서 `mode` 값을 `write`, `add`, `insert` 등으로 변경한 후 접근 권한이 없는 게시판의 글쓰기 창이 나타나거나 인증을 거친 후 글쓰기가 가능한 게시판에 인증 없이 글쓰기가 가능한지 확인한다.
- 글 내용 보기 URI의 http://도메인명/board.php?mode=view&idx=1에서 `mode` 값을 `update`, `modify`, `edit` 등으로 변경해 다른 사용자의 게시물 수정이 가능한지 여부를 확인한다. 수정 화면으로 접근이 가능하더라도 패스워드나 로그인 사용자의 세션을 검증할 경우 실제 변조는 일어나지 않는다.
- 글 삭제 URI의 http://도메인명/board.php?mode=delete&idx=1에서 `idx` 값을 다른 게시물 번호로 변경해 타 사용자의 글이 삭제되는지 확인한다. 이는 삭제 시 패스워드 검증과 로그인 사용자의 세션 검증 절차가 없을 경우 실제 글이 삭제될 수 있다.

또한 공개, 비공개 글로 구분해 운영되는 게시판의 경우에는 공개 글의 내용 보기를 클릭한 후 URI의 글 번호를 비공개글 번호로 수정했을 경우 비공개 글이 노출되는지 여부도 확인한다. 비공개 글의 경우 개인 연락처나 민감한 내용들이 포함될 수 있기 때문에 주의해야 한다.

사용자 개인 정보 확인 화면에서 새로 고침이나 정보 수정 페이지 호출 시 웹 프락시 툴을 이용해 사용자 아이디가 전송되는 부분의 값을 다른 사용자의 아이디로 수정해 다른 사용자의 개인 정보가 노출되는지 여부도 확인한다.

홈페이지에서 페이지 이동 시 변수 값을 히든 필드로 전송하는 경우가 있는

데, 이때 웹 프락시 툴을 이용해 히든 필드로 사용하는 고정 값(예, 금액, 코드, 아이디, 패스워드 등)의 조작이 가능하며, 사용자의 히든 필드 값을 수정해 인증을 우회할 수 있다. 일반적인 정보는 히든 필드를 이용해 값을 전달해도 무방하지만 중요 정보는 히든 필드를 사용하지 않게 해야 하며, 세션 값으로 처리하는 것이 안전하다.

4.2.2 불충분한 인가 취약점의 대응 방안

불충분한 인가 취약점의 대응 방안으로는 히든 필드 값을 그대로 사용하지 말고, 데이터베이스에서 재검색해 값을 새로 얻어오거나 히든 필드로 전송된 값들에 대한 검증 절차를 거치게 소스를 수정한다. 히든 필드로 값을 넘기는 것보다는 세션을 통해 변수를 저장하고 관리하는 편이 안전하다.

글쓰기, 수정, 삭제 URI 등 사용자의 조작에 의해 변경이 일어날 수 있는 페이지에 대해서는 정상적인 로그인 사용자인지 또는 권한이 허용된 사용자인지 여부를 확인하는 인증 절차를 삽입함으로써 검증된 사용자만 해당 페이지에 접근할 수 있게 해야 한다.

웹 애플리케이션을 개발할 때에는 중요 정보를 항상 세션으로 처리함으로써 세션을 통한 인증 절차를 거치게 해야 한다. 소스코드별 세션 처리 작성 예제는 다음과 같다.

ASP에서의 세션 처리

실제 로그인을 처리하는 페이지의 예는 예제 4.1과 같이 로그인 정보가 일치하고, 허용된 IP에서의 접근일 경우 로그인 여부, 아이디, 접근 IP 등을 세션으로 처리한다.

예제 4.1 ASP의 로그인 처리 페이지 예

```
<%
If user_auth(id, password) <> 1 Then
```

```
    Response.write "인증에 실패했습니다."
    Response.redirect("/login.html")   '인증 실패 시 인증 페이지로 Redirect
Else
    // 사용 허가된 IP에서 접근한 것인지 체크
    If Request.Servervariables("REMOTE_ADDR") <> "10.10.10.10" Then
        Response.write "허가된 IP에서의 접근이 아닙니다."
    Else
        Session("log_in") = 1
        Session("id") = id
        Session("ip") = Request.Servervariables("REMOTE_ADDR")
        Response.redirect("/main.asp")   '인증 성공 시 Main 페이지로 Redirect
End If
%>
```

실제 권한 체크가 필요한 페이지에서는 예제 4.2와 같이 정상적으로 로그인한 사용자인지 여부와 정상적인 IP에서의 접근 여부를 세션 값으로 체크하게 한다.

예제 4.2 ASP의 관한 체크 페이지 예

```
<%
If Session("ip") = Request.Servervariables("REMOTE_ADDR") AND
        Session("log_in") = 1 Then
    Response.Write Session("id") & "님은 " & Session("ip") &
            "에서 접속하셨습니다."
    '인증에 성공한 IP와 사용자 IP를 비교, 인증 여부 비교

    '... 중략 ...

Else
    Response.write "허가되지 않은 사용자 입니다."
End If
```

```
%>
```

PHP에서의 세션 처리

실제 로그인을 처리하는 페이지는 예제 4.3과 같이 로그인 정보가 일치하고, 허용된 IP에서의 접근일 경우 로그인 여부, 아이디, 접근 IP를 세션으로 처리한다.

예제 4.3 PHP의 로그인 처리 페이지 예

```
<?PHP
@session_cache_limiter('nocache');
@session_start();      //세션 데이터를 초기화
//form에서 사용자 id와 사용자 password를 아래 변수로 전달
if(!user_auth($_POST['id'], $_POST['password']) ||
     $_SERVER["REMOTE_ADDR"] != "10.10.10.10") {
                                          //DB에서 사용자 인증 처리하는 부분
  echo "인증에 실패했습니다.";
  header("Location: login.html");
}

//인증에 성공한 경우 처리해야 되는 부분
if (!session_is_registered("log_in")) {
  $log_in = 1;                            //인증에 성공했을 경우 1의 값을 설정
  $id = $_POST["id"];
  $ip = $_SERVER["REMOTE_ADDR"];
  session_register("log_in");             //인증 결과 저장
  session_register("id");                 //사용자 ID를 저장
  session_register("ip");                 //사용자 IP를 저장
  header("Location: main.php");
}
?>
```

실제 권한 체크가 필요한 페이지에서는 예제 4.4와 같이 정상적으로 로그인한 사용자인지 여부와 정상적인 IP에서의 접근 여부를 세션 값으로 체크한다.

예제 4.4 PHP의 권한 체크 페이지 예

```
<?PHP
@session_start();
if(strcmp($_SESSION['ip'], $_SERVER['REMOTE_ADDR']) == 0 &&
     session_is_registered('log_in')) {

  //... 중략 ...

  echo $_SESSION['id'] . "님은" . $_SESSION['ip'] . "에서 접속하셨습니다.";
} else {
  echo "허가되지 않은 사용자입니다.";
}
?>
```

JSP에서의 세션 처리

실제 로그인을 처리하는 페이지는 예제 4.5와 같이 로그인 정보가 일치하고, 허용된 IP에서의 접근일 경우 로그인 여부, 아이디, 접근 IP를 세션으로 처리한다.

예제 4.5 JSP의 로그인 처리 페이지 예

```
<%@ page contentType="text/html;charset=euc-kr" %>
<%@ page import="java.util.*" %>
<%@ page import="java.sql.* " %>
<%
String ip = request.getRemoteAddr(); //연결된 사용자의 IP 획득

if(!user_auth(id, password) || !ip.equals("10.10.10.10"))
```

```
    out.println "인증에 실패했습니다.";
    response.sendRedirect("/login.html");  //인증 실패 시 인증 페이지로
                                           //리다이렉트
  else
    if(session.getValue("log_in") != "1") {   //인증된 사용자인지 체크
      session.putValue("log_in", "1");         //세션에 사용자 정보 기록
      session.putValue("id", id);
      session.putValue("ip", ip);
      response.sendRedirect("/main.jsp");      //인증 성공 시 메인 페이지로
                                               //리다이렉트
    }
  }
%>
```

실제 권한 체크가 필요한 페이지에서는 예제 4.6과 같이 정상적으로 로그인한 사용자인지 여부와 정상적인 IP에서의 접근 여부를 세션 값으로 체크한다.

예제 4.6 JSP의 관한 체크 페이지 예

```
<%@ page contentType="text/html;charset=euc-kr" %>
<%@ page import="java.util.*" %>
<%
if(session.getValue("ip") == request.getRemoteAddr() &&
     session.getValue("log_in") == "1") {
     //인증에 성공한 IP와 사용자 IP를 비교, 인증 여부 비교
   out.println(session.getValue("id") + " 님은 " + session.getValue("ip")
       + " 에서 접속하셨습니다.");

   //... 중략 ...

} else {
   response.sendRedirect("/login.html");  //인증 실패 시 인증 페이지로
```

```
                                        //리다이렉트
}
%>
```

4.3 불충분한 세션 관리

불충분한 세션 관리 취약점은 인증 시마다 동일한 세션 ID가 발급되거나 세션의 만료 기간을 정하지 않아 로그아웃 후 세션이 유효한 상태로 유지되는 경우, 만료 일자를 너무 길게 설정해 공격자가 만료되지 않은 세션을 활용 가능한 경우 발생되는 취약점이다.

사실상 불충분한 세션 관리 취약점을 이용한 공격은 발생 빈도가 극히 낮으며, 공격 자체도 쉽지 않은 공격이다. 하지만 공격이 성공했을 경우는 SQL 인젝션 취약점이나 불충분한 인가 취약점에 의한 피해와 동일한 피해가 발생하므로 주의를 기울여야 한다.

4.3.1 불충분한 세션 관리 취약점의 확인 방법

먼저 인증 시마다 동일한 세션 ID가 발급되는지 확인한다.

인증 후 정상적으로 세션이 생성되면 생성된 세션 ID를 복사한 후 로그아웃을 한 다음에 일정 기간(약 10분 이상)이 지난 후 해당 페이지에 재접속할 때 복사한 세션 ID를 삽입해 로그인 상태가 유지되는지 확인한다.

또한 다른 컴퓨터의 브라우저에 로그인하지 않은 상태에서 앞서 복사한 세션 ID를 적용시킨 후 원래 컴퓨터에서 사용자가 재로그인한 다음에 다른 컴퓨터에 적용한 세션이 사용 가능한지 확인한다.

불충분한 세션 관리 취약점이 존재할 경우 공격자는 세션 재사용을 통해 회원이 아닌 사람이 다른 사람의 정보로 로그인할 수 있다. 관리자의 세션 정보가 재사용된다면 관리자 권한을 획득하는 것이기 때문에 피해가 더 커지게 된다.

4.3.2 불충분한 세션 관리 취약점의 대응 방안

불충분한 세션 관리 취약점에 대응하려면 로그인 시마다 새로운 세션 아이디를 발급 받게 하며, 이때 생성되는 값은 랜덤으로 생성해야 한다.

또한 세션 타임아웃 설정을 통해 일정 시간 동안 액션이 없을 경우 자동으로 로그아웃되게 설정해야 한다.

웹 애플리케이션 개발 시 세션의 타임아웃 시간을 반드시 설정해 재사용 위험을 줄여야 한다. 다음은 언어별 세션 타임아웃 설정 방법이다.

ASP에서의 세션 타임아웃 설정

ASP의 세션 타임아웃 설정은 예제 4.7과 같다.

예제 4.7 ASP의 세션 타임아웃 설정

```
<%
... 중략 ...

// Session의 유지 시간을 설정
Session.timeout = 10

... 중략 ...

%>
```

PHP에서의 세션 타임아웃 설정

PHP의 세션 타임아웃 설정은 예제 4.8과 같다.

예제 4.8 PHP의 세션 타임아웃 설정

```
$_SESSION['entry_time'] = time();
```

```
# 세션이 만료되면 로그인 페이지로 이동시킨다.
if((time() - $_SESSION['entry_time']) > 600)
{
  header('login.php');
}
```

JSP에서의 타임아웃 설정

JSP의 세션 타임아웃 설정은 예제 4.9와 같다.

예제 4.9 JSP의 세션 타임아웃 설정

```
<%
public void setKeepTike() {
  // Session의 유지 시간을 설정
  String strTime = Param.getPropertyFromXML("SessionPersistenceTime");
  if (strTime == null) {
    session.setMaxInactiveInterval(60*10);
  } else {
    session.setMaxInactiveInterval((new Integer(strTime)).intValue());
  }
}
%>
```

4.4 데이터 평문 전송

데이터 평문 전송 취약점은 서버와 클라이언트 간 통신 시 데이터를 암호화해 전송하지 않음으로써 중요 정보 등이 평문으로 전송되는 취약점이며, 개인 정보를 암호화하지 않고 평문으로 전송 처리할 경우 도청을 통해 정보가 노출될 수 있다.

웹상의 데이터 통신은 대부분 텍스트 기반이기 때문에 이는 간단한 스니핑[5]을 통해 쉽게 개인 정보의 탈취와 도용이 가능해지며, 현재는 많이 사용하지 않지만 쿠키를 사용할 경우 쿠키의 내용이 암호화 없이 평문으로 전송될 경우에도 정보 노출로 인한 피해가 발생할 수 있다.

4.4.1 데이터 평문 전송 취약점의 확인 방법

데이터 평문 전송 취약점의 존재 여부를 확인하려면 로그인 페이지나 실명 인증, 개인 정보 수정 등 중요 정보를 송수신하는 페이지에 접근해 패킷 내에 중요 정보가 평문으로 전송되는지 여부를 확인하는 방법을 사용한다.

로그인 페이지에서 아이디, 패스워드 입력 후 로그인 버튼 클릭 시 전송되는 패킷에 웹 프락시 툴을 이용함으로써 SSL 통신을 사용하는지 또는 암호화 모듈이 설치돼 중요 정보인 패스워드가 암호화돼 전송되는지를 확인한다.

실명 인증 시나 개인 정보 수정 페이지에서의 확인 방법도 이와 동일하다.

그림 4.1은 아이디, 패스워드가 평문으로 전송되는 것을 보여준다.

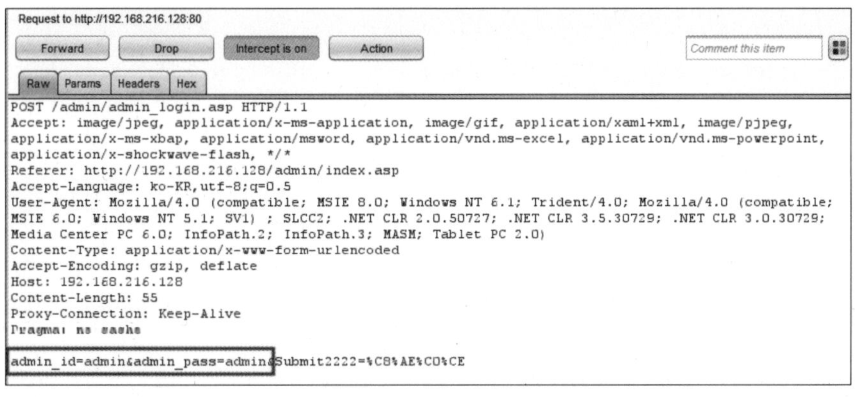

그림 4.1 로그인 정보 평문 전송

5. 가장 많이 사용되는 해킹 수법으로, 이더넷(Ethernet)상에서 전달되는 모든 패킷(packet)을 분석해 사용자의 계정과 암호를 알아내는 것(컴퓨터 인터넷 IT용어대사전)

게시판이나 홈페이지상에서 중요 정보가 ****으로 나타날 경우 소스 보기를 통해 해당 중요 정보를 확인할 수 있는지도 확인한다.

4.4.2 데이터 평문 전송 취약점의 대응 방안

로그인이나 개인 정보를 사용하는 사이트는 SSL 인증서나 암호화 애플리케이션을 설치해 개인 정보를 암호화해서 송수신을 해야 한다.

SSL Secure Sockets Layer 통신은 SSL MITM Man In The Middle, 중간자 공격[6]이나 SSL Strip 공격[7]에 취약하고, SSL 가속기[8]를 지났을 때는 HTTPS의 암호화가 해제되기 때문에 내부 공격자에 대해서는 취약하게 된다. 따라서 이중 보안의 관점에서 SSL 인증서를 적용하거나 중요 매개변수에 대해서는 RSA[9]나 DES Data Encryption Standard[10] 등으로 암호화를 해야 한다.

민감한 데이터(자격증명, 개인 정보, 인증 정보 등)가 전송되거나 관리자 시스템에 온라인으로 접근하는 환경에서는 SSL을 사용해야 하며, 웹 서버와 데이터베이스 서버 간의 통신 시에도 TCP/IP 레벨 암호화 등을 적용하는 편이 안전하다.

SSL을 좀 더 안전하게 만들고 높은 정확성과 완벽성을 제공하기 위해 만든 TLS Transport Layer Security[11]에 대해 간단히 살펴보자.

---

6. 클라이언트가 서버에 최초 접속하는 시기에 중간에 끼어들어 클라이언트에는 서버인 것처럼, 서버에는 클라이언트인 것처럼 행동하는 공격
7. SSL MITM의 변종으로 https 대신 http로 통신하게 만들어 사용자의 중요 정보를 열람하는 공격
8. SSL 가속기(Accelator)는 웹 서버에 부하를 주지 않고 SSL을 처리하기 위해 SSL 처리에 특화된 전용 장비를 통해 처리하게 하는 솔루션
9. 1977년, 론 리베스트(Ron Rivest)와 아디 셰미르(Adi Shamir), 레오나르드 아델만(Leonard Adleman) 등 3명의 수학자에 의해 개발된 암호화 알고리즘. 공개 키와 개인 키를 세트로 만들어 암호화와 복호화를 하는 인터넷 암호화 및 인증 시스템의 하나
10. 대칭키 암호화 알고리즘으로 64비트 블록 단위의 입력과 64비트의 출력이 발생하며, 16라운드의 Feistel 연산(좌우로 나눠 한쪽에만 변화를 시키며, 계속 교차시킴)을 수행
11. SSL(Secure Sockets Layer)을 대신하는 차세대 안전 통신 규약. SSL에 비해 강력한 암호화를 실현할 수 있고 폭이 넓은 망의 통신 규약에 대응하며, 암호화에는 3개의 다른 데이터 암호화 표준(DES) 키를 사용한 트리플 DES 기술이 응용된다.

TLS는 SSL 버전 3.0에 비해 다음과 같은 개선 사항을 제공한다.

- **좀 더 안전한 HMAC 알고리즘** TLS는 HMAC(Hashing for Message Authentication Code)을 사용해 인터넷과 개방 네트워크에서 작업할 때 레코드를 변경할 수 없게 하며, SSL 버전 3.0도 키 메시지 인증을 제공하지만 HMAC는 SSL 버전 3.0에 사용되는 메시지 인증 코드 기능보다 안전하다.
- **향상된 PRF(PseudoRandom Function)** PRF는 보안을 보장하는 방식으로 두 개의 해시 알고리즘을 사용한다. 어느 한 알고리즘이 노출되더라도 두 번째 알고리즘이 노출되지 않는 한 데이터는 보안 상태를 유지한다.
- **일관성 있는 인증 처리** TLS는 SSL 버전 3.0과 달리 TLS 구현 간에 교환돼야 하는 인증서 유형을 저장한다.
- **구체적인 경고 메시지** TLS는 두 개의 세션 종료점 중 하나에서 감지된 문제를 표시하기 위해 좀 더 구체적인 추가 경고를 제공한다.

한국인터넷진흥원(KISA)에서 제공한 '암호 알고리즘 및 키 길이 이용 안내서 2013'에서는 암호 알고리즘 검증 기준을 표 4.1과 같이 권고한다.

표 4.1 암호 알고리즘 검정 기준

분류		국내
대칭 키 알고리즘		SEED, ARIA, HIGHT
해시 함수		HAS-160, SHA-1, SHA-224/256, SHA-384/512
공개 키 암호 알고리즘	키 공유용	DH, ECDH
	암호화/복호화용	RSAES-OAEP3
	전자 서명용	RSASSA-PKCS1(v1.5)3, RSASSA-PSS3, KCDSA, ECDSA, EC-KCDSA

(이어짐)

보호 함수		보호 함수 매개변수
시스템 매개변수	RSA-PSS	(공개키 길이) 2048, 3072
	KCDSA, DH	(공개키 길이, 개인키 길이) (2048, 224), (2048, 256)
	ECDSA, EC-KCDSA, ECDH	(FIPS) B-233, B-283 (FIPS) K-233, K-283 (FIPS) P-224, P-256

예제 4.10은 개인 정보 관련 법령이다.

예제 4.10 개인 정보 관련 법령

■ 정보통신망 이용 촉진 및 정보 보호 등에 관한 법률

제28조(개인 정보의 보호 조치)

① 정보통신 서비스 제공자 등이 개인 정보를 취급할 때에는 개인 정보의 분실·도난·누출·변조 또는 훼손을 방지하기 위해 대통령령으로 정하는 기준에 따라 다음 각 호의 기술적·관리적 조치를 해야 한다.

1. 개인 정보를 안전하게 취급하기 위한 내부 관리 계획의 수립·시행

... 중략 ...

4. 개인 정보를 안전하게 저장·전송할 수 있는 암호화 기술 등을 이용한 보안 조치
5. 백신 소프트웨어의 설치·운영 등 컴퓨터 바이러스에 의한 침해 방지 조치

... 중략 ...

② 정보통신 서비스 제공자 등은 이용자의 개인 정보를 취급하는 자를 최소한으로 제한해야 한다.

■ 정보통신망 이용 촉진 및 정보 보호 등에 관한 법률 시행령

제15조(개인 정보의 보호조치)

① 법 제28조제1항제1호에 따라 정보통신 서비스 제공자 등은 개인 정보의 안전한 취급을 위해 다음 각 호의 내용을 포함하는 내부 관리 계획을 수립·시행해야 한다.

... 중략 ...

② 법 제28조 제1항 제2호에 따라 정보통신 서비스 제공자 등은 개인 정보에 대한 불법적

인 접근을 차단하기 위해 다음 각 호의 조치를 해야 한다. 다만 제3호의 조치는 전년도 말 기준 직전 3개월간 그 개인 정보가 저장·관리되고 있는 이용자 수가 일일평균 100만 명 이상이거나 정보통신 서비스 부문 전년도(법인인 경우에는 전 사업연도를 말한다) 매출액이 100억 원 이상인 정보통신서비스 제공자 등만 해당한다.〈개정 2012.8.17〉

1. 개인 정보를 처리할 수 있게 체계적으로 구성한 데이터베이스 시스템(이하 "개인 정보처리 시스템"이라 한다)에 대한 접근 권한의 부여·변경·말소 등에 관한 기준의 수립·시행

   ... 중략 ...

4. 패스워드의 생성 방법 및 변경 주기 등의 기준 설정과 운영

   ... 중략 ...

④ 법 제28조 제1항제4호에 따라 정보통신 서비스 제공자 등은 개인 정보가 안전하게 저장·전송될 수 있게 다음 각 호의 보안 조치를 해야 한다.

1. 패스워드 및 바이오 정보(지문, 홍채, 음성, 필적 등 개인을 식별할 수 있는 신체적 또는 행동적 특징에 관한 정보를 말한다)의 일방향 암호화 저장
2. 주민등록번호 및 계좌 정보 등 금융 정보의 암호화 저장
3. 정보통신망을 통해 이용자의 개인 정보 및 인증 정보를 송신·수신하는 경우 보안 서버 구축 등의 조치

■ 개인 정보의 기술적 관리적 보호 조치 기준(방통위 고시)

제 7조(개인 정보의 암호화)

② 정보통신 서비스 제공자 등은 정보통신망을 통해 이용자의 개인 정보 및 인증 정보를 송·수신할 때에는 보안 서버 구축 등의 조치를 통해 이를 암호화해야 한다. 보안 서버는 다음 각 호의 어느 하나의 기능을 갖춰야 한다.〈개정 2007.1.29〉

1. 웹 서버에 SSL(Secure Socket Layer) 인증서를 설치해 개인 정보를 암호화해 송·수신하는 기능
2. 웹 서버에 암호화 애플리케이션을 설치해 개인 정보를 암호화해 송·수신하는 기능

4.5 쿠키 변조

쿠키 변조 취약점은 적절히 보호되지 않은 쿠키를 사용할 경우 쿠키 인젝션 등과 같은 쿠키 값 변조를 통한 다른 사용자로의 위장이나 권한 상승 등이 가능한 취약점이다.

쿠키는 클라이언트에 전달되는 값으로, 공격자는 중요 정보로 구성돼 있는 쿠키 정보를 조작해 다른 사용자의 유효한 세션을 취득할 수도 있다.

쿠키 값에 평문으로 아이디나 권한 정보가 포함돼 있는 경우 이를 수정해 다른 사람의 개인 정보가 노출되거나 권한 상승이 이뤄지는지를 확인한다.

예를 들어 자신의 개인 정보 수정 화면을 호출할 때 쿠키 값(Cookie: login_id=test; ...)에 포함돼 있는 사용자 아이디를 다른 사용자나 관리자의 아이디로 수정(Cookie: login_id=admin; ...)하면 다른 사용자의 개인 정보 수정 화면이 나타날 수 있고, 권한 정보 값(Cookie: level=1; ...)을 수정하면 권한 상승이 일어나 관리자 권한을 획득할 수도 있다.

쿠키 조작을 방지하려면 SSL과 같은 암호화 통신 기술을 사용해 로그인 처리 과정 전체를 암호화하거나 암호화 모듈을 사용해 쿠키 값을 암호화해 사용해야 한다.

쿠키를 사용하는 것보다는 보안성이 강한 세션(서버 측 세션Server Side Session)을 사용하는 편이 바람직하며, 서버 측에 세션 정보를 저장해 상호 세션 값을 이용해 상호 대조할 수 있게 한다. 또한 세션 사용 시 반드시 타임아웃 시간을 설정해야 한다. 타임아웃 설정을 하지 않을 경우 세션 재사용의 위험에 노출될 수 있다.

표 4.2는 암호화 방식들에 대한 설명이다.

표 4.2 암호화 방식

분류		내용
최소 안전성 수준		112비트
블록 암호		ARIA(키 길이: 128/192/256), SEED(키 길이: 128)
블록 암호 운영 모드	기밀성	ECD, CBC, CFB, OFB, CTR
	기밀성/인증	CCM, GCM
해시 함수		SHA-224/256/384/512
메시지 인증 코드	해시 함수 기반	HMAC
	블록 기반	CMAC, GMAC
난수 발생기	해시 함수/HMAC 기반	HASH_DRBG, HMAC_DRBG
	블록 기반	CTR_DRBG
공개 키 암호화		- RSAES(공개키 길이) 2048, 3072 - RSA-OAEP에서 사용되는 해시 함수: SHA-224/256
전자 서명		RSA-PSS, KCDSA, ECDSA, EC-KCDSA
키 설정 방식		DH, ECDH

※ 출처: 암호 알고리즘 검증 기준 Ver 2.0(2012.3), 암호 모듈 시험 기관(IT 보안인증사무국)

4.6 정리

취약한 보안 기능은 불충분한 인증, 불충분한 인가, 불충분한 세션 관리, 데이터 평문 전송, 쿠키 변조가 이에 해당한다. 이 중에서 불충분한 인가는 다른 사람의 게시물을 조작하거나 삭제할 수 있으며, 관리자 권한이 노출될 수 있기 때문에 매우 위험한 취약점이다. 권한에 따라 결과를 달리 표현하는 모드 페이지에서는 사용자의 권한을 체크해 권한에 합당한 사용자만 해당 페이지에 접근할 수 있게 해야 한다.

중요 정보들(주민등록번호, 패스워드 등)은 SSL 통신을 하거나 별도의 암호화 모듈을 사용해 네트워크를 통해 평문으로 전송되지 않게 해야 한다.

사용자 컴퓨터에 저장하는 쿠키 대신 서버에 정보를 저장하는 세션을 사용하는 편이 안전하며, 세션은 반드시 만료 일자를 명시해 사용해야 한다.

웹 서버 설정 가이드

2부에서는 많이 사용하는 웹 서버 4종과 웹 애플리케이션 서버 3종에서 설정해야 하는 보안 항목들을 체크하는 방법과 설정 방법을 다룬다. 설정 방법들은 일반적인 방법들이며, 버전에 따라 설정 방법이 조금씩 다를 수 있기 때문에 각 벤더 사에서 제공하는 가이드를 참고해 설정해야 한다.

2부의 내용 중에 1부와 중복되는 부분이 있지만, 웹 서버와 웹 애플리케이션 서버별로 실제 자신의 서버에 해당하는 보안 설정을 취하기 쉽게 정리했다.

보안 설정을 취해야 하는 항목들은 디렉터리 인덱싱 차단, 웹 서비스 데몬의 root 권한 구동 제한, 파일 업로드 디렉터리 실행 권한 차단, 사용자 오류 페이지 설정, 웹 관리자 페이지 접근 IP 설정, 상위 경로로의 이동 차단 설정, 관리자 콘솔의 디폴트 계정/패스워드 변경, 소스 파일이나 설정 파일 접근 권한 설정, 웹 서버 정보 누출 차단, 홈 디렉터리 쓰기 권한 차단, 로그 디렉터리의 일반 사용자 접근 차단, 메소드 제한 설정, 디폴트 페이지 삭제, 관리자 콘솔 접근 제한, 관리자 콘솔용 패스워드 파일의 접근 제한 등이 있다.

5 IIS 보안 설정

IIS는 마이크로소프트 사의 인터넷 정보 서비스Internet Information Service다. IIS는 ASP[1]가 실행되는 웹 서버일 뿐만 아니라 인터넷 표준 프로토콜인 FTP[2], SNMP[3], NNTP[4] 등의 서비스도 지원한다.

IIS의 WWWWorld Wide Web 서비스는 인터넷상에 많은 그래픽을 포함하고, 복잡하게 링크돼 있는 콘텐츠Content를 웹 브라우저에 효과적으로 출판할 수 있게 해주는 서비스다. 웹사이트상에 디렉터리 구조를 만들고 파일들을 위치시켜 놓으면 사용자들이 웹 브라우저를 이용해 웹 콘텐츠 서비스를 받게 된다. 즉, 흔히

---

1. ASP는 Active Server Page의 약자로, 동적인 웹 페이지를 만들 수 있게 마이크로소프트 사가 제공한 애플리케이션이다.
2. 파일 전송 프로토콜(FTP, File Transfer Protocol)은 TCP/IP 프로토콜을 가지고 서버와 클라이언트 사이에서 파일을 전송하기 위한 프로토콜이다.
3. SNMP는 Simple Network Management Protocol의 약자로, 네트워크 관리를 위한 용도로 사용되는 프로토콜이다.
4. 유즈넷 뉴스그룹 상에 올려진 글들을 관리하기 위해 컴퓨터들(클라이언트와 서버 모두)에 의해 사용되는 프로토콜이다.

알고 있는 홈페이지를 클라이언트에게 보여주기 위해 필요한 서비스다.

WWW 서비스가 기존의 어떤 서비스 환경보다 각광을 받는 이유는 콘텐츠를 구성하기 위해 텍스트, 그래픽, 애니메이션, 비디오, 애플리케이션 등을 다양하게 이용할 수 있기 때문이다. 또한 많은 멀티미디어 기술의 도입으로 동적이고 실시간적인 콘텐츠를 구성하고 있으며, 사이트가 인터넷이나 인트라넷에 연결돼 있는 모든 경우에 공통적인 방법을 이용해 서비스를 할 수 있다.

5장에서는 이런 IIS의 보안 설정에 대해 살펴본다.

5.1 디렉터리 인덱싱 차단 설정

디렉터리 인덱싱이 될 경우 디렉터리 내의 파일이 노출된다. 해당 기능의 사용 여부 확인 방법은 그림 5.1과 같이 인터넷 정보 서비스(IIS) 관리 ▶ 해당 웹사이트 ▶ 등록 정보에서 홈 디렉터리 탭을 선택했을 때 디렉터리 검색 항목이 활성화돼 있으면 취약하다.

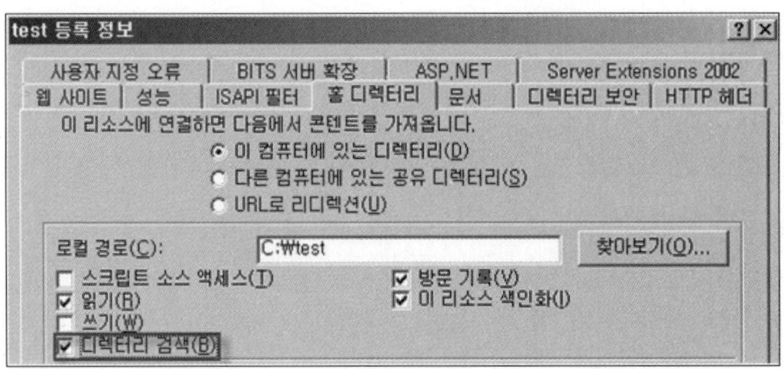

그림 5.1 디렉터리 검색 기능 사용 여부 확인

그림 5.2는 취약점으로 인한 디렉터리 정보 노출 화면이다.

그림 5.2 디렉터리 정보 노출 화면

취약점을 제거하려면 그림 5.3과 같이 제어판 ❯ 관리 도구 ❯ 인터넷 서비스 관리자(혹은 인터넷 정보 서비스) 메뉴의 기본 웹사이트에서 마우스 오른쪽을 클릭한다. 속성 부분의 기본 웹사이트 등록 정보에서 홈 디렉터리 탭을 선택한 후 디렉터리 검색(B) 부분의 체크를 해제한다.

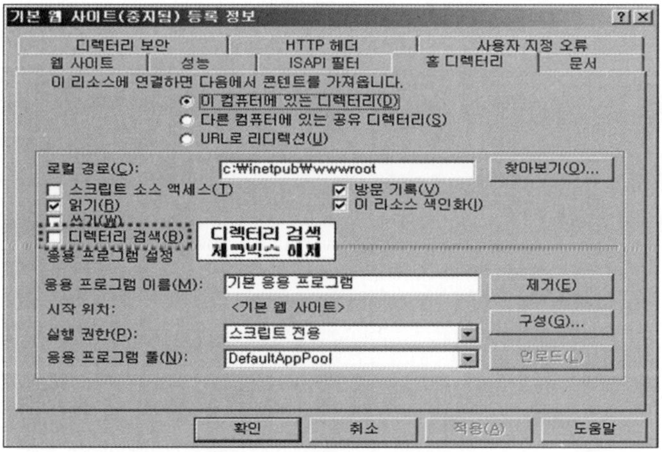

그림 5.3 IIS의 디렉터리 인덱싱 취약점 조치 화면

IIS 7의 경우에는 그림 5.4와 같이 IIS(인터넷 정보 서비스) 관리자의 해당 웹사이트에서 디렉터리 검색에 사용 안 함을 적용한다.

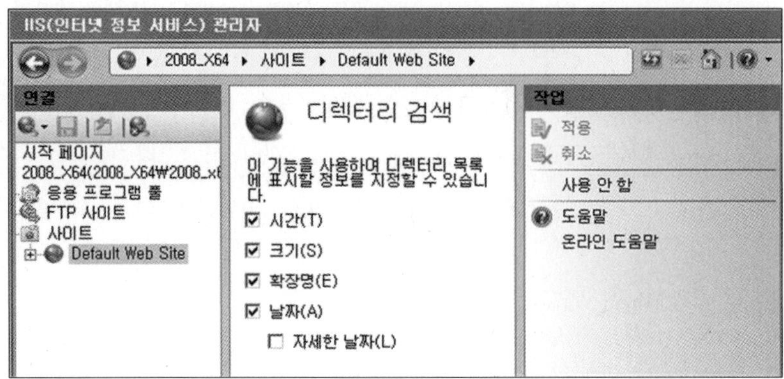

그림 5.4 IIS의 디렉터리 인덱싱 취약점 조치 화면

5.2 웹 서버 정보 누출의 차단 설정

웹 서버 정보가 노출될 경우 공격자는 해당 서버의 공개된 취약점을 이용해 공격을 수행할 수 있기 때문에 공격자의 공격 시간을 단축할 수 있게 해준다.

웹 서버 정보 누출의 설정 여부를 확인하는 방법은 인터넷 정보 서비스(IIS) 관리 ❯ 해당 웹사이트의 HTTP 헤더 탭을 선택한 후 그림 5.5와 같이 사용자 정의 HTTP 헤더 부분에 값이 있는지 확인한다.

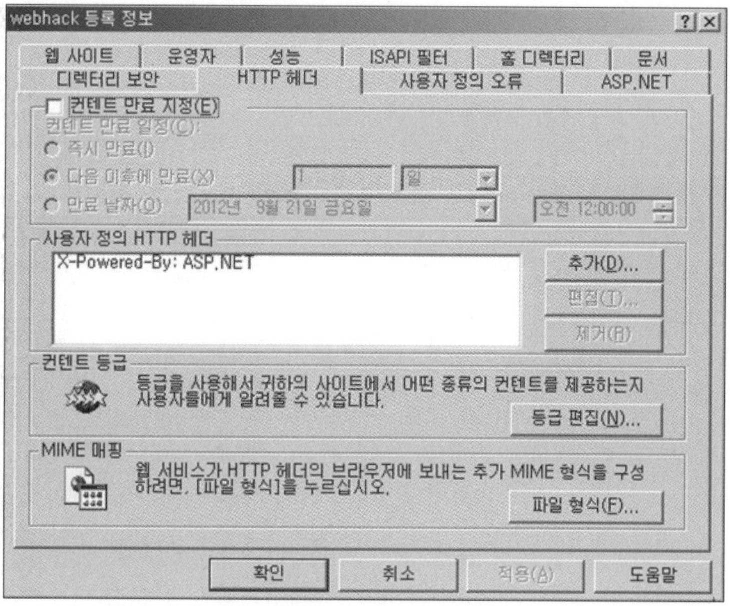

그림 5.5 헤더의 서버 정보 노출 확인 방법

실제 서버 정보 노출 여부를 직접 확인하려면 윈도우의 명령 창을 실행한 후 텔넷telnet 명령을 이용해 서버에 접속(예, telnet 도메인명 80)한 후 OPTIONS 명령을 이용(예, OPTIONS * HTTP/1.0)해 응답 패킷 내에 서버 정보가 누출되는지 확인한다.

위와 같이 했을 경우 취약점이 존재한다면 그림 5.6과 같이 출력되며 Server 항목에 Microsoft-III/5.0과 같이 서버 정보가 노출되는 것을 확인할 수 있다.

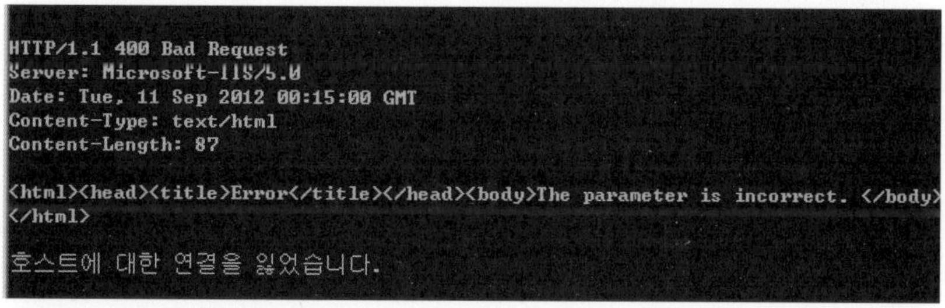

```
HTTP/1.1 400 Bad Request
Server: Microsoft-IIS/5.0
Date: Tue, 11 Sep 2012 00:15:00 GMT
Content-Type: text/html
Content-Length: 87

<html><head><title>Error</title></head><body>The parameter is incorrect. </body>
</html>

호스트에 대한 연결을 잃었습니다.
```

그림 5.6 서버 정보 노출 화면

OPTIONS 명령을 이용한 방법 이외에 웹 프락시 툴을 이용해 확인할 수 있는 방법도 있는데, 그 방법은 다음과 같다.

웹 프락시 툴을 실행시킨 후 프락시 툴을 경유하게 설정한 다음에 웹 브라우저에서 해당 홈페이지를 호출할 경우 전송되는 패킷들을 웹 프락시 툴에서 확인할 수 있는데, 이때 패킷의 헤더 부분을 살펴보면 서버 정보가 노출되는지 여부를 확인할 수 있다. 웹 프락시 툴의 자세한 사용법은 부록 3 '웹 프락시 툴 사용법'을 참고하기 바란다.

이렇게 헤더에 서버 정보가 노출되는 것을 방지하려면 'URL 스캔'을 설치 후 RemoveServerHeader 옵션의 값을 '1'로 설정한다. 설정 값이 '0'일 경우 서버 정보를 숨기지 않고 노출하게 된다.

또한 인터넷 정보 서비스(IIS) 관리에서 해당 웹사이트를 선택한 후 HTTP 헤더 탭의 사용자 정의 HTTP 헤더 부분에서 불필요한 부분이 존재할 경우 그림 5.7과 같이 삭제해 노출되는 정보가 발생하지 않게 설정한다. 설정을 변경했을 때는 서비스 재시작을 통해 설정된 내용이 적용되게 해야 한다.

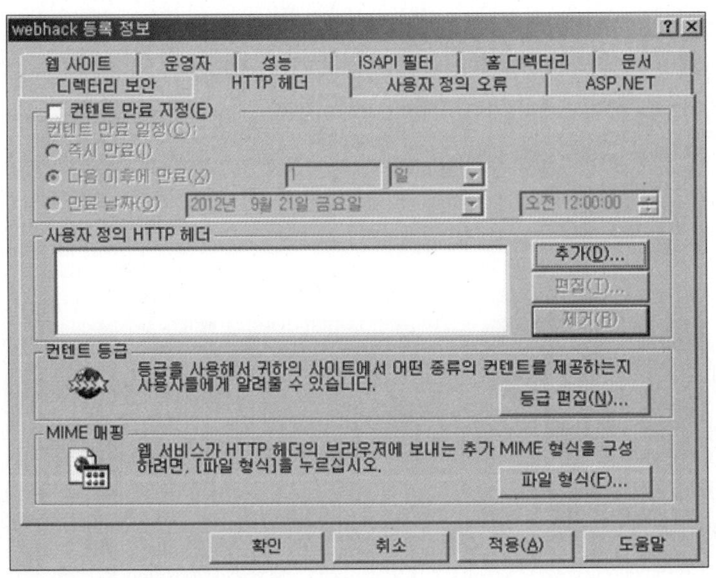

그림 5.7 IIS 헤더 정보 숨기기

5.3 홈 디렉터리 쓰기 권한의 차단 설정

홈 디렉터리는 쓰기 권한이 필요치 않기 때문에 차단하는 것이 좋다. 홈 디렉터리에 쓰지 못하도록 차단하려면 다음과 같은 방법을 사용한다.

윈도우 탐색기를 이용해 웹 홈 디렉터리에 Everyone의 쓰기 권한이 허용돼 있는지 여부를 그림 5.8과 같이 확인한다.

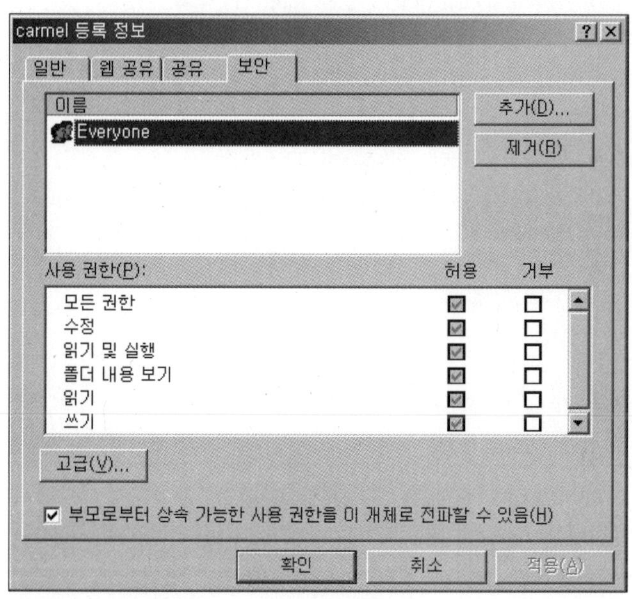

그림 5.8 홈 디렉터리 쓰기 권한 설정 확인

홈 디렉터리에 쓰기 권한이 설정돼 있는 경우 PUT 메소드 등을 이용해 index.html 파일을 업로드할 수 있으며, 업로드가 성공하면 홈페이지의 메인 페이지가 업로드된 파일로 변경돼 변조된 페이지가 출력된다.

홈 디렉터리 쓰기 권한 차단 설정은 시작 ➤ 실행 ➤ INETMGR ➤ 웹사이트 ➤ 해당 웹사이트 ➤ 속성을 선택한 후 홈 디렉터리의 경로를 확인하고 윈도우 탐색기를 이용해 그림 5.9와 같이 홈 디렉터리 등록 정보의 보안 탭에서 쓰기 권한을 차단해야 한다.

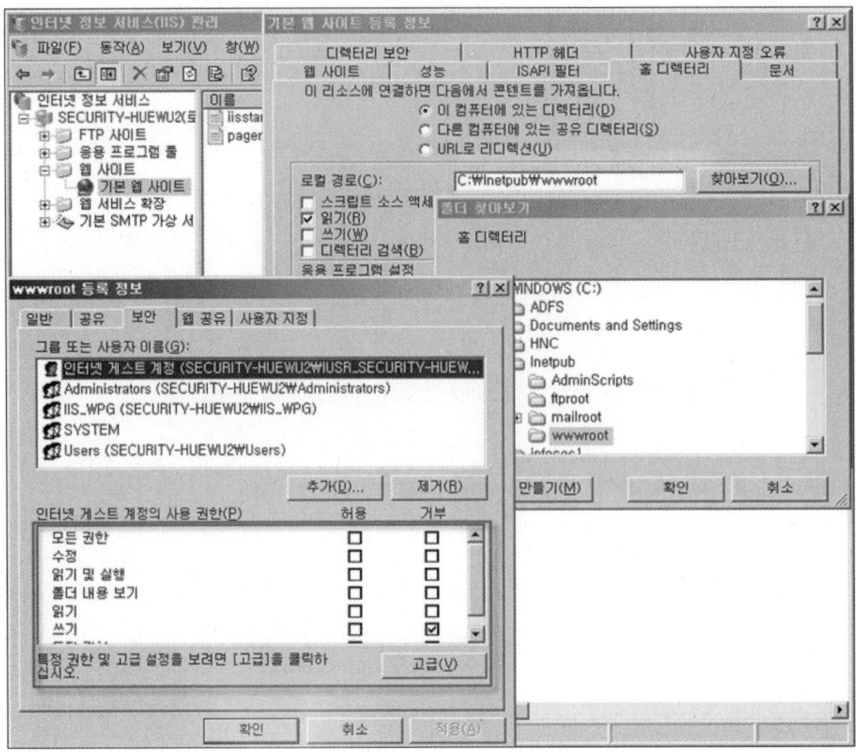

그림 5.9 홈 디렉터리 쓰기 권한 제거

홈 디렉터리가 아닌 각 파일 형식에 대한 제어 목록은 표 5.1과 같다.

표 5.1 파일 형식에 따른 액세스 제어 목록

파일 형식	액세스 제어 목록
CGI (.exe, .dll, .cmd, .pl)	모든 사람(실행 권한), 관리자/시스템(전체 제어)
스크립트 파일(.asp)	모든 사람(실행 권한), 관리자/시스템(전체 제어)
포함 파일(.inc, .shtm, .shtml)	모든 사람(실행 권한), 관리자/시스템(전체 제어)
정적 콘텐츠(.txt, .gif, .jpg, .html)	모든 사람(읽기 권한), 관리자/시스템(전체 제어)

5.4 파일 업로드 디렉터리 실행 권한의 차단 설정

파일 업로드 디렉터리는 웹 셸 업로드 시 실행 권한이 있으면 큰 피해를 입을 수 있기 때문에 실행 권한을 반드시 제거해야 한다.

근본적으로 업로드 디렉터리는 홈페이지의 디렉터리 하위에 위치하게 하지 않으며, 별도의 공간에 저장하게 하는 편이 안전하다.

실행 권한은 인터넷 정보 서비스(IIS) 관리 ▶ 해당 웹사이트 ▶ 업로드 디렉터리 선택 ▶ 속성을 선택한 후 디렉터리 탭에서 확인할 수 있으며, 실행 권한이 그림 5.10과 같이 스크립트 전용 또는 스크립트 및 실행 파일로 설정돼 있으면 취약하다.

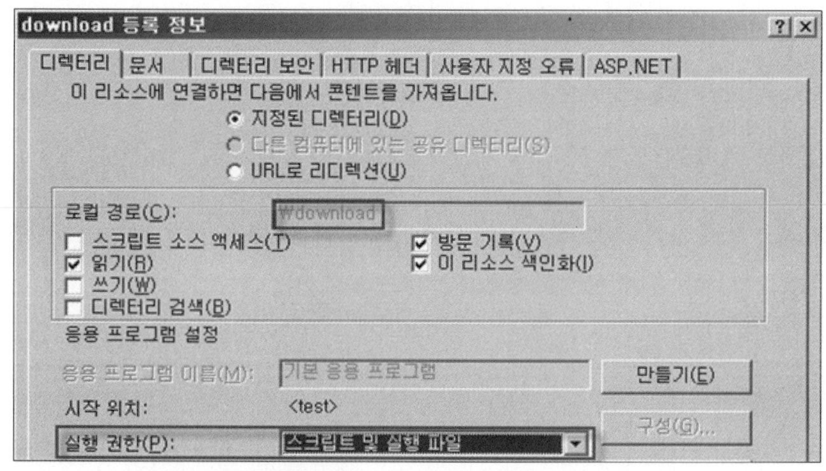

그림 5.10 디렉터리 실행 권한 확인

홈 디렉터리와 달리 업로드 디렉터리는 쓰기 권한이 설정돼 있어야 하며, 쓰기 권한이 차단된 경우는 파일이 업로드되지 않음으로써 정상적인 웹 서비스가 이뤄지지 않는다.

첨부 파일이 저장되는 업로드 디렉터리는 반드시 실행 권한을 제거해 운영해야만 파일 업로드를 통한 웹 셸 공격에 대응할 수 있다.

실행 권한을 제거하려면 시작 ▶ 제어판 ▶ 관리 도구에서 인터넷 서비스 관리자를 선택한 후 해당 업로드 디렉터리에서 오른쪽 클릭을 하고 등록 정보를 선택한 후 그림 5.11과 같이 디렉터리의 실행 권한을 없음으로 설정한다.

그림 5.11 디렉터리 실행 권한의 해제

5.5 사용자 오류 페이지 설정

오류 페이지는 사용자의 요청에 대해 브라우저상에 정상적인 서비스 내용이 아닌 오류 발생으로 인해 웹이나 WAS에서 오류 메시지를 보여주는 페이지를 말한다. 인터넷 정보 서비스(IIS) 관리 ▶ 해당 웹사이트의 사용자 정의 오류 탭에서 그림 5.12와 같이 오류에 대한 오류 페이지가 지정돼 있는지 확인한다. 이때 각 오류 코드에 대한 파일이 정의돼 있더라도 기본적으로 제공하는 오류 페이지의 경우 오류 코드 등이 포함돼 있기 때문에 사용자가 별도로 생성한 오류 페이지를 지정하는 것이 바람직하다.

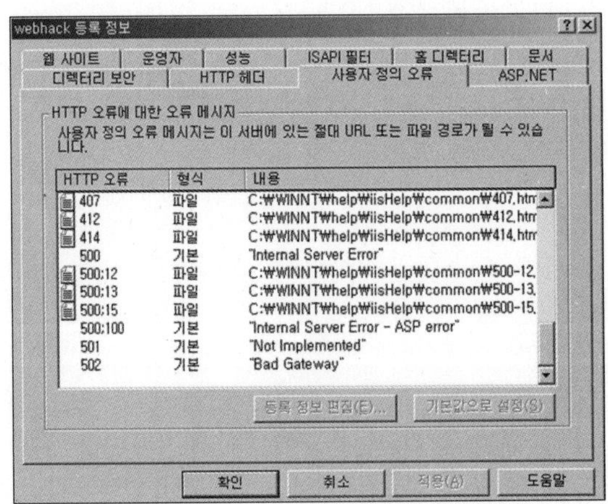

그림 5.12 IIS의 오류 페이지 설정 체크

오류 페이지를 설정하려면 그림 5.13과 같이 **인터넷 정보 서비스 관리자**에서 마우스 오른쪽 버튼을 클릭한 후 속성을 선택하고 **사용자 지정 오류** 탭에서 각 오류 코드에 대한 오류 페이지를 불필요한 정보가 포함되지 않게 사용자가 작성한 파일로 지정한다.

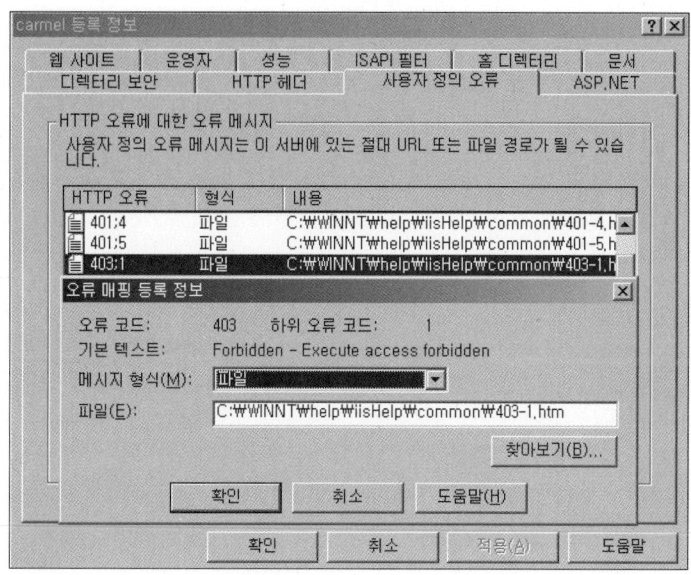

그림 5.13 IIS의 오류 페이지 설정

IIS 7.0, 7.5의 경우에는 **IIS(인터넷 정보 서비스) 관리자 ▶ IIS ▶ 오류 페이지**의 **기능 설정 편집**을 클릭한다. **추가** 또는 **편집**을 통해 오류 코드 400, 401, 403, 404, 500에 대해 사용자 정의 페이지를 지정한다.

5.6 메소드 제한 설정

PUT, DELETE 같이 위험한 메소드뿐만 아니라 웹 서비스에 꼭 필요하지 않은 메소드는 모두 비활성화시키는 편이 바람직하다.

불필요한 메소드를 비활성화시키려면 먼저 해당 메소드가 설정돼 있는지 확인해야 한다. OPTIONS 메소드를 이용해 점검을 수행해보면 불필요한 메소드가 설정돼 있는지 확인할 수 있다.

시스템 명령 창에서 다음과 같이 입력한다.

```
telnet 도메인명 80 (엔터)
OPTIONS / HTTP/1.0 또는 OPTIONS * HTTP/1.0 (엔터 2번)
```

위 명령을 실행한 결과로 그림 5.14와 같이 GET, POST, OPTIONS 이외의 메소드가 활성화돼 있을 경우 취약하다고 볼 수 있다. 간혹 서버에서 정상적으로 설정이 돼 있지만 메소드가 활성화돼 있는 것처럼 나타날 경우가 있는데, 이런 경우에는 각 메소드를 개별적으로 실행해보면 허용돼 있는지 여부를 확인할 수 있다.

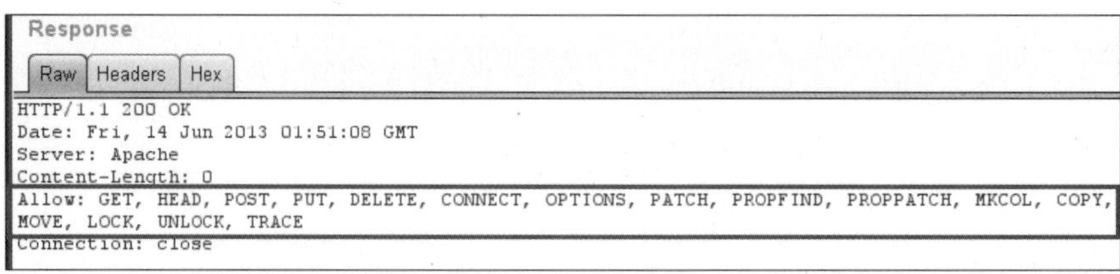
Response
Raw
Headers
Hex
HTTP/1.1 200 OK
Date: Fri, 14 Jun 2013 01:51:08 GMT
Server: Apache
Content-Length: 0
Allow: GET, HEAD, POST, PUT, DELETE, CONNECT, OPTIONS, PATCH, PROPFIND, PROPPATCH, MKCOL, COPY, MOVE, LOCK, UNLOCK, TRACE
Connection: close
그림 5.14 메소드 활성화 내역 확인 결과

IIS 5.0의 설정 방법은 WebDAV를 사용 안 함으로 처리하는 것이다. 그림 5.15와 같이 레지스트리 편집기(Regedt32.exe)를 실행한 후 레지스트리에서 HKEY_LOCAL_MACHINE\SYSTEM\CurrentControlSet\Services\W3SVC\Parameters 키를 검색한 후 **편집** 메뉴에서 **값 추가**를 누른 후 DisableWebDAV 레지스트리 값을 추가하고, 데이터 형식을 DWORD로 한 후 값을 '1'로 설정한다. IIS나 서버를 다시 시작해야 이 변경 내용이 적용된다.

그림 5.15 IIS 5.0의 WebDAV 사용 안 함 설정

또한 웹 서비스 사용 폴더에 쓰기 권한이나 스크립트 소스 액세스 권한을 제거하면 파일이 업로드되지 않거나 업로드되더라도 실행이 되지 않아 피해를 당하지 않게 된다.

그림 5.16과 같이 기본 웹사이트 등록 정보의 홈 디렉터리 탭을 선택한 후 스크립트 소스 액세스와 쓰기 항목의 체크를 없애준다.

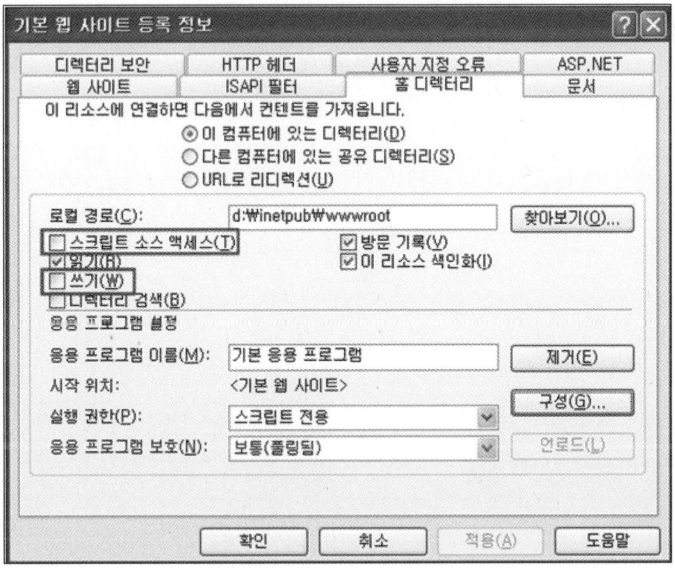

그림 5.16 웹 폴더 쓰기 권한 설정

IIS 6.0의 HTTP 메소드를 제한하려면 그림 5.17과 같이 인터넷 정보 서비스(IIS) 관리의 웹 서비스 확장 메뉴를 선택한 후 WebDAV의 상태를 '금지됨'으로 변경한다. WebDAV 서비스를 제거하면 PUT, DELETE 같은 위험한 메소드 외의 GET, POST, TRACE, OPTIONS 메소드만 존재하게 된다.

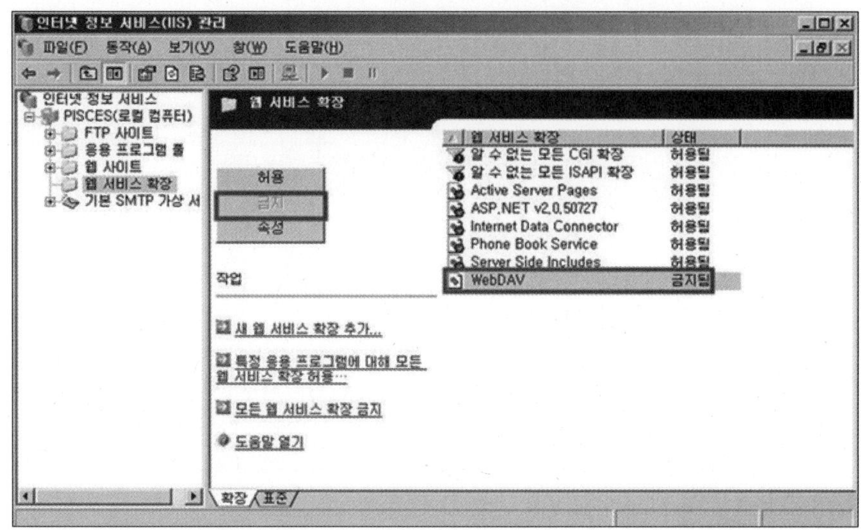

그림 5.17 IIS 6.0의 메소드 제한 설정

또한 마이크로소프트 사에서 만든 URL Scan을 통해 메소드를 제한하려면 설치 후 URL Scan 폴더(%windir%\system32\inetsrv\urlscan)의 urlscan.ini 파일을 예제 5.1과 같이 수정함으로써 허용할 메소드만 기록하고 불필요한 메소드는 삭제하면 된다.

예제 5.1 URL Scan의 메소드 제한 설정

```
[options]
UseAllowVerbs=1


[AllowVerbs]
```

```
GET
POST
OPTIONS
```

5.7 웹 관리자 페이지 접근 IP 설정

관리자 페이지는 일반 사용자의 접근이 필요치 않기 때문에 홈페이지를 관리하는 관리자의 컴퓨터를 제외한 일반 사용자 컴퓨터에서는 관리자 페이지에 접근할 수 없게 해야 한다. 브라우저를 통해 관리자 페이지를 호출했을 때 일반 사용자가 접근 가능하다면 관리자 페이지가 취약하다고 볼 수 있다.

따라서 다음과 같은 방법으로 관리자 페이지에는 접근할 수 있는 권한을 가진 IP에서만 접근 가능하게 접근 권한을 설정한다.

IIS 웹 서버에서 관리자 페이지를 보호하는 방법은 다음과 같다.

설정 ▶ 제어판 ▶ 관리 도구 ▶ 인터넷 서비스 관리자를 선택한다. 해당 관리자 페이지 폴더에서 오른쪽 마우스 버튼을 클릭하고 등록 정보 ▶ 디렉터리 보안 ▶ IP 주소 및 도메인 이름 제한 ▶ 편집을 선택한다. 그림 5.18과 같이 액세스 거부(N)를 선택하고 그림 5.19와 같이 추가 버튼을 클릭해 관리자 호스트 IP나 서브넷을 등록한다.

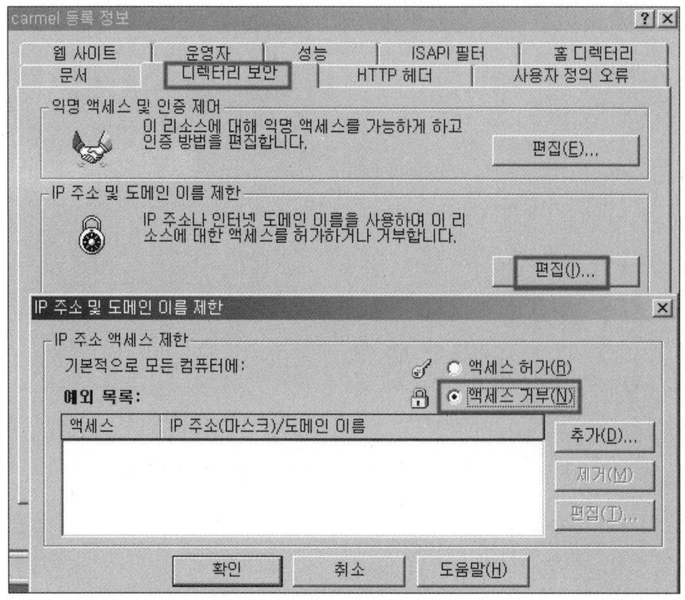

그림 5.18 관리자 디렉터리의 액세스 거부 설정

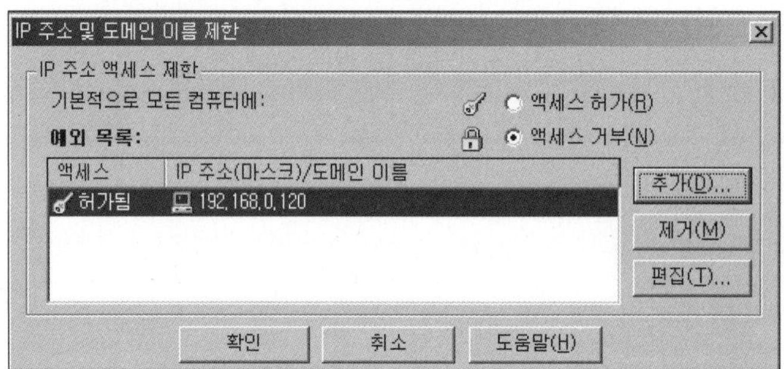

그림 5.19 IIS의 관리자 접근 IP 설정

5.8 디폴트 페이지 삭제

홈페이지 운영에 필요 없는 샘플 페이지, 매뉴얼 페이지 등이 존재할 경우에는 불필요한 정보를 노출시키게 된다.

예제 5.2의 예와 같이 샘플 디렉터리를 확인했을 때 해당 디렉터리가 존재한다면 취약하다.

예제 5.2 샘플 디렉터리 예

```
c:\inetpub\iissamples
c:\program files\system\msadc\sample (IIS 4.0만 해당)
c:\winnt\help\iishelp (IIS 설명서)
c:\program files\common files\system\msadc\sample (데이터 액세스)
```

또한 표 5.2와 같이 숨겨진 디렉터리나 파일이 존재할 경우 역시 취약하다. 윈도우 탐색기를 이용해 해당 디렉터리나 파일의 존재 여부를 검색해본다.

표 5.2 숨겨진 디렉터리나 파일

디렉터리	inetpub 디렉터리 내의 파일
\inetpub\wwwroot_private	shtml.dll, author.dll
\inetpub\wwwroot_vti_bin	dvwssr.dll, fpcount.exe
\inetpub\wwwroot_vti_cnf	htimage.exe, imagemap.exe
\inetpub\wwwroot_vti_log	
\inetpub\wwwroot_vti_pvt	

디폴트 페이지인 inetpub\wwwroot\ 경로의 iisstart.htm, pagerror.gif 등도 제거해야 하며, 불필요하게 존재하는 샘플 디렉터리를 삭제하고 불필요한 숨겨진 디렉터리와 파일을 모두 삭제한다.

5.9 상위 경로로의 이동 차단 설정

상위 경로로의 이동이 가능하면 시스템 파일이나 소스 파일로의 접근이 가능하게 된다. 따라서 상위 경로로의 이동을 차단해야 한다.

인터넷 정보 서비스(IIS) 관리 ▶ 해당 웹사이트 ▶ 등록 정보를 선택한 후 홈 디렉터리 탭에서 **구성** 버튼 클릭하고 **애플리케이션 구성**의 **옵션** 탭에서 **부모 경로 사용** 또는 **상위 경로 사용**에 체크돼 있는지 확인한다.

상위 경로로의 이동을 차단하려면 그림 5.20과 같이 웹사이트의 등록 정보 보기 화면에서 **홈 디렉터리** 탭을 선택하고, **구성** 버튼을 클릭한 후 **옵션** 탭에서 **부모 경로 사용**의 체크를 해제해준다.

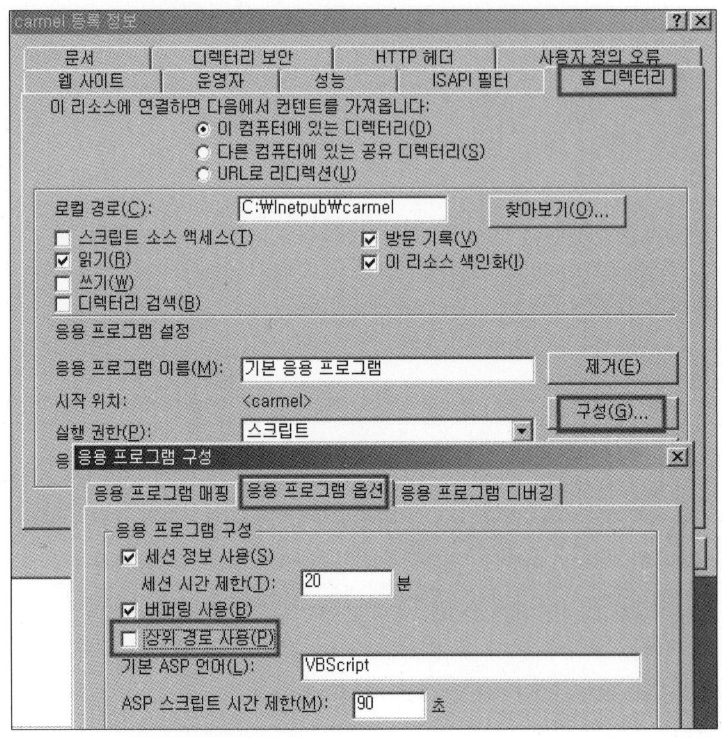

그림 5.20 상위 디렉터리로의 이동 방지 설정

IIS 7의 경우에는 그림 5.21과 같이 IIS(인터넷 정보 서비스) 관리자에서 해당 사이트를 선택한 후 ASP의 **부모 경로 사용**을 False로 설정한다.

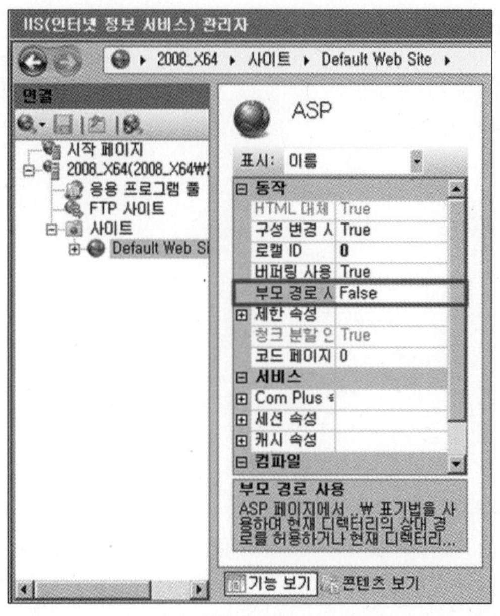

그림 5.21 IIS 7에서 상위 디렉터리로의 이동 방지 설정

5.10 소스 파일이나 설정 파일의 접근 권한 설정

소스 파일과 설정 파일은 일반 사용자가 접근할 필요가 없는 파일들로, 권한 설정을 통해 차단해야 한다.

설정 여부를 확인하려면 그림 5.22와 같이 **인터넷 정보 서비스(IIS) 관리 ❯ 해당 웹사이트] ❯ 등록 정보**를 선택한 후 **홈 디렉터리** 탭에서 **구성** 버튼을 클릭한다.

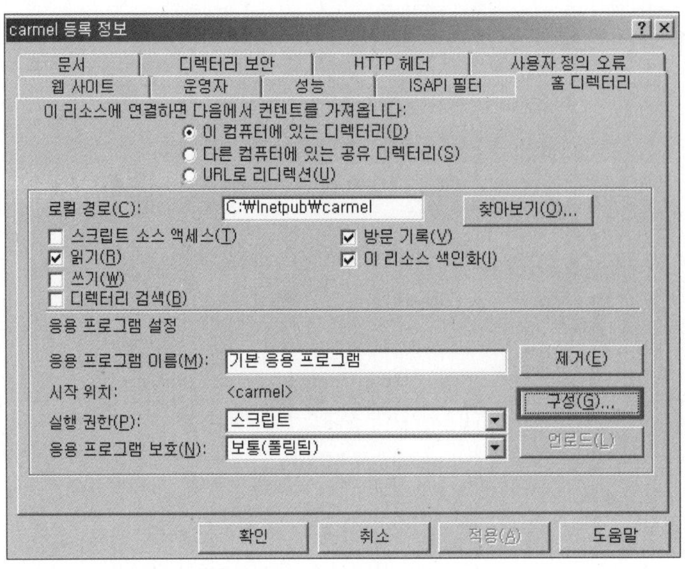

그림 5.22 홈페이지 구성 정보의 홈 디렉터리 탭

.asa 파일은 데이터베이스 연결 등과 같은 정보들이 저장돼 있다. 이 파일은 홈페이지에서 직접 호출이 불필요한 파일로 매핑 등록을 함으로써 파일의 내용이 일반 사용자들에게 노출되지 않게 해야 한다. 이 파일이 노출될 경우 공격자는 파일에 기록된 정보를 통해 데이터베이스에 직접 접근할 수 있게 돼 데이터베이스의 모든 정보가 노출될 수도 있다.

그림 5.23과 같이 애플리케이션 구성 화면에서 확장자 .asa가 존재하는지 확인한다. .asa 매핑이 등록돼 있지 않을 경우 취약하다.

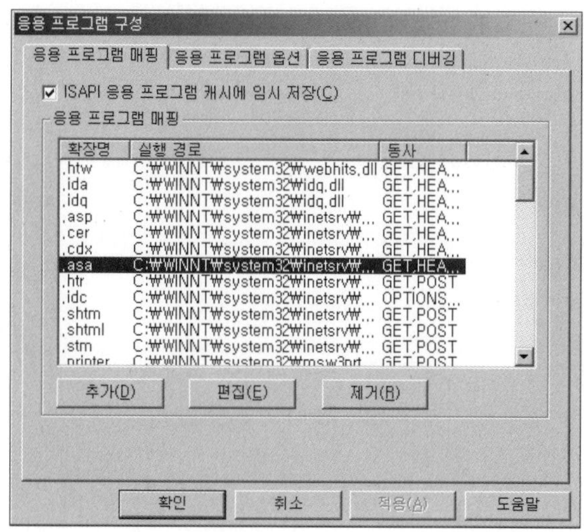

그림 5.23 .asa 매핑 확인

.asa 매핑이 등록돼 있지 않은 경우 그림 5.23의 추가 버튼을 클릭해 그림 5.24에서 보는 바와 같이 실행 파일을 선택하고, 확장명을 등록한 후 동사의 다음으로 제한 항목을 체크한 후 접근 허용할 메소드인 GET, POST를 등록한다.

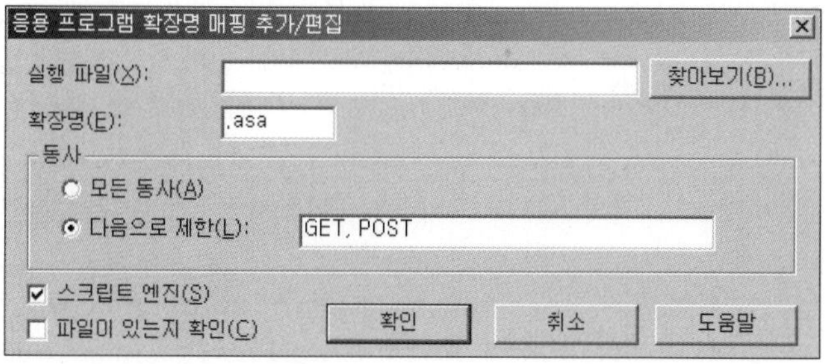

응용 프로그램 확장명 매핑 추가/편집
실행 파일(X):
찾아보기(B)...
확장명(E): .asa
동사
모든 동사(A)
다음으로 제한(L): GET, POST
스크립트 엔진(S)
파일이 있는지 확인(C)
확인
취소
도움말

그림 5.24 .asa 매핑 추가

5.11 기타 보안 설정

5.11.1 세션 타임아웃 설정

세션의 만료 시간을 설정하지 않거나 너무 길게 설정하면 세션이 만료되기 전에 세션을 다른 곳에서 재사용할 수 있게 되기 때문에 세션 타임아웃을 적절하게 설정해야 한다.

IIS 6.0의 세션 타임아웃 설정은 인터넷 정보 서비스(IIS) 관리 ❯ 웹사이트 등록 정보를 선택한 후 홈 디렉터리 탭의 구성 버튼을 클릭하고 옵션 탭에서 세션 정보 사용을 체크한 후 세션 제한 시간을 설정한다(예, 10분).

IIS 7.0, 7.5의 ASP.NET에서는 IIS(인터넷 정보 서비스) 관리자 ❯ ASP.NET ❯ 세션 상태의 쿠키 설정 제한 시간을 10분으로 설정한다. 세션 상태 모드는 프로세스 내부, 상태 서버, SQL Server의 세 가지 모드 중 웹 애플리케이션의 환경에 맞게 선택한다.

IIS 7.0, 7.5의 ASP에서는 IIS(인터넷 정보 서비스) 관리자 ❯ IIS ❯ ASP의 세션 속성에서 세션 상태 사용을 True로 설정하고, 제한 시간을 10분으로 설정한다.

5.11.2 디버깅 오류 메시지 차단

개발 시에는 디버깅을 위해 스크립트 오류 메시지를 출력하게 설정하는데, 개발이 완료되면 이런 메시지는 공격자에게 불필요한 정보를 제공하기 때문에 차단해야 한다.

인터넷 정보 서비스(IIS) 관리의 홈 디렉터리 탭에서 구성 버튼을 클릭한 후 디버깅 탭의 스크립트 오류에 대한 오류 메시지를 자세한 ASP 오류 메시지를 클라이언트에게 보내기가 아닌 다음 텍스트 오류 메시지를 클라이언트에게 보내기로 바꾼 다음 노출할 메시지를 설정한다.

5.11.3 미사용 스크립트 매핑 제거

사용하지 않는 스크립트 매핑은 제거하는 편이 좋다. 취약한 매핑으로는 웹 기반 암호 재설정 인터넷(.htr), 데이터베이스 커넥터(.idc), 서버 측Server-Side 인클루드Includes(.stm, .shtm, .shtml), 인터넷 프린터(.printer), 인덱스 서버(.htw, .ida, idq) 등이 있다.

취약한 매핑을 제거하려면 인터넷 정보 서비스(IIS) 관리 ▶ 웹사이트 등록 정보 ▶ 홈 디렉터리 ▶ 구성을 선택한 후 매핑 탭에서 취약한 매핑을 제거한다.

5.11.4 로그 관리

로그는 사고나 장애 시에 꼭 필요하기 때문에 반드시 기록해야 한다.

IIS 6.0의 경우에는 인터넷 정보 서비스(IIS) 관리 ▶ 웹사이트 등록 정보를 선택한 후 웹사이트 탭에서 로깅 사용을 체크한다.

로깅 항목은 인터넷 정보 서비스(IIS) 관리 ▶ 웹사이트 등록 정보 ▶ 속성의 고급 탭에서 필수 항목인 date(접속 날짜), time(접속 시간), c-ip(접속자 IP), cs-method (HTTP 메소드), cs-uri-stem(요청 페이지), cs-uri-query(요청 페이지 변수), sc-status(응답 코드)다.

IIS 7.0, 7.5의 경우에는 IIS(인터넷 정보 서비스) 관리자 ▶ IIS ▶ 로깅을 사용으로 설정한다.

로깅 항목은 IIS(인터넷 정보 서비스) 관리자 ▶ IIS ▶ 로깅 ▶ 필드 선택에서 필수 항목을 체크한다.

6 아파치 보안 설정

아파치Apache는 NCSANational Center for Supercomputing Applications, 미국 국립슈퍼컴퓨터활용센터 소속 개발자들이 개발한 NCSA httpd 1.3 웹 서버를 개량한 것으로 소스코드까지 공개됐다. NCSA httpd 1.3 서버에 패치patch 파일을 제공했던 개발자들이 'A PAtCH server'라는 용어에서 아파치라는 이름을 따왔다.

아파치는 전 세계의 웹 서버 중 가장 많은 부분을 차지하며, 리눅스, 유닉스, BSD, 윈도우 등 다양한 플랫폼에서 사용할 수 있다.

아파치는 빠르고 효율적이며, 이식성이 좋고 안정적이며, 기능이 다양하고 확장성이 좋다는 장점이 있으며, 하나의 웹 서버에 여러 개의 도메인 주소를 운영하거나 관리할 수 있는 기능도 있다.

아파치는 대부분 httpd.conf 파일 내에서 설정을 제어하기 때문에 설정을 관리하거나 이해하기 쉽다.

6장에서는 이런 아파치의 보안 설정에 대해 살펴본다.

6.1 디렉터리 인덱싱 차단 설정

디렉터리 인덱싱 취약점이 존재할 경우 디렉터리 내의 파일이 노출된다. 따라서 디렉터리 인덱싱을 차단하게 설정해야 한다. 디렉터리 인덱싱의 허용 여부는 httpd.conf 파일에서 예제 6.1과 같이 설정된 모든 디렉터리에 Indexes 옵션이 있거나, IncludesNoExec 옵션 또는 -Indexes 옵션으로 설정돼 있는지 먼저 확인한다.

예제 6.1 아파치 디렉터리 인덱싱 설정 확인

```
<Directory "/user/local/httpd/htdocs">
  Options Indexes
  AllowOverride None
  Order allow, deny
  Allow from all
</Directory>
```

디렉터리 인덱싱을 차단하려면 [아파치 설치 디렉터리]/conf/httpd.conf 파일에 설정된 모든 디렉터리별로 Options 항목에서 Indexes를 제거하거나, IncludesNoExec 옵션 또는 -Indexes 옵션으로 설정한다. 예를 들어 Options -FollowSymLinks 또는 Options -Indexes -FollowSymLinks 또는 Options IncludesNoExec -FollowSymLinks와 같이 설정한다.

Options 지시자를 변경한 경우에는는 아파치를 재시작해야 한다.

옵션 지시자의 옵션 값은 표 6.1과 같다.

표 6.1 Options 지시자 옵션 값

옵션 값	설명
All	MultiViews를 제외한 모든 옵션(default)
None	옵션을 주지 않음
ExecCGI	CGI 프로그램 실행을 가능하게 함
FollowSymLinks	심볼릭 링크로의 이동을 가능하게 함
Includes	서버 측 인클루드를 가능하게 함
IncludesNOEXEC	서버 측 인클루드는 가능하지만 CGI 스크립트나 프로그램은 실행할 수 없게 함
Indexes	DirectoryIndex에 명기된 파일(index.html 등)이 해당 디렉터리 안에 없을 경우 디렉터리와 파일 목록을 보여줌
MultiViews	유사한 파일 이름을 찾아주는 기능을 실행함

6.2 웹 서버 정보 노출 차단 설정

웹 서버 정보가 노출될 경우 공격자는 해당 서버의 공개된 취약점을 이용해 공격을 수행할 수 있다.

웹 서버 정보 노출의 설정 여부를 확인하려면 [아파치 설치 디렉터리]/conf/httpd.conf 파일에서 ServerTokens 설정이 예제 6.2와 같이 Prod로 설정돼 있는지 확인한다.

예제 6.2 아파치 서버 정보 노출 설정 확인

```
#
# ServerTokens
# This directive configures what you return as th Server HTTP response
# Header. The default is 'Full' which sends information about the OS-Type
# and compiled in modules.
# Set to one of: Full | OS | Minor | Minimal | Major | Prod
```

```
# where Full conveys the most information, and Prod the least.
#
ServerTokens Prod
```

[아파치 설치 디렉터리]/conf/httpd.conf 파일에서 ServerTokens를 설정해 헤더에 의해 전송되는 정보를 제한할 수 있다. ServerTokens의 설정 값이 Major/Minor/Min/OS/Full일 경우 다음과 같이 Prod로 설정할 것을 권고한다.

```
ServerTokens Prod
```

일반적으로 ServerTokens는 httpd.conf에 명시돼 있지 않는 경우가 많은데, 이럴 경우에는 기본 값인 ServerTokens Full이 적용돼 모든 정보가 서버의 응답 헤더에 포함돼 클라이언트에 전송되므로 반드시 설정을 해줘야 한다.

ServerTokens 지시자를 이용해 설정할 수 있는 각 키워드와 헤더 정보는 표 6.2와 같다.

표 6.2 StserverTokens의 설정 값

키워드	제공하는 정보	예
Prod	웹 서버 종류	Server: Apache
Major	Prod Syntax 정보 + Manor 정보	Server: Apache/2
Minor	Major Syntax 정보 + Minor 정보	Server: Apache/2.0
Min	Prod 키워드 제공 정보와 웹 서버 버전	Server: Apache/2.0.41
OS	Min 키워드 제공 정보와 운영체제	Server: Apache/2.0.41(Unix)
Full	OS 키워드 제공 정보와 설치된 모듈(애플리케이션) 정보	Apache/2.0.41(Unix) PHP/4.4.2 MyMod/1.2

6.3 웹 서버 데몬의 root 권한 구동 제한 설정

웹 서버 데몬을 root로 구동할 경우 홈페이지를 통한 해킹이 일어날 경우 root 권한이 노출되기 때문에 root 권한 구동을 제한해야 한다.

아파치 데몬을 root 계정으로 구동할 경우 실제 프로세스는 root가 아닌 다른 계정으로 보이는지 확인한다. 예제 6.3과 같이 하위 프로세스가 root 계정이 아닌 nobody로 돼 있는 것을 확인할 수 있다.

예제 6.3 아파치 데몬 실행 프로세스 확인

```
# ps -ef | grep http
root 26353  1 0 10:12 ?00:00:00 /usr/local/httpd/bin/httpd
nobody 26551  26353  0 10:15 ?00:00:00 /usr/local/httpd/bin/httpd
nobody 26552  26353  0 10:15 ?00:00:00 /usr/local/httpd/bin/httpd
nobody 26553  26353  0 10:15 ?00:00:00 /usr/local/httpd/bin/httpd
```

사용된 계정이 로그인 불가능한 계정인지 확인한다. 웹 서버 데몬을 구동하는 계정은 외부에서 로그인을 할 수 없게 해야 안전하다.

예제 6.4와 같이 /etc/passwd 파일의 내용을 확인해 해당 계정이 로그인이 되지 않게 /bin/false로 설정돼 있는지 확인한다.

예제 6.4 계정의 로그인 제한 설정 확인

```
nobody:x:65534:1001:nobody:/nonexistent:/bin/false
```

/bin/false는 시스템의 로그인이 불가능하게 하며, FTP 서버 프로그램 같은 프로그램 사용도 불가능하다. 또한 셸이나 SSH[1] 같은 원격 접속과 홈 디렉터리

1. Secure Shell은 네트워크상의 다른 컴퓨터에 로그인하거나 원격 시스템에서 명령을 실행하고, 다른 시스템으로 파일을 복사할 수 있게 해주는 애플리케이션이나 프로토콜이다(출처: 위키백과).

도 사용할 수 없다. 또한 httpd.conf 파일의 내용 중 아파치 데몬 User와 Group 명을 변경해야 한다. User nobody와 Group nobody가 설정되게 한다.

User나 Group을 변경했을 경우에는 데몬을 재시작해야 변경된 내용이 적용된다.

6.4 홈 디렉터리의 쓰기 권한 차단 설정

홈 디렉터리의 쓰기 권한을 차단하려면 [아파치 설치 디렉터리]/conf/httpd.conf 파일에서 관리 서버와 웹 소스 디렉터리 경로를 확인한 후 해당 디렉터리에 대한 권한을 설정하면 된다.

httpd.conf 파일에서 관리 서버 위치는 ServerRoot "/usr/local/httpd"와 같이 나타나며, 웹 소스 위치는 DocumentRoot "/usr/local/httpd/htdocs"와 같이 나타난다.

관리 서버의 홈 디렉터리 설정은 다음과 같다.

- **유닉스 환경일 경우** 소유권을 전용 웹 서버 계정으로 설정하고, 권한은 744(drwxr--r--)로 설정해준다.
- **윈도우 환경일 경우** 소유권을 Administrator나 전용 웹 서버 계정으로 설정하고, 전용 웹 서버 계정 그룹(Administrator)은 모든 권한, Users 그룹은 쓰기 권한 제거, Everyone 그룹은 그룹 제거로 설정해준다.

웹 소스 디렉터리 설정은 다음과 같다.

- **유닉스 환경일 경우** 소유권은 전용 웹 서버 계정으로 설정하고, 권한은 755(drwxr-xr-x)로 설정해준다.
- **윈도우 환경일 경우** 해당 폴더의 등록 정보 화면에서 보안 탭을 선택한 후 소유권은 Administrator 또는 전용 웹 서버Web Server 계정으로 설정하고, 전용 웹 서버 계정 그룹(Administrator)은 모든 권한, Users 그룹은 쓰기 권한 제거, Everyone 그룹은 그룹 제거로 설정해준다.

6.5 파일 업로드 디렉터리의 실행 권한 차단 설정

파일 업로드 취약점을 확인하려면 업로드 디렉터리에 실행 파일(asp, jsp, php 등)을 넣어둔 후 웹 브라우저에서 해당 파일을 호출해 실행이 되는지 여부를 확인해본다. 파일이 실행돼 결과가 나타나면 취약한 것이고, 실행되지 않고 파일 내용이 텍스트 형태로 보이면 안전하다.

파일 업로드 디렉터리는 웹 셸 업로드 시 실행 권한이 있으면 큰 피해를 입을 수 있기 때문에 실행 권한을 반드시 제거해야 한다.

파일 업로드 디렉터리의 실행 권한을 제거하려면 httpd.conf 파일을 확인해 특정 디렉터리의 확장자를 텍스트 형태로 인식하게 한다. 예제 6.5와 같이 업로드 디렉터리의 RemoveType 항목에 소스 파일들의 확장자를 기록해준다.

예제 6.5 아파치의 업로드 디렉터리 파일 실행 차단 설정

```
<Directory ~ "/usr/local/apache/htdocs/(upload|file)">
  RemoveType .html .php .jsp .asp
</Directory>
```

파일 업로드 취약점이 생기지 않도록 개발할 때 소스코드상에서 필터링을 통해 소스 파일들이 업로드되지 않게 해야 하지만, 파일 업로드 디렉터리의 실행 권한을 차단하면 소스코드에 취약점이 있어 파일이 업로드되더라도 업로드된 파일이 실행되지 않기 때문에 추가적인 피해가 발생하지 않게 된다.

6.6 로그 디렉터리의 일반 사용자 접근 차단 설정

로그 디렉터리는 일반 사용자의 접근이 필요치 않기 때문에 접근 차단 설정을 하는 편이 안전하다.

로그 디렉터리 권한 설정은 다음과 같다.

- **유닉스 환경일 경우** 소유권은 전용 웹 서버 계정으로 설정하고, 권한은 740(drwxr-----) 이하로 설정한다.
- **윈도우 환경일 경우** 해당 폴더의 등록 정보 화면에서 보안 탭을 선택한 후 소유권을 Administrator 또는 전용 웹 서버 계정으로 설정하고, 전용 웹 서버 계정 그룹(Administrator)은 모든 권한, Users 그룹은 쓰기 권한 제거, Everyone 그룹은 그룹 제거로 설정한다.

로그 파일 권한 설정은 다음과 같다.

- **유닉스 환경일 경우** 소유권은 전용 웹 서버 계정으로 설정하고, 권한은 640(rw-r-----) 이하로 설정한다.
- **윈도우 환경일 경우** 해당 폴더의 등록 정보 화면에서 보안 탭을 선택한 후 소유권은 Administrator 또는 전용 웹 서버 계정으로 설정하고, 전용 웹 서버 계정 그룹(Administrator)은 모든 권한, Users 그룹은 쓰기 권한 제거, Everyone 그룹은 그룹 제거로 설정한다.

> **참고**
> logs 디렉터리의 권한 설정 시 하위의 디렉터리도 동일한 설정이 적용될 수 있게 설정한다.

6.7 사용자 오류 페이지 설정

오류 페이지 설정 여부를 확인하려면 웹 브라우저에서 정상 URI 경로의 변수 값에 특수 문자를 입력하는 등의 오류를 유발시킴으로써 화면에 나타나는 오류 메시지를 확인해 사용자가 작성한 오류 페이지가 보이는지 확인한다.

httpd.conf 파일에서 오류 메시지 설정이 디폴트나 주석 처리된 것이 아니라, 예제 6.6과 같이 시스템의 정보를 노출하지 않는 별도의 오류 페이지로 연결돼 있으면 양호하다. 이때 모든 오류 코드에 대해 별도의 오류 페이지를 설정해야 하며, 특히 400, 401, 403, 404, 500에 대해서는 반드시 설정해야 한다.

예제 6.6 아파치의 오류 페이지 설정

```
Alias  /error/  "/var/www/error/"
ErrorDocument 400  /error/400.html
ErrorDocument 401  /error/401.html
ErrorDocument 403  /error/403.html
ErrorDocument 404  /error/404.html
ErrorDocument 500  /error/500.html
```

형식은 예제 6.6에서 보는 바와 같이 `ErrorDocument` [오류 코드] [사용자 정의 오류 페이지] 형식으로 오류 핸들링을 설정한다.

이때 사용하는 오류 페이지는 시스템에서 기본적으로 제공하는 파일이 아니라 불필요한 정보가 제공되지 않게 사용자가 작성한 파일을 지정해야 한다.

생성한 오류 페이지 파일의 권한은 예제 6.7과 같이 644(`rw-r--r--`) 이하로 설정해야 한다.

예제 6.7 오류 페이지 파일 권한

```
-rw-r--r--  1 www  other  218  2013-06-07 10:12 400.html
```

```
-rw-r--r-- 1 www other 218 2013-06-07 10:13 401.html
-rw-r--r-- 1 www other 218 2013-06-07 10:15 403.html
-rw-r--r-- 1 www other 218 2013-06-07 10:16 404.html
-rw-r--r-- 1 www other 218 2013-06-07 10:18 500.html
```

6.8 메소드 제한 설정

메소드는 PUT, DELETE와 같이 위험한 메소드뿐만 아니라 필요 없는 메소드는 모두 비활성화시키는 편이 바람직하다.

OPTIONS 메소드를 이용해 불필요한 메소드가 활성화돼 있는지 확인한다. 윈도우의 명령 창에서 다음과 같이 입력하면 허용돼 있는 메소드들이 표시된다.

```
telnet 도메인명 80 (엔터)
OPTIONS / HTTP/1.0 또는 OPTIONS * HTTP/1.0 (엔터 2번)
```

메소드 사용 제한을 설정하려면 예제 6.8과 같이 httpd.conf 파일을 수정한다. 예제와 같이 설정하면 정상적으로 아파치 웹 서버에 로그인 권한을 가진 사용자 외의 다른 사용자는 제한된 메소드인 PUT, DELETE, COPY, MOVE, PATCH 등을 사용할 수 없게 된다.

아파치의 경우 GET과 HEAD 메소드는 함께 사용하게 돼 있으며, TRACE의 메소드는 추가로 TraceEnable의 값을 Off로 설정해야 한다.

예제 6.8 아파치의 메소드 제한 설정

```
<Directory />
<LimitExcept GET POST>
  Order allow, deny
  deny from all
</LimitExcept>
</Directory>
```

6.9 디폴트 페이지 삭제

사용자 브라우저에서 샘플 페이지나 매뉴얼 페이지의 접속이 가능한지 여부를 확인한다. 그림 6.1과 같이 매뉴얼 페이지가 존재할 경우 취약하다.

그림 6.1 아파치 매뉴얼 페이지

또한 환경설정 파일인 http://도메인명/WEB-INF/web.xml, 디폴트 페이지인 http://도메인명:8080/index.jsp, 관리자 페이지인 http://도메인명/admin, http://도메인명/manager/html 페이지가 존재하는지 확인한다.

디폴트 디렉터리인 /htdocs, /cgi-bin 또는 디폴트 페이지인 매뉴얼, 샘플 페이지 등은 삭제하거나 변경해야 하며, 예제 6.9와 같이 [아파치 설치 디렉터리]/conf/httpd.conf 파일에서 매뉴얼 디렉터리에 앨리어스Alias[2] 설정을 해도 된다.

2. 사용자 그룹의 구성원을 가리키는 수단으로 사용되는 대체명 또는 별명

예제 6.9 아파치의 매뉴얼 디렉터리 Alias 설정

```
Alias /manual "/var/www/manual"
<Directory "/var/www/manual">
  Options FollowSymLinks MultiViews
  AllowOverride None
  Order allow, deny
  Allow from all
</Directory>
```

6.10 소스 파일이나 설정 파일 접근 권한 설정

소스코드의 파일 경로는 일반적으로 [아파치 설치 디렉터리]/웹 소스 디렉터리/다.

설정 파일 경로는 1.x~2.1.x 버전에서는 [아파치 설치 디렉터리]/conf/이며, 2.2.x 이상 버전에서는 [아파치 설치 디렉터리]/docs/conf/다.

주 설정 파일은 httpd.conf 파일이지만 [아파치 설치 디렉터리]/conf 디렉터리 아래의 모든 설정 파일에 대한 권한 설정이 필요하다.

예를 들어 설정 파일에는 httpd.conf, httpd-std.conf, highperformance.conf, highperformance-std.conf, magic, mime.type, ssl-std.conf, ssl.conf 등이 있다.

소스 파일의 권한 설정은 다음과 같다.

- **유닉스일 경우** 소유권은 전용 웹 서버 계정으로 설정하고, 권한은 740 (rwxr-----) 이하로 설정한다.
- **윈도우의 경우** 소유권은 Administrator 또는 전용 웹 서버 계정으로 설정하고, 전용 웹 서버 계정 그룹(Administrator)은 모든 권한, Users 그룹은 쓰기 권한 제거, Everyone 그룹은 그룹 제거로 설정해야 한다.

설정 파일의 권한 설정은 다음과 같다.

- **유닉스일 경우** 소유권은 전용 웹 서버 계정으로 설정하고, 권한은 600 (rw-------) 또는 700(rwx------)으로 설정한다.
- 윈도우일 경우 소유권은 Administrator 또는 전용 웹 서버 계정으로 설정하고, 전용 웹 서버 계정 그룹(Administrator)은 모든 권한, Users 그룹은 쓰기 권한 제거, Everyone 그룹은 그룹 제거로 설정해야 한다.

아파치 2.2.x 버전에서는 설정 파일이 [아파치 설치 디렉터리]/docs/conf/나 [아파치 설치 디렉터리]/docs/conf/extra이므로 extra 이하의 파일도 동일한 권한으로 설정해야 한다.

6.11 웹 관리자 페이지의 접근 IP 설정

홈페이지 관리자 컴퓨터를 제외한 일반 사용자 컴퓨터에서 관리자 페이지에 접근 가능한지를 확인한다. 브라우저를 통해 관리자 페이지를 호출해서 접근 가능 여부를 확인한다. 일반 사용자 컴퓨터에서 관리자 페이지에 접근 가능하다면 IP에 대한 접근 제한이 설정돼 있지 않은 것이므로 취약점이 존재한다.

아파치 웹 서버에서 보호 대책은 예제 6.10과 같이 아파치 웹 서버의 환경설정 파일인 httpd.conf 파일의 `Directory` 섹션에 있는 `AllowOverride` 지시자에서 `AuthConfig` 또는 `All`을 추가해 .htaccess를 통해 사용자 계정, 사용자 패스워드를 등록한 사용자만 접근이 가능하게 하고, 관리자 디렉터리(admin)에 대해 특정 IP만 접근 가능하게 설정한다.

예제 6.10 아파치의 httpd.conf 파일의 관리자 접근 IP 설정

```
<Directory /home/www/admin/>
  AllowOverride AuthConfig(또는 All)
  Order deny, allow
  Deny from all
  Allow from 10.10.10.7 10.10.2.1/24
```

```
</Directory>

#먼저 접근을 제어하고자 하는 디렉터리에 대한 상위 디렉터리 정의에
#AllowOverride 부분을 'All', 'AuthConfig', 'FileInfo' 등으로 설정

<Directory "접근을 제어하고자 하는 디렉터리">
  ...
  AllowOverride FileInfo AuthConfig Limit
  ...
</Directory>

...

AccessFileName .htaccess
<File ~ "^\ht">
  Order allow, deny
  Deny from all
</Files>
```

예제 6.11은 .htaccess 파일의 설정 예다.

예제 6.11 아파치의 .htaccess 파일의 관리자 접근 IP 설정

```
AuthName "인증이 필요한 관리자 페이지입니다."
AuthType Basic
AuthUserFile /home/www/admin/.htpasswd
AuthGroupFile /dev/null
require valid-user
Order deny, allow
Deny from all
Allow from 10.10.10.10 10.10.11.1/24
```

관리자 페이지와 같이 인증이 필요한 디렉터리에 .htaccess 파일을 만들고 admin 계정의 패스워드를 예제 6.12와 같이 ~apache/bin/htpasswd를 이용해 사용자 정보 파일(.htpasswd)을 생성한다.

예제 6.12 .htpasswd 사용자 설정

```
<Directory /home/www/admin/>
# ~apache/bin/htpasswd -c /home/www/admin/.htpasswd [사용자명]
New password: ********
Re-type new password: ********
Adding password for user [사용자명]
```

> **주의사항**
> 아파치 서버의 경우 AllowOverride 지시자를 변경할 때 서비스 재시작이 필요하고, 관리자 페이지의 디렉터리 이름을 변경할 때는 웹 프로그램에서 경로명을 지정하는 부분을 함께 수정해야 하며, 관리자 디렉터리에는 일반 사용자의 접근이 필요한 파일이 존재하지 않아야 한다.

6.12 기타 보안 설정

6.12.1 Access_Log 설정

Access_Log는 침입이나 침입 시도 등의 보안 이벤트를 확인하는 중요한 정보를 제공하기 때문에 접속자의 정보를 상세히 기록할 수 있게 Combined 모드로 설정해야 한다.

Log 포맷은 httpd.conf 파일에 `LogFormat "%h %l %u %t \"%r\" %>s %b \"%{Referer}i\" \"%{User-agnet}i\""`와 같이 설정한다.

6.12.2 심볼릭 링크 사용 제한

디렉터리 인덱싱 기능을 제한하더라도 FollowSymLinks 옵션이 활성화돼 있으면 루트 디렉터리에 심볼릭된 system.html 파일을 열었을 경우 DocumentRoot 디렉터리 상위의 파일까지 열람 가능하다.

따라서 심볼릭 링크를 사용하지 못하게 제한하려면 httpd.conf 파일에서 예제 6.13과 같이 FollowSymLinks를 삭제하거나 -FollowSymLinks로 설정한다.

예제 6.13 심볼릭 링크 제한 설정

```
<Directory />
  Options -FollowSymLinks
</Directory>
```

6.12.3 MultiViews 사용 제한

MultiViews 옵션은 해당 확장자만 처리하는 것이 아니라 확장자가 중간에 들어간 모든 파일을 처리하게 되므로 파일을 업로드할 때 확장자 필터링 부분에서 심각한 취약점이 발생할 수 있다.

이 문제는 아파치가 오른쪽에서 왼쪽으로 해석하기 때문이다.

이런 취약점을 해결하려면 httpd.conf 파일에서 예제 6.14와 같이 MultiViews를 삭제하거나 -MultiViews로 설정한다(아파치 2.2.x의 버전인 경우 해당 항목 제외).

예제 6.14 MultiViews 제한 설정

```
<Directory "/var/www/html">
  Options -MultiViews
  AllowOverride None
  Order allow, deny
```

```
  Allow from all
</Directory>
```

6.12.4 최신 보안 패치 적용

최신 보안 패치가 적용돼 있지 않을 경우 서비스 거부 공격, 파일 업로드, 디렉터리 노출, 다중 확장자 처리 등 웹 서비스에 직접적인 영향을 발생시킬 수 있기 때문에 주기적인 보안 패치가 필요하다.

버전은 다음 명령을 실행해 확인할 수 있다.

```
httpd -v
```

아파치의 취약점 정보는 http://httpd.apache.org/security/에서 확인할 수 있으며, 아파치 보안 패치 정보는 http://www.apache.org/dist/httpd/patches/에서 확인할 수 있다.

7

웹투비 보안 설정

티맥스Tmax의 웹투비WebtoB는 웹상에서의 대규모 트랜잭션 처리에 적합하게 설계돼 처리 속도 지연, 서버 다운 등 웹 시스템상의 문제들을 효과적으로 해결하게 설계된 웹 서버 제품이다. 웹투비는 기존 웹 서버들의 기능을 넘어 e-비즈니스 서비스를 위한 차세대형 웹 서버로, 보안, 장애 대응, 대용량 처리 성능을 제공하고, 제우스와 연계해 웹 시스템의 가용성과 신뢰성을 보장한다.

웹투비는 'Web to Business'에서 따온 이름이며, 웹상에서 브라우저의 요구를 처리해주는 서버용 소프트웨어다. 아파치와의 호환성을 위주로 더 나은 성능과 안정성, 그리고 보안성을 제공하기 위해 나온 제품으로, 기존 웹 서버와의 차별을 위해 웹투비 만의 새로운 기능들을 추가했다.

웹투비에서 제공하는 서비스들은 다양한 HTML 문서들의 처리, CGI 지원, SSIServer Side Include 지원, PHP 스크립트 언어Script Language 지원, 서블릿Servlet(서버에서 실행되는 작은 프로그램)과 JSP 지원 등이 있다.

7장에서는 이런 웹투비의 보안 설정에 대해 살펴본다.

7.1 디렉터리 인덱싱 차단 설정

디렉터리 인덱싱이 될 경우 디렉터리 내의 파일이 노출된다. 해당 기능의 사용 여부를 확인하려면 환경설정 파일인 [웹투비 설치 디렉터리]/config/http.m 파일 내의 NODE 섹션에 있는 DirIndex에 dirindex_name을 설정하고, DIRINDEX 섹션에 있는 dirindex_name의 options가 -index로 설정돼 있는지 확인한다.

NODE 섹션의 Options 값이 +index이면 취약하고, -index일 경우 안전하다.

디렉터리 인덱싱을 차단 설정하려면 예제 7.1과 같이 NODE 섹션과 DIRINDEX 섹션을 설정한다.

예제 7.1 웹투비 디렉터리 인덱싱의 차단 설정

```
*NODE
tmax WEBTOBDIR="C:/Tmax/WebtoB4.1"
  SHMKEY = 54000,
  DOCROOT = "C:/Tmax/WebtoB4.1/docs"
  PORT = "8080"

  ... 중략 ...

  DirIndex = "dirindex_name",
  Options = "-index"

*DIRINDEX
dirindex_name Options = "-index"
```

7.2 웹 서버 정보 누출 차단 설정

웹 서버 정보가 노출될 경우 공격자는 해당 서버의 공개된 취약점을 이용해 공격을 수행할 수 있게 된다.

웹 서버 정보 누출의 설정 여부를 확인하려면 환경설정 파일인 [웹투비 설치 디렉터리]/config/http.m 파일 내의 NODE 섹션에서 ServerTokens가 설정돼 있는지 확인해야 하며, 해당 값이 Min, OS, Full일 경우 취약하다.

웹 서버 정보의 누출을 차단하려면 환경설정 파일인 [웹투비 설치 디렉터리]/config/http.m 파일 내의 NODE 섹션에서 ServerTokens 값을 예제 7.2와 같이 Prod로 설정한다.

예제 7.2 웹투비 웹 서버 정보 누출 차단 설정

```
*NODE
tmax WEBTOBDIR="C:/Tmax/WebtoB4.1"
  SHMKEY = 54000,
  DOCROOT = "C:/Tmax/WebtoB4.1/docs"
  PORT = "8080"
  ... 중략 ...
  Group = "nobody",
  User = "nobody"
  ServerTokens = "Prod"
```

표 7.1은 ServerTokens의 설정 값에 대한 결과 값이다.

표 7.1 ServerTokens 설정 값

ServerTokens 설정	내용
Off	서버에 관한 정보를 보내지 않음
Prod	WebtoB
Min	WebtoB/4.1.3
OS	WebtoB/4.1.3(LINUX_i386)
Full	WebtoB/4.1.3(LINUX_i386)
Custom=xxx/x.x	xxx/x.x

7.3 웹 서버 데몬의 root 권한 구동 제한 설정

웹 서버 데몬을 root로 구동할 경우 홈페이지를 통한 해킹이 일어날 경우 root 권한이 노출되기 때문에 root 권한 구동을 제한해야 한다.

예제 7.3과 같이 ps 명령을 사용해 웹투비 구동 시 전용 계정으로 구동하는지 확인한다.

예제 7.3 웹투비 구동 프로세스 확인

```
# ps -ef | grep nobody
nobody 355562 1   0   Fab 07 - 4:12 wsm -I
nobody 124320 1   0   Fab 07 - 4:08 htl -I
nobody 250410 1  13   Fab 07 - 124:23 hth -I
nobody 259040 1   0   Fab 07 - 1:23 htmls -I
```

root 권한으로 구동되지 않게 설정하려면 환경설정 파일인 [웹투비 설치 디렉터리]/config/http.m 파일 내의 NODE 섹션에서 Group과 User의 값을 예제 7.4와 같이 nobody로 설정한다.

예제 7.4 웹투비의 Group, User 설정

```
*NODE
tmax WEBTOBDIR="C:/Tmax/WebtoB4.1"
  SHMKEY = 54000,
  DOCROOT = "C:/Tmax/WebtoB4.1/docs"
  PORT = "8080"

  ... 중략 ...

  Group = "nobody",
  User = "nobody"
```

설정을 적용한 후에는 컴파일한 후 재기동해야 한다.

wscfl -i http.m 명령으로 컴파일하며, wsdown -i 명령으로 웹 서버를 중지시킨 후 wsboot 명령으로 웹 서버를 재기동한다.

7.4 홈 디렉터리 쓰기 권한 차단 설정

홈 디렉터리는 쓰기 권한이 필요치 않기 때문에 차단하는 편이 좋다.

환경설정 파일인 [웹투비 설치 디렉터리]/config/http.m 파일에서 관리 서버 디렉터리인 WebtoBDir이 다음과 같은지 확인한다.

```
WebtoBDir = "$WEBTOBDIR"
```

예제 7.5와 같이 관리 서버 디렉터리의 권한이 740(rwxr-----) 이하가 아니면 취약하다.

예제 7.5 웹투비 관리 서버 디렉터리 권한 확인

```
# ls -al
drwxr-xr-x   16   webtob   tmax 4096 May 12 2013 webtob
```

환경설정 파일인 [웹투비 설치 디렉터리]/config/http.m 파일 내의 웹 서버 홈 디렉터리인 DocRoot가 다음과 같은지 확인한다.

```
DocRoot = " docs/"
```

예제 7.6과 같이 웹 서버 홈 디렉터리의 권한이 744(drwxr--r--) 이하가 아니면 취약하다.

예제 7.6 웹투비 웹 서버 홈 디렉터리 권한 확인

```
# ls -al
drwxr-xr-x   3   webtob   tmax 256 May 12 11:12 docs
```

웹 서버 홈 디렉터리의 권한 설정은 다음과 같다.

- **윈도우 환경의 경우** 소유권은 Administrator 또는 전용 웹 서버 계정으로 설정하고, 전용 웹 서버 계정 그룹(Administrator)은 모든 권한, Users 그룹은 쓰기 권한 제거, Everyone 그룹은 그룹 제거로 설정한다.
- **유닉스 환경의 경우** 소유권은 웹 서버 전용 계정으로 설정하고, 권한을 744 (drwxr--r--) 이하로 설정한다.

관리 서버 홈 디렉터리 권한 설정은 다음과 같다.

- **윈도우 환경의 경우** 소유권은 Administrator 또는 전용 웹 서버 계정으로 설정하고, 전용 웹 서버 계정 그룹(Administrator)은 모든 권한, Users 그룹은 쓰기 권한 제거, Everyone 그룹은 그룹 제거로 설정한다.
- **유닉스 환경의 경우** 소유권은 웹 서버 계정으로 설정하고, 권한은 740 (drwxr-----) 이하로 설정한다.

파일 업로드 디렉터리는 쓰기 권한을 부여해야 웹 서비스에 영향이 없으며, 실행 권한은 제거해야 한다.

7.5 로그 디렉터리의 일반 사용자 접근 차단 설정

로그 디렉터리와 파일의 권한을 확인한다.

- **윈도우 환경의 경우** 소유권이 Administrator 또는 전용 웹 서버 계정에 있고, 전용 웹 서버 계정 그룹(Administrator)은 모든 권한, Users 그룹은 쓰기 권한 제거, Everyone 그룹은 그룹 제거이면 안전하다.
- **유닉스 환경의 경우** 디렉터리는 소유권이 전용 웹 서버 계정에 있고, 740 (drwxr-----) 이하 권한이면 안전하고, 로그 파일은 소유권이 전용 웹 서버 계정에 있고, 640(rw-r-----) 이하 권한이면 안전하다.

일반 사용자에 의한 정보 유출이 불가능하게 로그 디렉터리와 로그 파일의 권한 설정을 강화해야 한다.

디폴트 로그 디렉터리는 [웹투비 설치 디렉터리]/log/이고, 시스템 로그 디렉터리는 [웹투비 설치 디렉터리]/log/syslog, 사용자 로그 디렉터리는 [웹투비 설치 디렉터리]/log/usrlog다.

예제 7.7은 웹투비의 로그 포맷과 설정 예다.

예제 7.7 웹투비 로그 포맷과 설정 예

```
* LOGGING
log2    Format = "ERROR",
        Filename = "/data/webtob/log/error.log",
        Option = "sync",
log3    Format = "DEFAULT",
        Filename = "/data/webtob/log/vaccess.log",
        Option = "sync",
log4    Format = "ERROR",
        Filename = "/data/webtob/log/verror.log",
        Option = "sync",
log_htmlg2  Format = "DEFAULT",
```

```
Filename = "/data/webtob/log/htmlg2.log"
```

소유권 설정 방법은 다음과 같다.

- **유닉스 환경일 경우** 로그 디렉터리의 소유권은 전용 웹 서버 계정으로 설정하고, 권한은 740(drwxr-----) 이하로 설정한다. 로그 파일의 소유권은 전용 웹 서버 계정으로 설정하고, 권한은 640(rw-r-----) 이하로 설정한다.
- **윈도우 환경일 경우** 소유권은 Administrator 또는 전용 웹 서버 계정으로 설정하고, 전용 웹 서버 계정 그룹(Administrator)은 모든 권한, Users 그룹은 쓰기 권한 제거, Everyone 그룹은 그룹 제거로 설정한다.

7.6 사용자 오류 페이지 설정

오류 발생 시 별도의 오류 페이지가 존재하는지 확인한다. 웹 브라우저에서 정상적인 URL의 변수 값에 특수 문자 등을 입력해 오류를 발생시킴으로써 오류에 대한 결과 페이지로 사용자가 만든 오류 페이지가 나타나지 않으면 취약하다.

사용자 오류 페이지는 환경설정 파일인 http.m에서 ErrorDocument 설정을 [오류 코드] [사용자 정의 오류 페이지] 형식으로 설정한다. 예를 들어 다음과 같다.

```
ErrorDocument error1 Status=400, Url="400.html "
```

기본적으로 오류코드 400, 401, 403, 404, 500에 대해서는 사용자 정의 오류 페이지를 설정한다.

예제 7.8은 오류 페이지 설정의 예이며, 오류 페이지의 권한은 644(-rw-r--r--) 이하로 설정한다.

예제 7.8 웹투비의 오류 페이지 설정

```
* NODE
tmax ErrorDocument = "error1, error2, error3, error4, error5"

* ERRORDOCUMENT
error1 Status=400, Url="400.html"
error2 Status=401, Url="401.html"
error3 Status=403, Url="403.html"
error4 Status=404, Url="404.html"
error5 Status=500, Url="500.html"
```

7.7 메소드 제한 설정

메소드는 PUT, DELETE와 같이 위험한 메소드뿐만 아니라 필요 없는 메소드는 모두 비활성화시키는 편이 바람직하다.

OPTIONS 메소드를 이용해 불필요한 메소드가 활성화돼 있는지 확인한다. 윈도우의 명령 창에서 다음과 같이 입력하면 허용돼 있는 메소드들이 표시된다.

```
telnet 도메인명 80 (엔터)
OPTIONS / HTTP/1.0 또는 OPTIONS * HTTP/1.0 (엔터 2번)
```

메소드 사용을 제한하려면 환경설정 파일인 [웹투비 설치 디렉터리]/config/http.m의 NODE 섹션에서 Method를 설정해 제한하고자 하는 메소드를 -PUT과 같이 열거한다.

예제 7.9는 웹투비의 NODE 섹션에 허용할 메소드와 제거할 메소드를 설정하는 예다.

예제 7.9 웹투비의 메소드 설정 예

```
*NODE
tmax WEBTOBDIR="C:/Tmax/WebtoB",
  DOCROOT="C:/Tmax/WebtoB/docs",
  JSVPORT = 9900,
  Method="GET, POST, OPTIONS, -PUT, -HEAD, -DELETE, -TRACE"
```

가상 호스트Vitual Host를 사용할 경우에는 가상 호스트 설정이 우선 시 되기 때문에 http.m 파일 내의 *VHOST 섹션에도 예제 7.10과 같이 동일하게 설정해야 한다.

예제 7.10 웹투비의 VHOST 메소드 제한 설정

```
* VHOST
DOCROOT = "/usr/local/webtob/docs",
NODENAME = "test",
PORT = "80",
HOSTNAME = "www.test.co.kr",
Method = "-PUT, -DELETE, -HEAD, -MOVE, -TRACE",
HOSTALIAS = "test.co.kr"
```

7.8 디폴트 페이지 삭제

홈페이지 운영에 필요 없는 샘플 페이지, 매뉴얼 페이지 등이 존재할 경우 불필요한 정보를 노출시키게 된다.

샘플 디렉터리가 존재하는지 확인한다. 웹투비의 디폴트 샘플 디렉터리는 [웹투비 설치 디렉터리]/sample/이다. 해당 디렉터리가 존재할 경우 취약하다.

웹투비의 디폴트 샘플 디렉터리인 [웹투비 설치 디렉터리]/sample/을 삭제한다.

기타 샘플 페이지나 불필요한 파일들이 존재할 경우 모두 삭제해야 한다.

> **참고**
> - 웹투비 4.1 이상 버전은 해당되지 않는다.
> - 최신 보안 패치는 http://technet.tmax.co.kr에서 할 수 있다.

7.9 소스 파일이나 설정 파일의 접근 권한 설정

소스 파일과 설정 파일은 일반 사용자가 접근할 필요가 없는 파일들로, 권한 설정을 통해 차단해야 한다.

환경설정 파일인 [웹투비 설치 디렉터리]/config/http.m 파일의 접근 권한을 확인해야 한다.

환경설정 파일은 다음과 같이 설정한다.

- **유닉스 환경인 경우** 소유권은 전용 웹 서버 계정으로 설정하고, 권한은 600(rw-------) 또는 700(rwx------)으로 설정한다.
- **윈도우 환경일 경우** 소유권은 Administrator 또는 전용 웹 서버 계정으로 설정하고, 전용 웹 서버 계정 그룹(Administrator)은 모든 권한, Users 그룹은 쓰기 권한 제거, Everyone 그룹은 그룹 제거로 설정한다.

소스코드 파일의 권한 설정은 다음과 같다.

- **유닉스 환경인 경우** 소유권은 전용 웹 서버 계정으로 설정하고, 740 (rwxr-----) 이하 권한으로 설정한다.
- **윈도우 환경일 경우** 소유권은 Administrator 또는 전용 웹 서버 계정이고, 전용 웹 서버 계정 그룹(Administrator)은 모든 권한, Users 그룹은 쓰기 권한 제거, Everyone 그룹은 그룹 제거로 설정한다.

8

아이플래닛 보안 설정

아이플래닛iPlanet은 썬SUN 사에서 개발한 웹 서버로 주로 대형 사이트에서 사용하는 웹 서버다. 공개 릴리스 버전과 라이선스가 있는 버전의 기능과 성능은 큰 차이가 있다.

아이플래닛은 동적 콘텐츠와 정적 콘텐츠를 제공하는 안전한 고성능 웹 서버로, 탁월한 확장성을 제공한다. 또한 도메인 가상화, 구성의 다기능성 및 강력한 보안 기능을 통해 고품질의 서비스를 제공한다.

아이플래닛의 특징으로는 32비트나 64비트 모드에서 실행될 수 있는 멀티스레드[1], 멀티프로세스[2] 애플리케이션으로, 100,000개 이상의 동시 연결을 지원하는 탁월한 확장성을 제공한다는 점이다.

또한 관리 인터페이스를 통한 서버 관리, 웹 서버 클러스터를 모니터링하거나 관리할 수 있으며, WebDAV 게시와 파일 관리, 가상 서버 지원, 데이터 암호

1. 하나의 주 프로세서를 두고 여러 개의 스레드가 메소드(함수) 단위로 나눠서 처리하는 방식이다.
2. 하나의 주 프로세서(부모)를 동일한 프로세서(자식)로 복사해 각각의 프로세서를 실행하는 방식이다.

화와 보안, 통합 검색 엔진, 데이터를 사용자에게 보내기 전에 압축해 전송하는 등의 기능이 있다.

8장에서는 이런 아이플래닛의 보안 설정에 대해 살펴본다.

8.1 디렉터리 인덱싱 차단 설정

디렉터리 인덱싱 가능할 경우 디렉터리 내의 파일이 노출된다. 해당 기능의 사용 여부를 확인하려면 관리 콘솔에서 Directory Indexing 항목의 값이 None으로 설정돼 있는지 확인한다.

또는 설정 파일인 [아이플래닛 설치 디렉터리]/https-[Server_name]/config/obj.conf 파일의 `Service` 항목에서 `magnus-internal/directory` 타입의 `fn` 설정 값이 없거나 `send-error`로 설정돼 있지 않으면 취약하다.

디렉터리 인덱싱을 차단하게 설정하는 방법은 다음과 같다.

1. 관리 콘솔에서 Administration Sever를 선택한 후 Virtual Server Class 탭을 클릭한다.
2. Select a Class에서 해당 Class를 선택한 후 Manage 버튼을 클릭한다.
3. Content Mgmt 탭에서 Document Preferences를 선택한 후 Directory Indexing 항목을 none 설정한 다음 File to use for error response when indexing is none 항목에 오류 페이지를 지정한다.

아이플래닛 7.0의 경우에는 해당 서버의 **내용 처리** 탭의 **일반** 탭에서 디렉터리 목록의 **목록 유형** 항목을 **없음**으로 체크한 후 오류 페이지를 설정해준다.

설정 파일을 이용해 설정하려면 [아이플래닛 설치 디렉터리]/https-[Server_name]/config/obj.conf 파일에서 `Service` 항목의 `magnus-internal/directory` 타입의 `fn` 설정 값을 예제 8.1과 같이 삭제하거나 `send-error`로 설정한다.

예제 8.1 아이플래닛 디렉터리 인덱싱 제한 설정

```
<Object name="default">
AuthTrans fn="match-browser" browser="*MSIE*"
ssl-unclean-shutdown="true"
NameTrans fn="ntrans-j2ee" name="j2ee"
NameTrans fn="pfx2dir" from="/mc-icons"
dir="C:/Sun/WebServer/ns-icons" name="es-internal"
NameTrans fn="document-root" root="$docroot"

... 중략 ...

Service method="(GET|POST)" type="magnus-internal/imagemap"
fn="imagemap"
Service method="(GET|POST)" type="magnus-internal/directory"
fn="send-error'
path="C:/Sun/Webserver/docs/error/error.html"
```

8.2 웹 서버 정보 누출 차단 설정

웹 서버 정보가 노출될 경우 공격자는 해당 서버의 공개된 취약점을 이용해 공격을 수행할 수 있게 된다.

[아이플래닛 설치 디렉터리]/https-[server_name]/config/magnus.conf 파일에서 ServerString의 값이 설정돼 있으면 웹 서버의 정보가 누출될 수 있는 취약점이 존재한다.

웹 서버의 정보 누출을 차단하게 설정하려면 [아이플래닛 설치 디렉터리]/https-[server_name]/config/magnus.conf 파일에서 ServerString의 값을 다음과 같이 none으로 설정한다.

```
ServerString  none
```

아이플래닛 7.0의 경우에는 일반 탭의 고급 검색 탭에서 HTTP 설정의 서버 헤더의 사용자 정의를 체크한 후 원하는 값을 입력한다. 설정이 완료되면 저장 버튼을 클릭해 보류 중인 배포를 실행시켜 배포를 해야 설정이 적용된다.

8.3 웹 서버 데몬의 root 권한 구동 제한 설정

웹 서버 데몬이 root 권한으로 실행될 경우 웹 서버 취약점으로 인해 권한이 탈취된 경우 공격자가 root 권한을 갖기 때문에 서버 내에서의 모든 작업이 가능해진다.

때문에 웹 서버 데몬은 별도의 계정을 생성해 root 권한이 아닌 일반 계정으로 구동시키는 편이 안전하다.

root 권한으로 구동되는지 확인하려면 ps 명령으로 아이플래닛 구동 프로세스의 마지막 프로세스가 root 계정으로 운영되는지 확인한다. 예제 8.2와 같이 마지막 프로세스가 root가 아니면 안전하다.

예제 8.2 웹 서버 데몬 구동 확인

```
# ps -ef | grep http
root      1222 1       0    14:20:21 ?  0:00 ./webservd-wdog -r
/home/webserver -d /home/webserver/test.com
root      1223 1222    1    14:20:21 ?  0:01 webservd -r /home/webserver -d
/home/webserver/test.com
webservd  1224 1223   13    14:20:22 ?  0:19 webservd -r /home/webserver -d
/home/webserver/test.com
```

아이플래닛 데몬 계정은 전용으로 사용하게 하며, 해당 계정으로 로그인이 불가능하게 해야 한다. 예를 들어 다음과 같다.

```
webservd:x:62546:1001:nobody:/nonexistent:/bin/false
```

웹 관리자 콘솔을 이용해 설정하는 방법은 다음과 같다.

1. Administration server를 선택한 후 Preferences 탭의 Magnus Editor에 있는 Select a setting을 Performance Setting으로 선택한 후 Manage 버튼을 클릭한다.
2. User 항목의 값을 전용 계정명으로 변경한 후 OK 버튼을 클릭한다.
3. 적용하려면 오른쪽 상단의 Apply 버튼을 클릭해 서버를 재기동시켜준다.

아이플래닛 7.0의 경우 일반의 고급 검색에서 구성 정보의 서버 사용자를 설정한 후 보류 중인 배포를 실행시켜 설정을 적용한다.

8.4 홈 디렉터리 쓰기 권한 차단 설정

관리 서버의 홈 디렉터리는 일반적으로 [아이플래닛 설치 디렉터리]/bin/https/admin와 [아이플래닛 설치 디렉터리]/https-admserv다.

웹 서버 홈 디렉터리는 예제 8.3과 같이 설정 파일인 [아이플래닛 설치 디렉터리]/https-[server_name]/config/obj.conf에서 document-root를 확인한다.

예제 8.3 document-root 확인

```
<Object name="default">
AuthTrans fn="match-browser" browser="*MSIE*"
ssl-unclean-shutdown="true"
NameTrans fn="ntrans-j2ee" name="j2ee"
NameTrans fn="pfx2dir" from="/mc-icons" dir="C:/Sun/WebServer/ns-icons"
name="es-internal"
NameTrans fn="document-root" root="$docroot"
```

다음으로 예제 8.4와 같이 [아이플래닛 설치 디렉터리]/https-[server_name]/config/server.xml 파일에서 docroot의 경로를 확인한다.

예제 8.4 docroot 경로 확인

```
<!DOCTYPE SERVER (View Source for full doctype...)>
- <SERVER gosactive="false">
  <PROPERTY name="docroot" value="C:/Sun/WebServer/docs" />
  <PROPERTY name="accesslog"
       value="C:/Sun/WebServer/https-test/logs/access" />
  <PROPERTY name="user" value="" />
  <PROPERTY name="group" value="" />
  <PROPERTY name="chroot" value="" />
```

관리 서버 홈 디렉터리의 설정은 다음과 같다.

- **윈도우 환경의 경우** 소유권은 Administrator 또는 전용 웹 서버 계정으로 설정하고, 전용 웹 서버 계정 그룹(Administrator)은 모든 권한, Users 그룹은 쓰기 권한 제거, Everyone 그룹은 그룹 제거로 설정한다.
- **유닉스 환경의 경우** 소유권은 전용 웹 서버 계정으로 설정하고, 권한은 744 (drwxr--r--)로 설정한다.

웹 서버 홈 디렉터리의 설정은 다음과 같다.

- **윈도우 환경의 경우** 소유권은 Administrator 또는 전용 웹 서버 계정으로 설정하고, 전용 웹 서버 계정 그룹(Administrator)은 모든 권한, Users 그룹은 쓰기 권한 제거, Everyone 그룹은 그룹 제거로 설정한다.
- **유닉스 환경의 경우** 소유권은 전용 웹 서버 계정으로 설정하고, 권한은 744 (drwxr--r--)로 설정한다.

8.5 로그 디렉터리의 일반 사용자 접근 차단 설정

관리 콘솔의 Preferences 탭에서 Access Logging Options를 선택한 후 Log File의 경로를 확인한다.

또는 Administration Server에서 해당 서버를 선택한 후 Virtual Servers 탭의 Logging Settings에서 Access Log와 Error Log의 경로를 확인한다.

설정 파일에서 확인하려면 예제 8.5와 같이 [아이플래닛 설치 디렉터리]/https-admserv/config/server.xml 파일에서 accesslog의 경로를 확인하고, 예제 8.6과 같이 [아이플래닛 설치 디렉터리]/https-[Server_name]/config/server.xml 파일에서 errorlog의 경로를 확인한다.

예제 8.5 accesslog 경로 확인

```
<SERVER qosactive="false">
<PROPERTY name="docroot" value="C:/Sun/WebServer/docs" />
<PROPERTY name="accesslog"
value="C:/Sun/WebServer/https-test/logs/access" />
```

예제 8.6 errorlog 경로 확인

```
<LOG file="C:/Sun/WebServer/https-test/logs/errors" loglevel="info"
logtoconsole="true" usesyslog="false" createconsole="false"
logstderr="true" logstdout="true" logvsid="false" />
```

- **윈도우 환경일 경우** 로깅 디렉터리와 파일의 권한 설정은 소유권을 Administrator 또는 전용 웹 서버 계정으로 지정하고, 전용 웹 서버 계정 그룹(Administrator)은 모든 권한, Users 그룹은 쓰기 권한 제거, Everyone 그룹은 그룹 제거로 설정한다.

■ **유닉스 환경일 경우** 디렉터리는 전용 웹 서버 계정 소유이고, 740(drwxr-----) 이하 권한으로 설정하고, 로그 파일의 소유는 전용 웹 서버 계정이고, 640(rw-r-----) 이하 권한으로 설정한다.

8.6 사용자 오류 페이지 설정

웹 브라우저에서 정상 URL 경로의 변수 값에 특수 문자를 입력하는 등의 오류를 유발시켜 화면에 보이는 오류 메시지를 확인해 사용자가 작성한 오류 페이지가 보이는지 확인한다.

웹 관리 콘솔을 이용한 설정 방법은 다음과 같다.

1. Administration Server를 적용할 서버로 선택한 후 Virtual Server Class 탭을 선택한다.
2. Select a Class에 해당 클래스를 선택한 후 Manage 버튼을 클릭한다.
3. Content Mgmt 탭을 선택한 후 왼쪽 메뉴의 Error Responses를 클릭해 Error Code의 항목별로 오류 페이지를 설정한다.

아이플래닛 7.0의 경우에는 가상 서버에서 **내용 처리** 탭의 **오류 페이지** 탭에서 **새로 만들기** 버튼을 클릭해 오류 코드 400, 401, 403, 404, 500에 대해 각각 파일을 지정해준다.

설정 파일을 이용한 설정 방법은 예제 8.7과 같이 [아이플래닛 설치 디렉터리]/https-[Server_name]/config/obj.conf의 error 부분에서 각 상황별로 오류 페이지를 지정해 설정한다.

예제 8.7 아이플래닛의 설정 파일을 이용한 오류 페이지 설정

```
<Object name="default">
AuthTrans fn="match-brower" browser="*MSIE*"
ssl-unclean-shutdown="true"
```

```
NameTrans fn="ntrans-j2ee" name="j2ee"
NameTrans fn="pfx2dir" from="/mc-icons" dir="C:/Sun/WebServer/ns-icons"
name="es-internal"
NameTrans fn="document-root" root="$docroot"
PathCheck fn="nt-uri-clean"
PathCheck fn="check-acl" acl="default"
PathCheck fn="find-pathinfo"
PathCheck fn="find-index" index-names="index.html, home.html, index.jsp"
ObjectType fn="type-by-extension"
ObjectType fn="force-type" type="text/plain"
Service method="(GET|POST)"
type="magnus-internal/imagemap" fn="imagemap"
Service method="(GET|POST)" type="magnus-internal/directory"
fn="send-error"
path="C:/Sun/WebServer/docs/error/error.html"
Service method="(GET|POST)" type="*~magnus-internal/*" fn="send-file"
Service method="TRACE" fn="service-trace"
Error fn="error-j2ee"
Error fn="send-error" reason="Unauthorized"
path="C:/Sun/WebServer/docs/error/error.html"
Error fn="send-error" reason="Forbidden"
path="C:/Sun/WebServer/docs/error/error.html"
Error fn="send-error" reason="Not Found"
path="C:/Sun/WebServer/docs/error/error.html"
Error fn="send-error" reason="Server Error"
path="C:/Sun/WebServer/docs/error/error.html"
AddLog fn="flex-log" name="access"
</Object>
```

8.7 메소드 제한 설정

메소드는 PUT, DELETE와 같이 위험한 메소드뿐만 아니라 필요 없는 메소드는 모두 비활성화시키는 편이 바람직하다.

OPTIONS 메소드를 이용해 불필요한 메소드가 활성화돼 있는지 확인한다. 윈도우의 명령 창에서 다음과 같이 입력하면 허용돼 있는 메소드들이 표시된다.

```
telnet 도메인명 80 (엔터)
OPTIONS / HTTP/1.0 또는 OPTIONS * HTTP/1.0 (엔터 2번)
```

대응 방안의 첫 번째 방법은 예제 8.8과 같이 [아이플래닛 설치 디렉터리]/https-[Server_name]/config/obj.conf 파일에서 제거할 메소드를 입력해 설정한다.

예제 8.8 제거할 메소드 설정

```
<Client method = "TRACE">
AuthTrans fn = "set-variable" remove-headers = "transfer-encoding"
set-headers = "content-length: -1" error = "501"
</Client>

<Client method = "PUT">
AuthTrans fn = "set-variable" remove-headers = "transfer-encoding"
set-headers = "content-length: -1" error = "501"
</Client>

<Client method = "DELETE">
AuthTrans fn="set-variable" remove-headers = "transfer-encoding"
set-headers = "content-length: -1" error = "501"
</Client>

<Client method = "MOVE">
AuthTrans fn = "set-variable" remove-headers = "transfer-encoding"
```

```
set-headers = "content-length: -1" error = "501"
</Client>

<Client method = "MKDIR">
AuthTrans fn = "set-variable" remove-headers = "transfer-encoding"
set-headers = "content-length: -1" error = "501"
</Client>

<Client method = "RMDIR">
5AuthTrans fn = "set-variable" remove-headers = "transfer-encoding"
set-headers = "content-length: -1" error = "501"
</Client>
```

두 번째 방법은 예제 8.9와 같이 [아이플래닛 설치 디렉터리]/https-[Server_name]/config/obj.conf에 허용할 메소드만 열거해 설정한다.

예제 8.9 허용할 메소드 설정

```
<Object name="default">
AuthTrans fn="match-brower" browser="*MSIE*"
ssl-unclean-shutdown="true"
NameTrans fn="ntrans-j2ee" name="j2ee"
NameTrans fn="pfx2dir" from="/mc-icons" dir="C:/Sun/WebServer/ns-icons"
name="es-internal"
NameTrans fn="document-root" root="$docroot"
PathCheck fn="nt-uri-clean"
PathCheck fn="check-acl" acl="default"
PathCheck fn="find-pathinfo"
PathCheck fn="find-index" index-names="index.html, home.html, index.jsp"
ObjectType fn="type-by-extension"
ObjectType fn="force-type" type="text/plain"
Service method="GET|POST" type="magnus-internal/imagemap" fn="imagemap"
```

```
Service method="GET|POST" type="magnus-internal/directory"
fn="send-error"
path="C:/Sun/WebServer/docs/error/error.html"
Service method="(GET|POST)" type="*~magnus-internal/*" fn="send-file"
#Service method="TRACE" fn="service-trace" 필요 없는 메소드는
#주석 처리하거나 제거한다.
```

8.8 웹 관리자 페이지 접근 IP 설정

홈페이지 관리자 컴퓨터를 제외한 일반 사용자 컴퓨터에서 관리자 페이지에 접근 가능한지 여부를 확인한다. 브라우저를 통해 관리자 페이지를 호출해 접근 가능 여부를 확인한다.

관리자 페이지의 접근 제한을 설정하려면 httpacl 디렉터리의 generated.https-서버명.acl 파일을 복사해 예제 8.10과 같이 설정한다.

예제 8.10 관리자 IP 설정

```
acl "admin";
deny (all)
(user = "anyone");
allow (all)
(user = "admin") and ( ip = "관리자 IP1, 관리자 IP2")
```

또한 config 디렉터리의 obj.conf에 예제 8.11과 같이 정책을 추가한다.

예제 8.11 obj.conf 파일 설정

```
PathCheck fn="check-acl" acl="admin"
<Object ppath="*/admin/*">
```

```
PathCheck fn="check-acl" acl="admin"
</Object>
```

예제 8.12와 같이 server.xml 파일을 기존에 등록된 acl 파일명 대신 수정한 acl 파일로 교체한다.

예제 8.12 server.xml 파일 설정

```
<ACLFILE id="acl1" file="파일 경로/파일명" />
```

8.9 소스 파일이나 설정 파일 접근 권한 설정

우선 경로 확인을 위해 예제 8.13과 같이 설정 파일인 [아이플래닛 설치 디렉터리]/https-[server_name]/config/obj.conf 파일에서 document root를 확인한다.

예제 8.13 document root 확인

```
<Object name="default">
AuthTrans fn="match-brower" browser="*MSIE*"
ssl-unclean-shutdown="true"
NameTrans fn="ntrans-j2ee" name="j2ee"
NameTrans fn="pfx2dir" from="/mc-icons" dir="C:/Sun/WebServer/ns-icons"
name="es-internal"
NameTrans fn="document-root" root="$docroot"
PathCheck fn="nt-uri-clean"
PathCheck fn="check-acl" acl="default"
PathCheck fn="find-pathinfo"
PathCheck fn="find-index" index-names="index.html, home.html, index.jsp"
ObjectType fn="type-by-extension"
ObjectType fn="force-type" type="text/plain"
```

그리고 예제 8.14와 같이 [아이플래닛 설치 디렉터리]/https-[server_name]/config/server.xml 파일에서 docroot 경로를 확인한다.

예제 8.14 docroot 경로 확인

```
<SERVER qosactive="false">
<PROPERTY name="docroot" value="C:/Sun/WebServer/docs" />
<PROPERTY name="accesslog"
value="C:/Sun/WebServer/https-test/logs/access" />
```

관리 콘솔에서의 확인 방법은 다음과 같다.

1. Administration Server를 선택한 후 Virtual Server Class 탭에서 Select a Class에 해당 Class를 선택한 다음 Manage 버튼을 클릭한다.
2. Virtual Servers 탭의 Manage Virtual servers에서 TreeView of the Class의 해당 서버 설정 내용을 확인한다.

소스 파일의 권한 설정은 다음과 같다.

- **윈도우 환경일 경우** 소유권은 Administrator 또는 전용 웹 서버 계정으로 설정하고, 전용 웹 서버 계정 그룹(Administrator)은 모든 권한, Users 그룹은 쓰기 권한 제거, Everyone 그룹은 그룹 제거로 설정한다.
- **유닉스 환경의 경우** 소유권은 전용 웹 서버 계정으로 설정하고, 권한을 740 (rwxr-----) 이하로 설정한다.

설정 파일의 권한 설정은 다음과 같다.

- **윈도우 환경일 경우** 소유권은 Administrator 또는 전용 웹 서버 계정으로 설정하고, 전용 웹 서버 계정 그룹(Administrator)은 모든 권한, Users 그룹은 쓰기 권한 제거, Everyone 그룹은 그룹 제거로 설정한다.

- **유닉스 환경의 경우** 소유권은 전용 웹 서버 계정으로 설정하고, 권한은 640 (rw-r-----) 이하로 설정한다.

8.10 기타 보안 설정

8.10.1 디폴트 페이지 삭제

아이플래닛의 디폴트 매뉴얼 디렉터리인 [아이플래닛 설치 디렉터리]/manual을 삭제한다.

기타 샘플 페이지나 불필요한 파일들이 존재할 경우 모두 삭제해야 한다.

8.10.2 심볼릭 링크 사용 제한

디렉터리 인덱싱 기능을 제한하더라도 FollowSymLinks 옵션이 활성화돼 있으면 루트 디렉터리에 심볼릭된 system.html 파일을 열었을 경우 DocumentRoot 디렉터리 상위의 파일까지 열람 가능하다.

웹 관리 콘솔의 내용 처리의 **일반** 탭에서 기타 설정의 심볼릭 링크를 사용 불가능으로 설정한 후 보류 중인 배포를 실행시켜 설정을 적용한다.

9 톰캣 보안 설정

톰캣Tomcat은 웹 서버와 연동해 실행할 수 있는 자바 환경을 제공함으로써 자바 서버 페이지JSP와 자바 서블릿을 실행할 수 있는 환경을 제공한다. 톰캣은 관리 툴을 통해 설정을 변경할 수 있지만, XML 파일을 편집해 설정할 수도 있다. 그리고 톰캣은 HTTP 서버도 자체 내장하기도 한다.

참고로 톰캣은 사전적 의미로 '수고양이'를 뜻한다.

아파치 톰캣에 내장된 웹 서버로만 웹 시스템을 구성할 수 있지만, 대규모의 사용자가 사용하는 시스템을 구축하려면 웹 서버와 연동하는 안정적인 시스템을 구축해야 한다. 이때 웹 서버인 아파치 웹 서버와는 연동 모듈을 사용해 연동하고, 연동 모듈로 버전 1.3, 2.0은 mod_jk 모듈을 이용하고, 버전 2.2 이후는 mod_proxy_ajp 모듈을 사용한다.

톰캣은 웹 서버로 사용되기보다는 웹 애플리케이션 서버WAS로 사용된다. 톰캣은 html 같은 정적 페이지를 로딩하는 데 웹 서버보다는 수행 속도가 느리다. 이를 해결하기 위해 아파치와 연동한다. 즉, 아파치가 실행되면 아파치는 html 파일은 자신이 수행하고 jsp 파일은 톰캣으로 넘겨 톰캣이 수행하게 만든다. 또한 톰캣은 자바java 언어만 해석이 가능하기 때문에 톰캣에 자체 내장돼 있는

http 서버를 사용할 경우 php 언어로 작성된 서버 페이지와 통신이 불가능하다. 아파치 안에 php, jsp를 넣으면 둘 다 수행 가능하게 만들 수 있기 때문에 이 둘은 상호 보완적이라고 볼 수 있다.

9장에서는 이런 톰캣의 보안 설정에 대해 살펴본다.

9.1 디렉터리 인덱싱 차단 설정

디렉터리 인덱싱이 될 경우 디렉터리 내의 파일이 노출된다. 해당 기능의 사용 여부는 설정 파일인 [톰캣 설치 디렉터리]/conf/web.xml 파일의 내용 중 `<param-value>` 값으로 확인할 수 있고, 예제 9.1과 같이 `true`일 경우 취약하다.

`true`로 설정돼 있을 경우 URL상에서 'http://도메인명/board/'로 입력하거나 'http://도메인명/board/; list.jsp'로 입력했을 경우 디렉터리 목록이 나타난다.

예제 9.1 디렉터리 인덱싱 설정 확인

```
<servlet>
  <servlet-name>default</servlet-name>
  <servlet-class>
    org.apache.catalina.servlets.DefaultServlet
  </servlet-class>
  <init-param>
    <param-name>listings</param-name>
    <param-value>true</param-value>
  </init-param>
  <load-on-startup>1</load-on-startup>
</servlet>
```

디렉터리 인덱싱을 차단하게 설정하려면 환경설정 파일인 [톰캣 설치 디렉터리]/conf/web.xml 파일의 내용 중 `<param-name>` 목록의 `<param-value>` 값을 예제 9.2와 같이 `false`로 설정한다.

예제 9.2 디렉터리 인덱싱 설정

```
<servlet>
  <servlet-name>default</servlet-name>
  <servlet-class>
    org.apache.catalina.servlets.DefaultServlet
  </servlet-class>
  <init-param>
    <param-name>listings</param-name>
    <param-value>false</param-value>
  </init-param>
  <load-on-startup>1</load-on-startup>
</servlet>
```

9.2 홈 디렉터리 쓰기 권한 차단 설정

환경설정 파일인 [톰캣 설치 디렉터리]/conf/server.xml 파일에서 appBase의 값을 통해 예제 9.3과 같이 웹 서버 홈 디렉터리를 확인한다.

예제 9.3 홈 디렉터리 확인

```
<Host name="localhost" appBase="webapp"
    unpackWARs="true" autoDeploy="true"
    xmlValidation="false" xmlNamespaceAware="false">
```

관리 서버 홈 디렉터리는 [톰캣 설치 디렉터리]/webapp/manage/가 된다. 설정 방법은 다음과 같다.

- **윈도우 환경의 경우** 웹 서버 홈 디렉터리의 소유권은 Administrator 또는 전용 WAS 계정으로 설정하고, 전용 WAS 계정 그룹(Administrator)은 모든 권한, Users 그룹은 쓰기 권한 제거, Everyone 그룹은 그룹 제거로 설정한

다. 관리 서버 홈 디렉터리의 소유권은 Administrator 또는 전용 WAS 계정으로 설정하고, 전용 WAS 계정 그룹(Administrator)은 모든 권한, Users 그룹은 쓰기 권한 제거, Everyone 그룹은 그룹 제거로 설정한다.

- **유닉스 환경의 경우** 웹 서버 홈 디렉터리의 소유권은 전용 WAS 계정으로 설정하고, 권한을 744(drwxr--r--) 이하로 설정한다. 관리 서버 홈 디렉터리의 소유권은 전용 WAS 계정이고, 권한은 740(drwxr-----) 이하로 설정한다.

파일 업로드 폴더는 쓰기 권한이 설정돼 있어야 서비스에 영향이 발생하지 않으며, 실행 권한은 삭제해야 한다.

9.3 로그 디렉터리의 일반 사용자 접근 차단 설정

로그 디렉터리는 일반 사용자가 접근할 필요가 없기 때문에 접근할 수 없게 차단 설정을 해야 한다. 톰캣의 디폴트 로그 디렉터리는 [톰캣 설치 디렉터리]/logs/다. 해당 디렉터리는 다음 방법과 같이 설정한다.

- **윈도우 환경의 경우** 로그 디렉터리의 소유권은 Administrator 또는 전용 WAS 계정으로 설정하고, 전용 WAS 그룹(Administrator)은 모든 권한, Users 그룹은 쓰기 권한 제거, Everyone 그룹은 그룹 제거로 설정한다. 로그 파일의 소유권은 Administrator 또는 전용 WAS 계정으로 설정하고, 전용 WAS 그룹(Administrator)은 모든 권한, Users 그룹은 쓰기 권한 제거, Everyone 그룹은 그룹 제거로 설정한다.
- **유닉스 환경의 경우** 로그 디렉터리의 소유권은 전용 WAS 계정으로 설정하고, 권한은 740(drwxr-----) 이하로 설정한다. 로그 파일의 소유권은 전용 WAS 계정으로 설정하고, 권한은 640(rw-r-----) 이하로 설정한다.

9.4 사용자 오류 페이지 설정

웹 브라우저에서 정상 URL 경로의 변수 값에 특수 문자를 입력하는 등의 오류를 유발시켜 화면에 보이는 오류 메시지를 확인해 사용자가 작성한 오류 페이지가 보이는지 확인한다.

또한 [톰캣 설치 디렉터리]/conf/web.xml에서 마지막 부분에 오류 메시지 처리 부분이 있는지 확인한다.

사용자 오류 페이지를 설정하려면 주로 발생하는 오류 코드에 대해 불필요한 정보가 노출되지 않게 오류 페이지를 생성해 오류가 발생하면 해당 파일을 보여줄 수 있게 web.xml 파일에 예제 9.4와 같이 <error-page>를 설정해준다.

예제 9.4 오류 페이지 설정

```
<welcome-file-list>
  <welcome-file>index.html</welcome-file>
  <welcome-file>index.htm</welcome-file>
</welcome-file-list>
<error-page>
  <error-code>400</error-code>
  <location>/error.jsp</location>
</error-page>
<error-page>
  <error-code>401</error-code>
  <location>/error.jsp</location>
</error-page>
<error-page>
  <error-code>403</error-code>
  <location>/error.jsp</location>
</error-page>
<error-page>
  <error-code>404</error-code>
```

```
    <location>/error.jsp</location>
</error-page>
<error-page>
    <error-code>500</error-code>
    <location>/error.jsp</location>
</error-page>
```

9.5 메소드 제한 설정

메소드는 PUT, DELETE와 같이 위험한 메소드뿐만 아니라 필요 없는 메소드는 모두 비활성화시키는 편이 바람직하다.

OPTIONS 메소드를 이용해 불필요한 메소드가 활성화돼 있는지 확인한다. 윈도우의 명령 창에서 다음과 같이 입력하면 허용돼 있는 메소드들이 표시된다.

```
telnet 도메인명 80 (엔터)
OPTIONS / HTTP/1.0 또는 OPTIONS * HTTP/1.0 (엔터 2번)
```

톰캣의 불필요한 메소드를 제거하려면 [톰캣 설치 디렉터리]/conf/web.xml 파일에서 예제 9.5와 같이 제거할 메소드를 추가해 설정한다.

예제 9.5 톰캣의 메소드 제한 설정

```
<security-constraint>
    <display-name>Forbidden</display-name>
    <web-resource-collection>
        <web-resource-name>Protected Area</web-resource-name>
        <!-- Define the context-relative URL(s) to be protected -->
        <url-pattern>/*</url-pattern>
        <!-- If you list http methods, only those methods are protected -->
        <http-method>DELETE</http-method>
        <http-method>TRACE</http-method>
```

```
      <http-method>HEAD</http-method>
      <http-method>PUT</http-method>
      <http-method>COPY</http-method>
      <http-method>MOVE</http-method>
      <http-method>LOCK</http-method>
    </web-resource-collection>
    <auth-constraint>
      <!-- Anyone with one of the listed roles may access this area -->
      <role-name></role-name>
    </auth-constraint>
  </security-constraint>
```

9.6 디폴트 페이지 삭제

샘플 디렉터리가 존재하는지 확인한다. 톰캣의 디폴트 샘플 페이지는 [톰캣 설치 디렉터리]/webapps/examples/, [톰캣 설치 디렉터리]/webapps/sample/이다. 해당 디렉터리가 존재할 경우 취약하다.

톰캣의 디폴트 샘플 디렉터리인 [톰캣 설치 디렉터리]/webapps/examples/, [톰캣 설치 디렉터리]/webapps/sample/를 삭제한다.

기타 샘플 페이지나 불필요한 파일들이 존재할 경우 모두 삭제해야 한다.

9.7 관리자 콘솔 접근 제한 설정

디폴트 포트인 8080 포트나 80 포트로 비인가자가 관리자 페이지를 열람할 수 있을 경우 취약하며, 톰캣의 관리자 콘솔 사용 유무를 확인해야 한다. 기본적인 관리자 페이지는 http://도메인명/manager/html, http://도메인명/admin/ 등이다. 단, 톰캣 5.5.x의 버전인 경우 admin을 따로 다운로드해 설치해야 한다.

그림 9.1은 톰캣의 관리자 페이지의 예다.

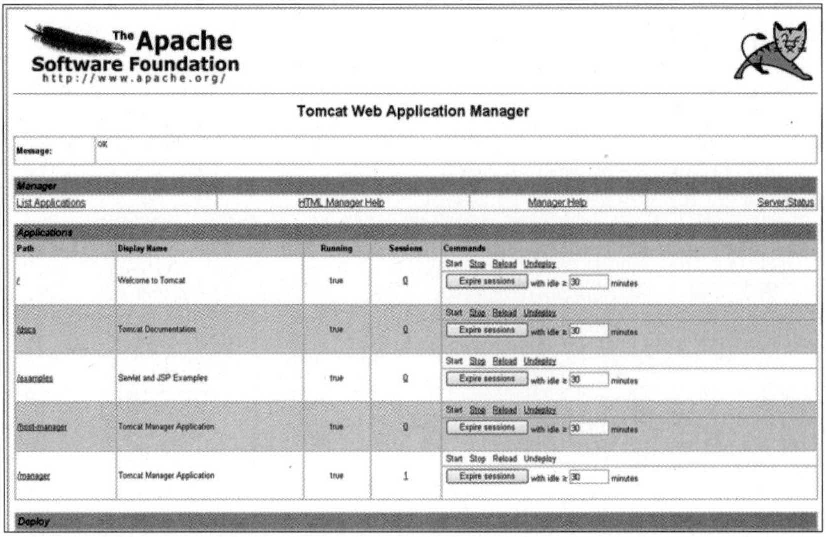

그림 9.1 톰캣 관리자 페이지

디폴트 포트인 8080 포트는 공격자가 유추할 수 있으므로, 유추할 수 없는 포트로 변경한다. 지정되지 않은 포트인 1024~65534 사이의 임의의 포트를 사용하는 편이 안전하다.

디폴트 관리자 포트를 변경하려면 설정 파일인 [톰캣 설치 디렉터리]/conf/server.xml 파일에서 예제 9.6과 같이 `Connector Port`를 설정한다.

예제 9.6 관리자 콘솔 접근 설정

```
<Connector port="8880"
  maxThreads="150" minSpareThreads="25" maxSpareThreads="75"
  enableLookups="false" redirectPort="8443" acceptCount="100"
  debug="0" connectionTimeout="20000" disableUploadTimeout="true" />
```

관리자 콘솔의 운영은 필요한 경우에 한해 사용하고 불필요한 경우 프로세스를 종료하는 편이 안전하다.

특정 페이지에 대한 접근 제어 설정은 예제 9.7과 같다.

예제 9.7 특정 페이지 접근 제어 설정

```
<Context path="/manager">
  <Value className="org.apache.catalina.values.RemoteAddrValue"
      allow="127.0.0.1" />
  <Value className="org.apache.catalina.values.RemoteAddrValue"
      deny="192.168.30.*" />
</Context>
```

9.8 관리자 콘솔의 디폴트 계정/패스워드 변경

관리자 콘솔의 아이디/패스워드를 디폴트로 사용할 경우 공격자가 쉽게 접근할 수 있기 때문에 반드시 변경한 후 사용해야 한다.

설정 방법은 관리자 콘솔에서 User Definition의 Users 항목에 있는 Role Name에서 계정명을 설정한다. 디폴트 계정을 제외한 Admin 계정과 일반 계정을 설정하며, 관리자의 패스워드는 생성 규칙에 맞게 설정한다.

관리자 패스워드의 생성 규칙은 영문과 숫자 혼용으로 9자 이상이며, 동일 문자의 연속 4회 이상 사용을 금지하고, 계정명과 동일하거나 패스워드가 설정돼 있지 않은 경우에는 반드시 설정해야 한다.

톰캣 4.x, 5.x의 경우 설정 파일인 [톰캣 설치 디렉터리]/conf/tomcat_user.xml에서 <tomcat-users>에 새로운 사용자 계정과 권한을 설정한다. 톰캣 6.x, 7.x의 경우에는 디폴트 계정이 주석 처리돼 있으므로 관리자 페이지에 접근이 필요한 계정과 역할을 추가해 사용한다.

9.9 관리자 콘솔용 패스워드 파일의 접근 제한 설정

관리자 콘솔용 패스워드 파일은 일반 사용자의 접근이 필요치 않기 때문에 설정 파일인 [톰캣 설치 디렉터리]/conf/tomcat-users.xml의 권한을 확인한다.

접근 제한 설정 방법은 다음과 같다.

- **윈도우 환경일 경우** 소유권은 Administrators 또는 전용 WAS 계정으로 설정하고, 전용 WAS 계정 그룹(Administrator)은 모든 권한, Users 그룹은 그룹 제거, Everyone 그룹은 그룹 제거로 설정한다.
- **유닉스 환경의 경우** 소유권은 전용 WAS 계정으로 설정하고, 권한은 700(rwx------) 또는 600(rw-------)으로 설정한다.

9.10 소스 파일이나 설정 파일 접근 권한 설정

[톰캣 설치 디렉터리]/conf/server.xml 파일의 appBase를 통해 소스 파일을 확인해 파일의 쓰기 권한 설정 여부를 확인하고, [톰캣 설치 디렉터리]/conf/ 디렉터리의 모든 xml 파일과 properties 파일, policy 파일의 권한을 확인한다.

- **윈도우 환경의 경우** 소스 파일의 소유권은 Administrator 또는 전용 WAS 계정으로 설정하고, 전용 WAS 계정 그룹(Administrator)은 모든 권한, Users 그룹은 쓰기 권한 제거, Everyone 그룹은 그룹 제거로 설정한다. 설정 파일의 소유권은 Administrator 또는 전용 WAS 계정으로 설정하고, 전용 WAS 계정 그룹(Administrator)은 모든 권한, Users 그룹은 쓰기 권한 제거, Everyone 그룹은 그룹 제거로 설정한다.
- **유닉스 환경의 경우** 소스 파일의 소유권은 전용 WAS 계정으로 설정하고, 740(rwxr-----) 이하 권한으로 설정한다. 설정 파일의 소유권은 전용 WAS 계정으로 설정하고, 600(rw-------) 또는 700(rwx------) 권한으로 설정한다.

10

제우스 보안 설정

제우스[JEUS, Java Enterprise User Solution]는 티맥스소프트 사에서 제작한 한국산 웹 애플리케이션 서버[WAS]다. 현재 기업에서 사용하는 웹 시스템에 사용되며, 웹 서버인 웹투비와 함께 사용된다.

제우스는 인터넷으로 각광 받고 있는 자바를 기반으로 한 웹 솔루션으로, 웹 환경에서 애플리케이션을 운용하는 데 필요한 각종 서비스들을 제공해주는 웹 애플리케이션 서버다.

제우스는 웹서비스와 애플리케이션을 개발하고 실행할 수 있는 플랫폼 역할을 하면서, 트랜잭션 관리, 세션 유지, 부하 분산 등 다양한 기능을 제공할 뿐만 아니라 계층화된 구조로 유연성과 기능 확장성이 우수해 비즈니스 로직을 손쉽고 효과적으로 구현할 수 있게 한다. 또한 J2EECA(Connector Architecture)를 지원함으로써 표준 기반의 애플리케이션 통합 환경을 제공한다.

또한 애플리케이션 재배포가 필요한 경우 배포 이전 세션의 요청 완료를 보장하는 무중단 서비스 환경을 제공함으로써 시간적인 비용을 절감하고 개발 생산성을 향상할 수 있으며, 변경된 JSP 애플리케이션에 대해 메모리상에서 컴파일을 수행하는 방식을 채택해 최초 서비스 시간을 줄일 수 있게 했다.

10장에서는 이런 제우스의 보안 설정에 대해 살펴본다.

10.1 WAS 서버 정보 누출 차단 설정

JEUSMain.xml 설정 파일 내의 DJEUS.servlet.response.header.serverInfo 설정 값이 true이면 취약하기 때문에 예제 10.1과 같이 true에서 false로 설정한다.

예제 10.1 서버 정보 누출 차단 설정

```
<JEUS-system>
<node>

  ... 중략 ...

<command-option>

  ... 중략 ...

  DJEUS.servlet.response.header.serverInfo=false
</command-option>
```

10.2 홈 디렉터리 쓰기 권한 차단 설정

JEUSMain.xml 파일의 위치는 [제우스 설치 디렉터리]/config/[nodename]/이고, WEBMain.xml 파일의 위치는 [제우스 설치 디렉터리]/config/[nodename]/[nodename]_servlet_[enginename]/이다.

홈 디렉터리 쓰기 권한을 차단하는 방법은 다음과 같다.

- **윈도우 환경일 경우** 서블릿 엔진 홈 디렉터리의 소유권은 Administrator 또

는 전용 WAS 계정으로 설정하고, 전용 WAS 계정 그룹(Administrator)은 모든 권한, Users 그룹은 쓰기 권한 제거, Everyone 그룹은 그룹 제거로 설정한다. 관리 서버 홈 디렉터리의 소유권은 Administrator 또는 전용 WAS 계정으로 설정하고, 전용 WAS 계정 그룹(Administrator)은 모든 권한, Users 그룹은 쓰기 권한 제거, Everyone 그룹은 그룹 제거로 설정한다.

- **유닉스 환경일 경우** 서블릿 엔진 홈 디렉터리의 소유권은 전용 WAS 계정으로 설정하고, 744(drwxr--r--) 이하 권한으로 설정한다. 관리 서버 홈 디렉터리의 소유권은 전용 WAS 계정으로 설정하고, 744(drwxr--r--) 이하 권한으로 설정한다.

10.3 로그 디렉터리의 일반 사용자 접근 차단 설정

사용자 로그 디렉터리는 [제우스 설치 디렉터리]/logs/[nodename]/SYSTEM_ENGINE이고, 오류 로그 디렉터리는 [제우스 설치 디렉터리]/logs/[nodename]/SYSTEM_ENGINE/servlet/errorlog다.

logs 디렉터리의 위치는 설정 값에 따라 변경될 수 있다.

로그 디렉터리에 일반 사용자가 접근할 수 없게 차단하는 방법은 다음과 같다.

- **윈도우 환경일 경우** 로그 디렉터리의 소유권은 Administrator 또는 전용 WAS 계정으로 설정하고, 전용 WAS 계정 그룹(Administrator)은 모든 권한, Users 그룹은 쓰기 권한 제거, Everyone 그룹은 그룹 제거로 설정한다. 로그 파일의 소유권은 Administrator 또는 전용 WAS 계정으로 설정하고, 전용 WAS 계정 그룹(Administrator)은 쓰기 권한 제거, Users 그룹은 쓰기 권한 제거, Everyone 그룹은 그룹 제거로 설정한다.
- **유닉스 환경일 경우** 로그 디렉터리의 소유권은 전용 WAS 계정으로 설정하고, 권한은 740(drwxr-----) 이하로 설정한다. 로그 파일의 소유권은 전용 WAS 계정으로 설정하고, 권한은 640(rw-r-----) 이하로 설정한다.

10.4 사용자 오류 페이지 설정

웹 브라우저에서 정상 URL 경로의 변수 값에 특수 문자를 입력하는 등의 오류를 유발시켜 화면에 보이는 오류 메시지를 확인해 사용자가 작성한 오류 페이지가 보이는지 확인한다.

설정 파일인 [제우스 설치 디렉터리]/config/[node name]/servlet_engine/WEBMain.xml 파일에서 제우스 4.2, 5.x는 예제 10.2와 같이 <print-error-to-browser>의 값을 false로 설정한다.

예제 10.2 제우스 4.2, 5.x에서의 오류 설정

```
<context-group>
  <group-name>MyGroup</group-name>
  <print-error-to-browser>false</print-error-to-browser>
</context-group>
```

제우스 6.x에서는 예제 10.3과 같이 <attach-stacktrace-on-error>의 값을 false로 설정한다.

예제 10.3 제우스 6.x에서의 오류 설정

```
<context-group>
  <group-name>MyGroup</group-name>
  <attach-stacktrace-on-error>false</attach-stacktrace-on-error>
</context-group>
```

10.5 메소드 제한 설정

메소드는 PUT, DELETE와 같이 위험한 메소드뿐만 아니라 필요 없는 메소드는 모두 비활성화시키는 편이 바람직하다.

OPTIONS 메소드를 이용해 불필요한 메소드가 활성화돼 있는지 확인한다. 윈도우의 명령 창에서 다음과 같이 입력하면 허용돼 있는 메소드들이 표시된다.

```
telnet 도메인명 80 (엔터)
OPTIONS / HTTP/1.0 또는 OPTIONS * HTTP/1.0 (엔터 2번)
```

설정 방법은 환경설정 파일인 web.xml 파일에서 필요한 메소드만 예제 10.4와 같이 추가해 설정한다.

예제 10.4 제우스 메소드 설정

```
<url-pattern>/</url-pattern>
<url-pattern>/index.html</url-pattern>
<http-method>GET</http-method>
<http-method>POST</http-method>
<http-method>OPTIONS</http-method>
```

10.6 디폴트 페이지 삭제

샘플 디렉터리가 존재하는지 확인한다. 제우스의 디폴트 샘플 디렉터리는 [제우스 설치 디렉터리]/samples/다. 해당 디렉터리가 존재할 경우 취약하다.

제우스의 샘플 디렉터리인 [제우스 설치 디렉터리]/samples/를 삭제하고, 기타 샘플 페이지나 불필요한 파일들이 존재할 경우 모두 삭제해야 한다.

10.7 관리자 콘솔 접근 제한 설정

일반 사용자가 디폴트 관리자 콘솔 페이지인 http://도메인명/webadmin/login.jsp 페이지에 그림 10.1과 같이 관리자 페이지가 노출되면 취약하다.

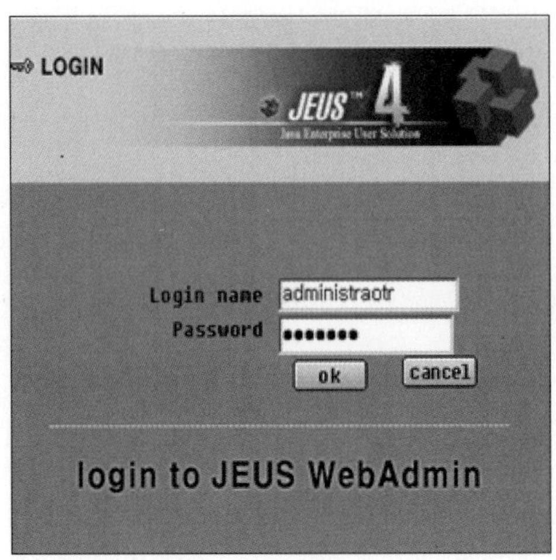

그림 10.1 제우스 관리자 페이지

환경설정 파일인 [제우스 설치 디렉터리]/config/[node_name]/JEUSMain.xml 파일의 <enable-webadmin> 값이 true일 경우 취약하다.

제우스 4.x의 경우에는 관리자 콘솔의 Configuration 탭에서 General에 있는 Enable WebAdmin 항목의 체크를 해제한다.

제우스 5.x, 6.x의 경우에는 관리자 콘솔에서 JEUS Node Tree의 해당 홈페이지의 서비스 설정 부분에서 **웹 관리자 설정**에 있는 Enable WebAdmin 항목의 체크를 해제한다.

설정 파일에 의한 변경 방법은 설정 파일인 [제우스 설치 디렉터리]/config/[node_name]/JEUSMain.xml 파일의 〈enable-webadmin〉 항목 값을 예제 10.5와 같이 false로 설정한다.

예제 10.5 관리자 콘솔 접근 제한

```
<JEUS-system>
  <node>
    <enable-webadmin>false</enable-webadmin>
  </node>
</JEUS-system>
```

관리자 콘솔에 접근은 필요한 경우에 한하며, 계속 사용해야 할 경우에는 JEUSMain.xml 파일에서 예제 10.6과 같이 <allowed-server> 항목에 특정 IP를 등록해 지정한 IP 주소에서만 웹 관리자 콘솔에 접속할 수 있게 설정한다.

예제 10.6 관리자 IP 등록

```
<JEUS-system>
  <node>
    <enable-webadmin>true</enable-webadmin>
    <webadmin-config>
    <allowed-server>192.168.10.22<allowed-server>
    </webadmin-config>
  </node>
</JEUS-system>
```

사용 권장 포트 범위는 1024~65534 사이의 포트이며, 설정 파일은 [제우스 설치 디렉터리]/bin/JEUS.properties 파일이다. 제우스 4.x의 경우에는 예제 10.7과 같이 JEUS_BASEPORT를 설정한다.

예제 10.7 제우스 4.x의 포트 설정

```
rem set up JEUS_BASEPORT.
SET JEUS_BASEPORT=9736 이외의 포트
```

제우스 5.x, 6.x의 경우에는 설정 파일인 [제우스 설치 디렉터리]/config/vhost.xml 파일의 <host> 항목에서 예제 10.8과 같이 설정한다.

예제 10.8 제우스 5.x, 6.x의 포트 설정

```
<host>
  <name>mymain:9736 이외의 포트</name>
  <virtual-name>mymain</virtual-name>
</host>
```

10.8 관리자 콘솔의 디폴트 계정/패스워드 변경

설정 파일인 [제우스 설치 디렉터리]/config/[node_name]/file-realm.xml 파일에서 <name> 값이 디폴트 값인 administrator인지 확인하고, <password> 값이 암호화돼 있는지 예제 10.9와 같이 확인한다.

디폴트 계정과 패스워드를 사용할 경우 공격자가 쉽게 유추할 수 있기 때문에 반드시 변경해서 사용해야 한다.

예제 10.9 디폴트 계정과 패스워드 확인

```
<user>
  <user-name>administrator</user-name>
  <password>mcZ3dKFzc3evcwR=</password>
  <role-name>system</role-name>
</user>
```

관리자 계정명을 변경하려면 제우스 4.2의 경우 설정 파일인 [제우스 설치 디렉터리]/config/[node_name]/file-realm.xml 파일의 <user-name> 항목을 예제 10.10과 같이 설정한다.

예제 10.10 제우스 4.2의 관리자 계정명 설정

```
<user>
  <user-name>test_adm</user-name>
  <password>MtRxRxTdKP==</password>
</user>
```

제우스 5.x, 6.x의 경우에는 설정 파일인 [제우스 설치 디렉터리]/config/[node_name]/security/SYSTEM_DOMAIN/accounts.xml 파일에서 <name> 항목을 예제 10.11과 같이 설정한다.

예제 10.11 제우스 5.x, 6.x의 관리자 계정명 설정

```
<users>
  <user>
    <name>test_adm</name>
    <password>{base64}c2hkdXNkaw==</password>
    <group>Administrators</group>
  </user>
</users>
```

또한 [제우스 설치 디렉터리]/config/[node_name]/security/SYSTEM_DOMAIN/policies.xml 파일에서 <principal> 항목을 예제 10.12와 같이 설정한다.

예제 10.12 policy 설정

```
<policy>
  <role-permissions>
    <role-permission>
      <principal>test_adm</principal>
      <role>AdministratorsRole</role>
    </role-permission>
```

```
  <role-permissions>
</policy>
```

관리자 패스워드는 디폴트로 설정돼 있는 값을 사용하지 않아야 한다. 관리자 패스워드의 생성 규칙은 영문과 숫자 혼용으로 9자 이상이며, 동일 문자의 연속 4회 이상 사용을 금지하고, 계정명과 동일하거나 패스워드가 설정돼 있지 않은 경우에는 반드시 설정해야 한다.

관리자 콘솔에서 노드명 ❯ 제우스 매니저 서비스 ❯ 보안 ❯ SYSTEM_DOMAIN의 계정 패스워드를 설정한다.

제우스 4.2의 경우 설정 파일인 [제우스 설치 디렉터리]/config/[node_name]/file-realm.xml 파일에서 `java -classpath [제우스 설치 디렉터리]/lib/system/JEUS.jar.JEUS.security.Base64 <password>` 명령을 이용해 base64로 인코딩해 입력한다.

제우스 5.x, 6.x의 경우에는 설정 파일인 [제우스 설치 디렉터리]/config/[node_name]/security/SYSTEM_DOMAIN/accounts.xml 파일에서 `encryption base64 <password>`와 같이 입력한다.

10.9 관리자 콘솔용 패스워드 파일의 접근 제한 설정

패스워드 파일의 접근 권한 설정을 확인한다.

제우스 4.2의 설정 파일은 [제우스 설치 디렉터리]/config/[node_name]/fiel-realm.xml 파일이고, 제우스 5.x, 6.x의 설정 파일은 [제우스 설치 디렉터리]/config/[node_name]/security/SYSTEM_DOMAIN/accounts.xml 파일이다.

- **윈도우 환경의 경우** 소유권은 Administrators 또는 전용 WAS 계정으로 설정하고, 전용 WAS 계정 그룹(Administrator)은 모든 권한, Users 그룹은 그룹 제거, Everyone 그룹은 그룹 제거로 설정한다.

■ **유닉스 환경의 경우** 소유권은 전용 WAS 계정으로 설정하고, 권한은 600(rw-------) 또는 700(rwx------) 이하로 설정한다.

10.10 소스 파일이나 설정 파일 접근 권한 설정

소스 파일은 <context-root>로 설정된 디렉터리에 있는 파일이며, 설정 파일은 [제우스 설치 디렉터리]/config/관련 설정 파일(JEUSMain.xml, file-realm.xml)과 [제우스 설치 디렉터리]/config/[node name]/servlet_engine/WEBMain.xml, [제우스 설치 디렉터리]/config/[node name]/engine별 관련 설정 파일 등이 있다.

■ **윈도우 환경의 경우** 소스 파일의 소유권은 Administrator 또는 전용 WAS 계정으로 설정하고, 전용 WAS 계정 그룹(Administrator)은 모든 권한, Users 그룹은 쓰기 권한 제거, Everyone 그룹은 그룹 제거로 설정한다. 설정 파일의 소유권은 Administrator 또는 전용 WAS 계정으로 설정하고, 전용 WAS 계정 그룹(Administrator)은 모든 권한, Users 그룹은 그룹 제거, Everyone 그룹은 그룹 제거로 설정한다.

■ **유닉스 환경의 경우** 소스 파일의 소유권은 전용 WAS 계정으로 설정하고, 권한은 744(drwxr--r--) 이하로 설정한다. 설정 파일의 소유권은 전용 WAS 계정으로 설정하고, 권한은 600(rw-------) 또는 700(rwx------) 이하로 설정한다.

11 웹로직 보안 설정

웹로직WebLogic은 현존하는 애플리케이션 서버들 중에서 J2EEJava 2 Platform, Enterprise Edition를 가장 잘 지원하는 제품이다. 일찍부터 J2EE의 기능에 해당하는 서블릿, EJB[1] 등을 지원했으며, JSPJava Server Pages도 지원한다.

클라이언트의 요청은 현재 가장 로드가 적은 웹로직 서버에 의해 처리되면 특정 트랜잭션[2]의 처리 도중 장애가 발생하더라도 다른 웹로직 서버가 계속해서 트랜잭션을 처리할 수 있다고 한다.

이와 같은 트랜잭션 처리와 클러스터링[3] 기술 등의 특징으로 인해 쉽게 확장 가능한 시스템을 구축할 수 있기 때문에 기업 전산 환경에서 대규모의 시스템을 구축하는 데 적합하다.

또한 웹로직은 윈도우 NT, 썬 솔라리스Sun Solaris, HP UX, IBM AIX, 리눅스, OS/400, SGI IRIX 등 다양한 운영체제를 지원한다.

---

1. EJB(Enterprise JavaBeans)는 기업 환경의 시스템을 구현하기 위한 서버 측 컴포넌트 모델이다.
2. 일의 처리가 완료되지 않은 중간 과정을 취소해 일의 시작 전 단계로 되돌리는 기능이다.
3. 가변적인 업무 부하를 처리하거나, 그 중 한 대가 고장이 났을 경우에도 운영이 계속되게 여러 대의 컴퓨터 시스템을 서로 연결하는 것을 지칭한다.

11장에서는 이런 웹로직의 보안 설정을 살펴본다.

11.1 디렉터리 인덱싱 차단 설정

디렉터리 인덱싱이 가능할 경우 디렉터리 내의 파일이 노출된다.

관리 콘솔을 사용할 때 Domain Structure ❯ Deployments의 Configuration ❯ General에서 Index Directory Enabled 항목의 체크를 해제한다.

웹로직 12c의 경우에는 도메인 구조에서 해당 홈페이지의 배치를 선택한 후 구성 탭의 일반 탭에서 인덱스 디렉터리가 사용으로 설정됨의 체크를 해제하면 된다.

설정 파일을 사용할 때는 [웹로직 설치 디렉터리]/[해당 Domain]/servers/[해당 서버명]/build/[webapp명]/WEB-INF/Plan.xml 파일에서 `<variable>` 항목의 `value` 값을 예제 11.1과 같이 `false`로 설정한다.

예제 11.1 웹로직 디렉터리 인덱싱 차단 설정

```
<variable-definition>
  <variable>
    <name>ContainerDescriptor_indexDiriectoryEnabled</name>
    <value>false</value>
  </variable>
</variable-definition>
```

11.2 WAS 서버 정보 누출 차단 설정

관리 콘솔에서 HTTP Parameters의 Send Server Header가 False로 돼 있으면 서버 정보를 보내지 않아 안전하므로, True로 설정돼 있을 경우 False로 변경해 준다.

11.3 홈 디렉터리 쓰기 권한 차단 설정

관리 서버 디렉터리와 구동 서버 디렉터리는 일반 사용자가 쓰기 권한을 가질 필요가 없다. 때문에 쓰기 권한을 체크해서 쓰기 권한이 설정돼 있을 경우 차단해야 한다.

관리 서버 디렉터리의 쓰기 권한은 다음과 같이 차단한다.

- **유닉스일 경우** 소유권은 전용 웹 서버 계정으로 설정하고, 권한은 744 (drwxr--r--)로 설정한다.
- **윈도우일 경우** 소유권은 Administrator 또는 전용 웹 서버 계정으로 설정하고, 전용 Web Server 계정 그룹(Administrator)은 모든 권한, Users 그룹은 쓰기 권한 제거, Everyone 그룹은 그룹 제거로 설정한다.

구동 서버 디렉터리는 다음과 같이 설정한다.

- **유닉스일 경우** 소유권은 전용 웹 서버 계정으로 설정하고, 권한은 754 (drwxr-xr--)로 설정한다.
- **윈도우일 경우** 소유권은 Administrator 또는 전용 Web Server 계정으로 설정하고, 전용 Web Server 계정 그룹(Administrator)은 모든 권한, Users 그룹은 쓰기 권한 제거, Everyone 그룹은 쓰기와 실행 권한 제거로 설정한다.

11.4 로그 디렉터리의 일반 사용자 접근 차단 설정

로그 디렉터리는 일반 사용자의 접근이 필요 없으며, 접근 차단을 통해 로그 정보가 노출되지 않게 해야 한다.

디폴트 도메인 로그 파일은 [웹로직 설치 디렉터리]/[해당 도메인]/servers/[서버명]/logs/[도메인명].log이고, 디폴트 서버 로그 파일은 [웹로직 설치 디렉터리]/[해당 도메인]/servers/[서버명]/logs/[서버명].log, 디폴트 HTTP 로그 파일은 [웹로직 설치 디렉터리]/[해당 도메인]/servers/[서버명]/logs/access.log, 디폴트 서버 로그 디렉터리는 [웹로직 설치 디렉터리]/[해당 도메인]/servers/[서버명]/logs/다.

- **유닉스일 경우** 디렉터리의 소유권은 전용 WAS 계정으로 설정하고, 권한은 740(`drwxr-----`) 이하로 설정한다. 로그 파일의 소유권은 전용 WAS 계정으로 설정하고, 권한은 640(`rw-r-----`) 이하로 설정한다.
- **윈도우일 경우** 소유권은 Administrator 또는 전용 WAS 계정으로 설정하고, 전용 WAS 그룹(Administrator)은 모든 권한, Users 그룹은 쓰기 권한 제거, Everyone 그룹은 그룹 제거로 설정한다.

11.5 사용자 오류 페이지 설정

오류 발생 시 별도의 오류 페이지가 존재하는지 확인한다. 웹 브라우저에서 정상적인 URL의 변수 값에 특수 문자 등을 입력해 오류를 발생시켜 오류에 대한 결과 페이지로 사용자가 만든 오류 페이지가 나타나지 않으면 취약하다.

설정 방법은 환경 설정 파일인 [웹로직 설치 디렉터리]/[해당 도메인]/servers/[해당 서버명]/build/[webapp명]/WEB-INF/WebLogic.xml 파일에서 `<verbose>` 값을 예제 11.2와 같이 `false`로 설정한다.

예제 11.2 오류 설정

```
<WebLogic-web-app>
  <verbose>false</verbose>
</WebLogic-web-app>
```

또한 /WEB-INF/web.xml 파일 안에 예제 11.3과 같이 오류 페이지를 설정한다.

예제 11.3 오류 페이지 설정

```
<error-page>
  <error-code>400</error-code>
  <location>/error.jsp</location>
</error-page>

<error-page>
  <error-code>401</error-code>
  <location>/error.jsp</location>
</error-page>

<error-page>
  <error-code>403</error-code>
  <location>/error.jsp</location>
</error-page>

<error-page>
  <error-code>404</error-code>
  <location>/error.jsp</location>
</error-page>

<error-page>
  <error-code>500</error-code>
```

```
  <location>/error.jsp</location>
</error-page>
```

11.6 메소드 제한 설정

메소드는 PUT, DELETE와 같이 위험한 메소드뿐만 아니라 필요 없는 메소드는 모두 비활성화시키는 편이 바람직하다.

OPTIONS 메소드를 이용해 불필요한 메소드가 활성화돼 있는지 확인한다. 윈도우의 명령 창에서 다음과 같이 입력하면 허용돼 있는 메소드들이 표시된다.

```
telnet 도메인명 80 (엔터)
OPTIONS / HTTP/1.0 또는 OPTIONS * HTTP/1.0 (엔터 2번)
```

웹로직의 불필요한 메소드 제거 방법은 예제 11.4와 같이 [웹로직 설치 디렉터리]/WEB-INF/web.xml 파일에서 불필요한 메소드를 설정한다.

예제 11.4 웹로직의 메소드 제한 설정

```
<security-constraint>
  <display-name>Forbidden</display-name>
  <web-resource-collection>
    <web-resource-name>Protected Area</web-resource-name>
    <!-- Define the context-relative URL(s) to be protected -->
    <url-pattern>/*</url-pattern>
    <!-- If you list http methods, only those methods are protected -->
    <http-method>DELETE</http-method>
    <http-method>TRACE</http-method>
    <http-method>HEAD</http-method>
    <http-method>PUT</http-method>
  </web-resource-collection>
  <auth-constraint>
```

```
        <!-- Anyone with one of the listed roles may access this area -->
        <role-name></role-name>
    </auth-constraint>
</security-constraint>
```

11.7 디폴트 페이지 삭제

샘플 디렉터리가 존재하는지 확인한다. 웹로직의 샘플 도메인 디렉터리는 [웹로직 설치 디렉터리]/samples/domains/examples/와 [웹로직 설치 디렉터리]/samples/domains/medrec/이고, 샘플 서버 디렉터리는 [웹로직 설치 디렉터리]/samples/server/examples/와 [웹로직 설치 디렉터리]/samples/server/medrec/다.

해당 샘플 디렉터리는 홈페이지 구동에 필요치 않기 때문에 삭제함으로써 불필요한 정보가 노출되지 않게 해야 한다.

디폴트 샘플 디렉터리와 샘플 페이지, 기타 불필요한 파일들이 존재할 경우 모두 삭제한다.

11.8 관리자 콘솔 접근 제한 설정

디폴트 포트인 7001 포트가 오픈돼 있어 관리자 페이지로 접근이 가능하면 취약하다. 일반 사용자가 디폴트 관리자 페이지인 http://도메인명:7001/console로 접속했을 경우 그림 11.1과 같이 로그인 페이지가 노출되면 취약한 것이다.

그림 11.1 관리자 콘솔 로그인 화면

설정 방법은 환경 설정 파일인 config.xml 파일에서 <listen-port>를 예제 11.5와 같이 디폴트 포트인 7001이 아닌 다른 포트로 설정한다.

예제 11.5 웹로직 포트 설정

```
<server>
  <name>AdminServer</name>
  <ssl>
    <enabled>false</false>
  </ssl>
  <listen-port>7090</listen-port>
</server>
```

설정 파일인 [웹로직 설치 디렉터리]/[해당 도메인]/config/config.xml 파일에서 <administration-port-enabled> 속성을 True로 설정하고, <administration-port> 속성을 예제 11.6과 같이 디폴트인 9002가 아닌 1~65534 사이의 값으로 설정한다.

예제 11.6 administration 포트 설정

```
<embedded-ldap>
  <name>webserver</name>
  <credential-encrypted>... 중략 ...</credential-encrypted>
</embedded-ldap>
<administration-port-enabled>true</administration-port-enabled>
<administration-port>9002</administraton-port>
```

관리 콘솔을 이용한 설정 방법은 도메인 구조에서 해당 도메인을 선택한 후 보안의 필터 탭에서 접속 필터를 weblogic.security.net.ConnectionFilterImpl로 설정하고, 접속 필터 규칙을 설정한다.

접속 필터 규칙은 타겟 IP, 서버 IP, 서버 포트, 접근 권한, 접근 프로토콜 순으로 기록한다.

11.9 관리자 콘솔의 디폴트 계정/패스워드 변경

웹 관리자 콘솔에 접속해 계정명을 확인해 디폴트 계정명인 웹로직을 사용하고 있으면 취약하며, 관리자의 패스워드는 생성 규칙에 맞게 설정한다.

관리자 패스워드의 생성 규칙은 영문과 숫자 혼용으로 9자 이상이며, 동일 문자의 연속 4회 이상 사용을 금지하고, 계정명과 동일하거나 패스워드가 설정돼 있지 않은 경우는 반드시 설정해야 한다.

패스워드 설정은 웹로직 8.1의 경우 관리자 콘솔의 Security ❯ Realms ❯ myrealm ❯ Users에서 사용자명 선택(일반적으로 system 또는 WebLogic), password: Change 링크를 클릭한 후 New password, Confirm New Password를 입력한 후 Apply 버튼을 클릭해 설정한다.

웹로직 9, 10, 11g의 경우에는 Security Realms ❯ myrealm ❯ Users and Group에서 사용자명 선택(일반적으로 system 또는 WebLogic) 후 password 탭에서 New password, Confirm New Password를 입력한 후 save 버튼을 클릭해 설정한다.

관리자 콘솔에서 위와 같이 설정한 후 `boot.properties`를 변경한 패스워드로 변경해준다.

패스워드 변경 시 주의 사항은 웹로직을 시작할 때 해당 사용자의 권한을 체크하기 위해 자격증명[credential]을 제공하는데, `security.realm`에 있는 정보와 일치되지 않을 경우 웹로직이 시작되지 않게 되기 때문에 반드시 일치시켜줘야 한다.

11.10 관리자 콘솔용 패스워드 파일의 접근 제한 설정

boot.properities 파일의 권한을 다음과 같이 600(rw-------)으로 수정한다.

```
chmod 600 boot.properties
```

윈도우 환경일 경우 소유권은 Administrator 또는 전용 WAS 계정으로 설정하고, 전용 WAS 계정 그룹(Adminitrator)은 모든 권한, Users 그룹은 쓰기 권한 제거, Everyone 그룹은 그룹 제거로 설정한다.

SerializedSystemIni.dat 파일은 패스워드의 해시hash를 포함한다. SerializedSystemIni.dat 파일이 손상되거나 변조되면 웹로직 서버 도메인을 재구성해야 한다.

윈도우 환경일 경우 SerializedSystemIni.dat 파일의 복사본을 만들고 안전한 위치에 보관하고, 웹로직 서버 시스템 관리자에게 SerializedSystemIni.dat 파일의 읽기와 쓰기 권한을 설정하고, 다른 계정은 모든 권한을 삭제한다.

11.11 소스 파일이나 설정 파일 접근 권한 설정

소스코드 파일의 권한을 744(drwxr--r--) 이하로 설정해 소유자 외의 수정을 금해야 한다.

- **유닉스 환경일 경우** 소유권은 전용 WAS 계정으로 설정하고 권한은 640 (rw-r-----) 이하로 설정한다(예, chmod 640 [웹 소스 파일]).
- **윈도우 환경일 경우** 소유권은 Administrator 또는 전용 WAS 계정으로 설정하고, 전용 WAS 그룹(Administrator)은 모든 권한, Users 그룹은 쓰기 권한 제거, Everyone그룹은 그룹 제거로 설정한다.

설정 파일의 권한은 600(rw-------)으로 설정해 소유자 외의 수정을 금해야 한다.

- **유닉스 환경일 경우** 소유권은 전용 WAS 계정으로 설정하고 600(rw-------) 또는 700(rwx------) 권한으로 설정한다.
- **윈도우 환경일 경우** 소유권은 Administrator 또는 전용 WAS 계정으로 설정하고, 전용 WAS 그룹(Administrator)은 모든 권한, Users 그룹은 그룹 제거, Everyone 그룹은 그룹 제거로 설정한다.

기타 보안 고려 사항

A

부록 A에서는 앞에서 열거한 취약점 설정 이외에 웹 서버 운영상 보안적으로 고려해야 할 사항을 기술했다.

중요 정보를 보여주는 페이지는 캐시를 사용하지 못하게 설정

중요 정보를 보여주는 화면에 no-cache 설정을 하지 않을 경우 로그아웃을 한 이후에도 뒤로 가기 버튼을 사용해서 해당 내용을 볼 수 있는 위험이 존재한다.

no-cache 설정을 위해 HTML의 HEAD 부분에 다음 내용을 추가한다.

```
<meta HTTP-EQUIV="Pragma" CONTENT="no-cache">
```

자바 클래스(Java Class) 역컴파일 문제

자바 언어의 바이트코드[Byte-code] 특성으로 인해 자바 클래스[Java class]는 쉽게 역컴파일이 가능하다. 자바 애플릿[Applet]에 중요 정보(예: 원격지 접속을 위한 아이디, 비밀번호, 데이터베이스 쿼리문, 직접 제작한 암호화 알고리즘, 프로그램 로직 등)를 하드 코딩했다면 이를 발견한 공격자는 해당 정보를 악용할 수 있는 위험성이 존재한다.

썬 마이크로시스템즈에서 자바 프로그램을 개발할 때 고려해야 할 다양한 보안 사항을 제공한다. 다음 주소에서 참고하기 바란다.

- Secure Code guidelines(SUN Microsystems)
  http://www.java.sun.com/securit/seccodeguide.html

ASP(Visual Basic, C++, C# 등을 사용한 모든 ASP에 적용)

인클루드include 파일을 보호하기 위해 일반적인 디렉터리(/lib, /include, /library 등)를 사용하지 않게 한다.

인클루드 파일의 확장자로 .inc나 .lib 등을 사용하는 경우 웹 페이지상에서 텍스트 파일로 인식하지 않게 .asp를 붙여 사용한다(예: config.inc.asp, lib.inc.asp 등).

`ASPError` 객체의 출력을 사용자에게 전달하지 않게 하고, SQL 쿼리를 ASP에서 직접 생성하는 것을 지양하고, 저장 프로시저Stored procedure를 사용한다.

직접 생성 방식은 `strQuery = "SELECT something FROM table WHERE foo = '" + var1 + "' AND var = '" + var2 + "'";`와 같이 사용하는 방식이고, 저장 프로시저를 사용한 생성 방식은 `strQuery = sp_comefunc(var1, var2)`와 같이 사용한다.

PHP

PHP 4.0 이상 환경설정 파일(php.ini)의 내용 중 `register_global`을 `on`으로 설정할 경우 PHP 스크립트의 변수 값을 임의로 변경할 수 있는 취약성이 존재한다. 따라서 `register_global`은 `off`로 설정한 후 `$_GET`, `$_POST`문을 사용해서 사용자가 전달한 값을 얻어야 한다.

명령이나 파일을 조작하는 함수의 경우에는 꼭 필요한 경우가 아니면 비활성화시키는 편이 안전하다. 비활성화시키려면 php.ini 파일에서 `disable_functions`의 값에 `passthru`, `shell_exec`, `exec`, `system`, `eval`, `proc_open`, `touch` 등을 기술한다.

또한 외부의 PHP 파일을 삽입할 수 없게 php.ini 파일에서 allow_url_fopen의 값을 off로 설정한다.

특정 파일의 내용 보기를 방지하려면 에러 메시지가 발생된 CGI의 물리적 위치와 에러 부분이 표시 되는데, 이를 이용해 공격자는 /lib, /inc, /admin 등 보여주지 말아야 할 정보가 노출되는 위험성이 존재한다. 이를 제거하기 위해 php.ini 내의 설정 중에서 log_error의 값을 On으로 설정하고, display_errors 값을 Off로 설정한다.

또한 다음과 같이 각 코딩 라인에 @를 사용해 해당 라인의 에러 메시지를 출력하지 않는 방법을 이용한다.

```
$abc = @mysql_connect($connect, $id, $pw);
@$abc = mysql_connect($connect, $id, $pw);
```

인클루드 파일을 보호하기 위해 일반적인 디렉토리(/lib, /include, /library 등)를 사용하지 않도록 한다.

특정 파일의 내용 보기 방지

인클루드 파일들의 확장자로 .inc나 .lib 등을 사용하는 경우 웹 페이지상에서 텍스트 파일로 인식하지 않게 .php를 붙여 사용한다(예: config.inc.php, lib.inc.php 등).

별도의 확장자를 사용할 경우 AddType application/x-httpd-php .lib .inc .html .htm .php .xml과 같이 해당 확장자를 처리할 수 있게 웹 서버를 설정한다.

```
AddType application/x-httpd-php .php .php3 .inc .html. .phtml .bak
```

이와 같이 설정하면 파일을 application/x-httpd-php를 통해 동작시키므로 파일의 내용을 보여주지 않게 된다.

CGI의 경우에는 httpd.conf 파일에 다음과 같이 설정한다.

```
<Directory "CGI를 허용하고자 하는 디렉터리">
...
```

```
Options ExecCGI
...
</Directory>
AddHandler cgi-script .cgi .pl
```

검색 엔진 사용 차단

구글 등 검색 로봇의 정보 수집을 배제하기 위해 robots.txt 파일을 홈페이지의 최상위 디렉터리에 저장한다.

robots.txt 파일의 내용은 로봇의 이름을 적는 부분인 User-agent와 방문을 허용하지 않을 디렉터리를 지정하는 부분인 Disallow로 구분된다.

홈페이지 전체 내용을 모든 검색 엔진에 노출되지 않게 하려면 User-agent: *로 설정하고, Disallow: /로 설정한다.

모든 검색 엔진에 대해 모든 홈페이지의 접근을 거부하지만 특정 디렉터리만 허용하고자 할 경우에는 User-agent: *로 설정하고, Disallow: /로 설정한다. 추가로 Allow: /info와 같이 허용할 디렉터리를 지정하면 된다.

웹 패키지 취약점

홈페이지 개발 시 편의성을 위해 패키지나 상용 에디터 등을 사용하는 경우가 있는데, 이런 경우 패키지와 에디터상의 취약점으로 인해 침해 사고가 일어나는 경우가 자주 발생한다.

주로 사용하는 패키지에는 제로보드(http://www.xpressengine.com), 테크노트(http://www.technote.co.kr), 그누보드(http://sir.co.kr/?doc=_gb.php) 등이 있다.

상용 에디터로는 CKEditor(http://sourceforge.net/projects/fckeditor/), CHEditor(http://www.chcode.com), Namo CrossEditor, EZEditor, htseditor 등이 있다.

이와 같은 패키지나 상용 에디터는 수시로 취약점을 확인해 최신 버전으로 패치해야 한다. 또한 필요에 따라서는 직접 취약한 부분을 수정해 사용할 필요가 있다.

사용자와 주고받는 값 확인

사용자에게 전달되는 값(히든 필드, 변수 등)을 재사용하거나 중요 정보가 전달되지 않게 해야 하며, 사용자로부터 서버에 전달하는 값들은 POST 메소드나 SSL을 적용해 전달해야 한다.

검증 부분은 서버에서 수행

사용자 입력 값 검증을 클라이언트 측 스크립트인 JavaScript, VBScript 등을 사용할 경우 공격자가 이를 우회해 공격할 수 있기 때문에 입력 값에 대한 검증은 반드시 서버 측에서 이뤄지게 해야 한다.

B 웹 상태 코드

웹 상태 코드는 클라이언트의 요청에 대한 서버의 요청 결과를 표시하는 코드 값으로, 웹 접근 로그(access_log) 파일에 기록된다. 웹 상태 코드를 분석해 공격에 대한 성공 여부 등을 1차적으로 판단할 수 있다.

웹 상태 코드는 다음과 같다.

1XX

100 Continue

101 Switching Protocols

2XX

200 OK, 에러 없이 전송 성공

202 Accepted, 서버가 클라이언트의 명령을 받음

203 Non-authoritavive Information, 서버가 클라이언트 요구 중 일부만 전송

204 Non Content, 클라이언트 요구를 처리했으나 전송할 데이터가 없음

205 Reset Content

206 Partial Content

3XX

300 Multiple Choisces, 최근에 옮겨진 데이터를 요청

301 Moved Permanently, 요구한 데이터를 변경된 임시 URL에서 찾았음

302 Moved Permanently, 요구한 데이터가 변경된 URL에 있음을 명시

303 See Other, 요구한 데이터를 변경하지 않았기 때문에 문제가 있음

304 Not modified

305 Use Proxy

4XX

400 Bad Request, 요청 실패

문법상 에러가 있어 서버가 요청 사항을 이해하지 못함. 클라이언트는 수정 없이 요청 사항을 반복하지 않을 것이다.

401.1 Unauthorized, 권한 없음(접속 실패)

이 에러는 서버에 로그온하려는 요청 사항이 서버에 들어있는 권한과 비교했을 때 맞지 않을 경우 발생한다. 이 경우 요청한 자원에 접근할 수 있는 권한을 부여받기 위해 서버 운영자에게 요청해야 한다.

401.2 Unauthorized, 권한 없음(서버 설정으로 인한 접속 실패)

이 에러는 서버에 로그온하려는 요청 사항이 서버에 들어있는 권한과 비교했을 때 맞지 않을 경우 발생한다. 이것은 일반적으로 적절한 www-authenticate 헤드 필드head field를 전송하지 않아 발생한다.

401.3 Unauthorized, 권한 없음(자원에 대한 ACL에 기인한 권한 없음)

이 에러는 클라이언트가 특정 자원에 접근할 수 없을 때 발생한다. 이 자원은 페이지가 될 수도 있고 , 클라이언트의 주소 입력란에 명기된 파일일 수도 있다. 아니면 클라이언트가 해당 주소로 들어갈 때 이용되는 또 다른 파일일 수도 있다. 여러분이 접근할 전체 주소를 다시 확인해보고 웹 서버 운영자에게 여러분이 자원에 접근할 권한이 있는지를 확인해본다.

401.4 Unauthorized, 권한 없음(필터에 의한 권한 부여 실패)

이 에러는 웹 서버가 서버에 접속하는 사용자들을 확인하기 위해 설치한 필터 프로그램이 있음을 의미한다. 서버에 접속하는 데 이용되는 인증 과정이 이런 필터 프로그램에 의해 거부됐다.

401.5 Unauthorized, 권한 없음(ISA PI/CGI 애플리케이션에 의한 권한 부여 실패)

이 에러는 여러분이 이용하려는 웹 서버의 주소에 ISA PI나 CGI 프로그램이 설치돼 있어 사용자의 권한을 검증하고 있음을 의미한다. 서버에 접속하는 데 이용되는 인증 과정이 이 프로그램에 의해 거부됐다.

402 Payment Required, 예약됨

403.1 Forbidden, 금지(수행 접근 금지)

이 에러는 CGI나 ISAPI, 혹은 수행시키지 못하게 돼 있는 디렉터리 내의 실행 파일을 수행시키려고 했을 때 발생한다.

403.2 Forbidden, 금지(읽기 접근 금지)

이 에러는 브라우저가 접근한 디렉터리에 가용한 디폴트 페이지가 없을 경우에 발생한다. 아니면 Execute나 Script로 권한이 부여된 디렉터리에 들어있는 HTML 페이지를 보려했을 때 발생한다.

403.4 Forbidden, 금지(SSL 필요함)

이 에러는 여러분이 접근하려는 페이지가 SSL로 보안 유지되고 있을 때 발생한다. 이것을 보기 위해 주소를 입력하기 전에 먼저 SSL을 이용할 수 있어야 한다.

403.5 Forbidden, 금지(SSL 128 필요함)

이 에러는 접근하려는 페이지가 SSL로 보안 유지되고 있을 때 발생한다. 이 자원을 보기 위해서는 여러분의 브라우저가 SSL의 해당 레벨을 지원해야 한다. 여러분의 브라우저가 128비트의 SSL을 지원하는지를 확인해 본다.

403.6 Forbidden, 금지(IP 주소 거부됨)

이 에러는 서버가 사이트에 접근이 허용되지 않은 IP 주소를 갖고 있는데, 사용자가 이 주소로 접근하려 했을 때 발생한다.

403.7 Forbidden, 금지(클라이언트 확인 필요)

이 에러는 여러분이 접근하려는 자원이 서버가 인식하기 위해 여러분의 브라우저에게 클라이언트 SSL을 요청하는 경우 발생한다. 이것은 여러분이 자원을 이용할 수 있는 사용자임을 입증하는 데 사용된다.

403.8 Forbidden, 금지(사이트 접근 거부됨)

이 에러는 웹 서버가 요청 사항을 수행하고 있지 않거나, 해당 사이트에 접근하는 것이 허락되지 않았을 경우 발생한다.

403.9 Forbidden, 접근 금지(연결된 사용자 수 과다)

이 에러는 웹 서버가 BUSY 상태에 있어 여러분의 요청을 수행할 수 없을 경우에 발생한다. 잠시 후에 다시 접근해본다.

403.10 Forbidden, 접근 금지(설정이 확실하지 않음)

이 순간 웹 서버의 설정에 문제가 있다.

403.11 Forbidden, 접근 금지(패스워드 변경됨)

이 에러는 사용자 확인 단계에서 잘못된 패스워드를 입력했을 경우 발생한다. 페이지를 갱신한 후 다시 시도해본다.

403.12 Forbidden, 접근 금지(Mapper 접근 금지됨)

여러분의 클라이언트 인증용 맵이 해당 웹사이트에 접근하는 것이 거부됐다. 사이트 운영자에게 클라이언트 인증 허가를 요청한다. 또한 여러분은 자신의 클라이언트 인증을 바꿀 수도 있다.

404 Not Found, 문서를 찾을 수 없음.

웹 서버가 요청한 파일이나 스크립트를 찾지 못했다. URL을 다시 잘 보고 주소가 올바로 입력됐는지 확인해본다.

해결 방법 1: **도구 ❯ 인터넷 옵션 ❯ 일반 ❯ 쿠키 삭제, 파일 삭제, 목록 지우기**

해결방법 2: **도구 ❯ 인터넷 옵션 ❯ 고급 ❯ URL을 항상 UTF-8FH로 보냄** 체크 해제

405 Method not allowed, 메소드 허용 안 됨

Request 라인에 명시된 메소드를 수행하기 위해 해당 자원의 이용이 허용되지 않았다. 여러분이 요청한 자원에 적절한 MIME 타입을 갖고 있는지

확인해본다.

406 Not Acceptable, 받아들일 수 없음

요청 사항에 필요한 자원은 요청 사항으로 전달된 Accept header에 따라 'Not Acceptable'인 내용을 가진 응답Response 객체만을 만들 수 있다.

407 Proxy Authentication Required, 프락시Proxy 인증이 필요함

해당 요청이 수행되게 proxy 서버에게 인증을 받아야 한다. proxy 서버로 로그온한 후에 다시 시도해본다.

408 Request timeout, 요청 시간이 지남

409 Conflict

410 Gone, 영구적으로 사용할 수 없음

411 Length Required

412 Precondition Failed, 선결 조건 실패

요청 헤더Request-header 필드에 하나 이상의 선결 조건에 대한 값이 서버에서 테스트 결과 FALSE로 나왔을 경우에 발생한다. 현재 자원의 메타 정보가 하나 이상의 자원에 적용되는 것을 막기 위한 클라이언트 선결 조건이 의도된 것이다.

413 Request entity too large

414 Request-URI too long, 요청한 URI가 너무 길다

요청한 URI가 너무 길어 서버가 요청 사항의 이행을 거부했다. 이렇게 희귀한 상황은 다음과 같은 경우에만 발생한다. 클라이언트가 긴 탐색용 정보를 가지고 POST 요청을 GET으로 부적절하게 전환했다. 클라이언트가 리다이렉션Redirection 문제를 접하게 됐다. 서버가 일부 서버가 사용 중인 요청한 URL을 읽고 처리하는 고정된 길이의 메모리 버퍼를 이용해 보안 체계에 들어가려는 클라이언트에 의한 공격을 받고 있다.

415 Unsupported media type

5XX

500 Internal Server Error, 서버 내부 에러

웹 서버가 요청 사항을 수행할 수 없다. 다시 한 번 요청해본다.

501 Not Implemented, 적용 안 됨

웹 서버가 요청 사항을 수행하는 데 필요한 기능을 지원하지 않는다. 에러가 발생한 URL을 확인한 후에 문제가 지속될 경우에는 웹 서버 운영자에게 연락한다.

502 Bad gateway, 게이트웨이 상태 나쁨

서버의 과부하 상태 게이트웨이Gateway나 proxy로 활동하고 있는 서버가 요구 사항을 접수한 업스트림upstream 서버로부터 불명확한 답변을 접수했을 때 발생한다. 문제가 지속된다면 웹 서버 운영자와 상의해본다.

503 Service Unavailable,

외부 서비스가 죽었거나 현재 멈춘 상태 또는 이용할 수 없는 서비스 서버는 현재 일시적인 과부하 또는 관리(유지, 보수) 때문에 요청을 처리할 수 없다. 이것은 약간의 지연 후 덜게 될 일시적인 상태를 말한다. Retry-After 헤더에 지연의 길이가 표시하게 될지도 모른다. Retry-After를 받지 못했다면 클라이언트는 500 응답을 위해 하고자 했던 것처럼 응답을 처리해야 한다.

504 Gateway timeout

505 HTTP Version Not Supported

C

웹 프락시 툴 사용법

웹 프락시 툴은 전송되는 패킷의 확인과 조작을 위해 사용하는 웹 취약점 점검 및 해킹 시 기본적으로 사용되는 툴이다.

여기에 웹 프락시 툴의 하나인 버프 스위트Burp Suite의 간단한 사용법을 소개한다.

먼저 웹 프락시 툴의 설정 방법을 살펴본다.

Proxy 탭의 Options 탭을 선택한 후 그림 C.1과 같이 인터페이스interface에 자기 자신의 IP 주소인 127.0.0.1을 입력하고, 포트는 일반적으로 8080 포트를 사용한다.

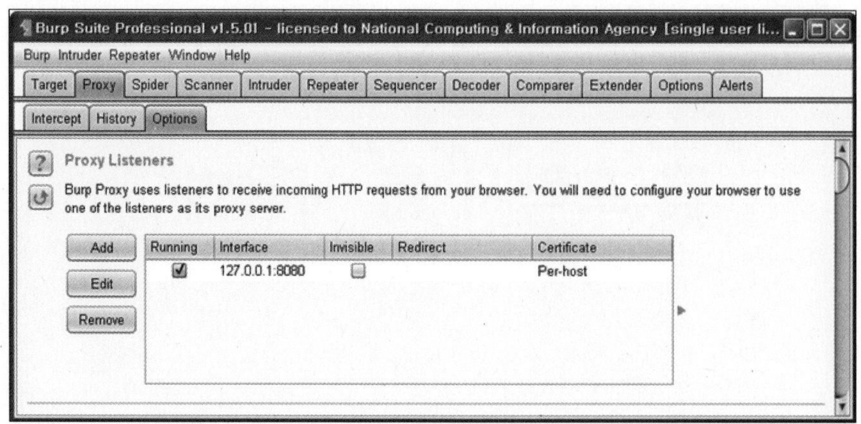

그림 C.1 Proxy 설정

다음으로 어떤 패킷을 웹 프락시 툴을 통해 전달되게 할 것인지 지정한다.

기본적으로는 사용자가 웹 서버에 요청하는 패킷인 요청[Request] 패킷만 선택돼 있다(예: Intercept requests based on the following rules). 하지만 패킷을 조작하려면 서버에서 사용자에게 응답하는 패킷인 응답[Response] 패킷도 확인해야 한다.

그림 C.2와 같이 Intercept responses based on the following rules 항목을 체크해야 응답 패킷에 대한 확인이 가능하다.

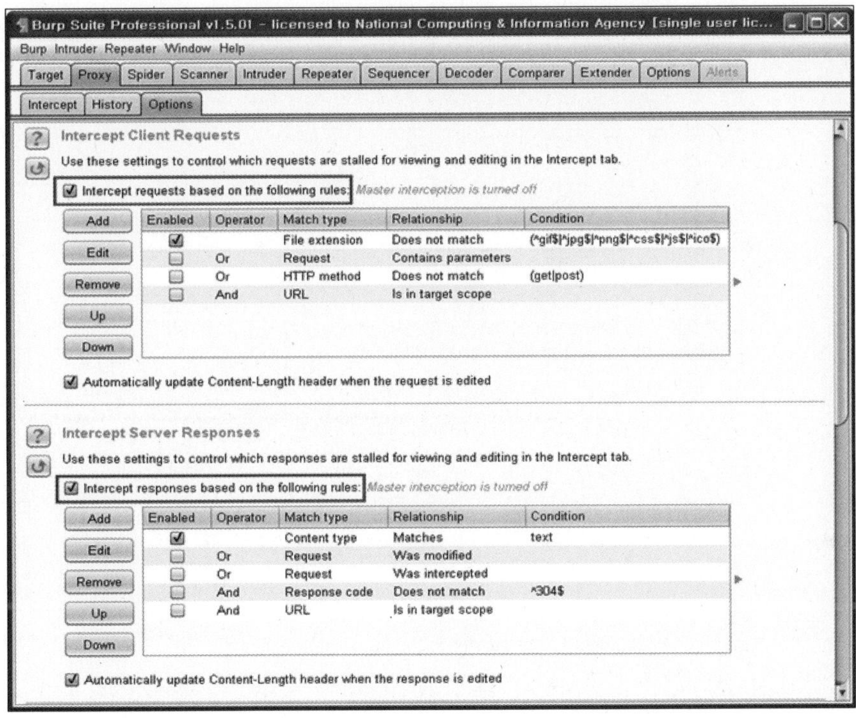

그림 C.2 응답 패킷 설정

이상과 같이 하면 웹 프락시 툴에서의 설정은 모두 끝난다.

다음으로 웹 브라우저에서 홈페이지에 접속했을 경우 전송되는 패킷이 웹 프락시 툴을 경유할 수 있게 브라우저 설정을 변경해줘야 한다.

여기서는 가장 많이 사용하는 인터넷 익스플로러IE, Internet Explorer를 예로 알아본다.

인터넷 익스플로러의 메뉴 중 도구를 선택한 후 인터넷 옵션을 클릭한다. 인터넷 옵션 창의 연결 탭에서 그림 C.3과 같이 LAN 설정 버튼을 클릭한다.

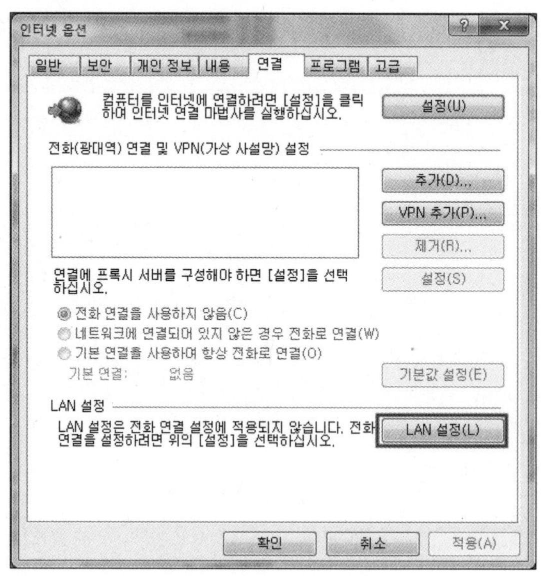

그림 C.3 인터넷 옵션 화면

LAN 설정 창에서 프락시 서비의 설정을 그림 C.4와 같이 툴에시 설정한 것과 동일하게 설정한다.

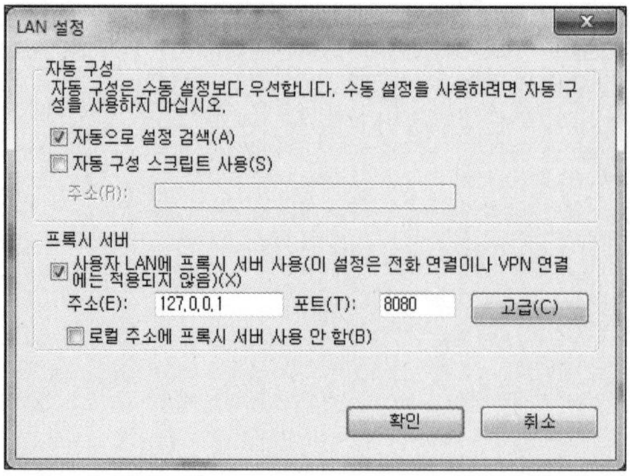

그림 C.4 LAN 설정 화면

실제 전송되는 패킷을 캡처해서 확인하거나 조작을 하고자 할 경우는 웹 프락시 툴의 Proxy 탭에서 Intercept 탭에 있는 Intercept is on을 클릭한 후 웹 브라우저에서 그림 C.5와 같이 홈페이지에 접속한다.

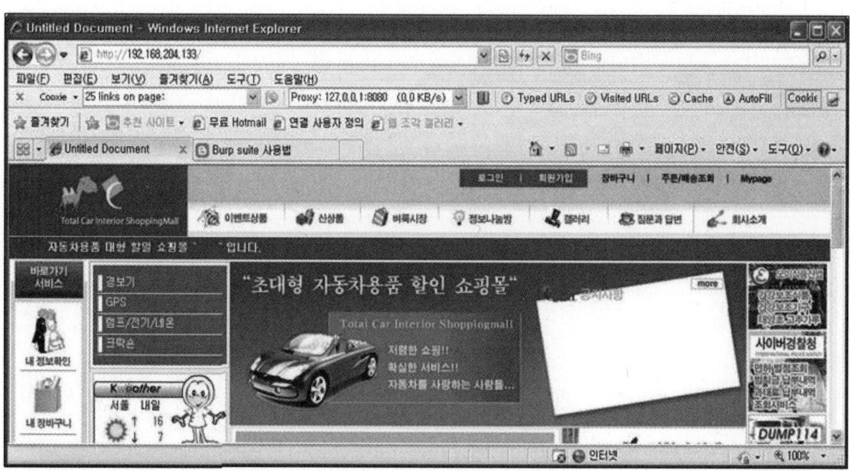

그림 C.5 홈페이지 접속 화면

그림 C.6과 같이 요청 패킷과 그림 C.7과 같이 응답 패킷이 프락시 툴을 통해 전송되는 것을 확인할 수 있다.

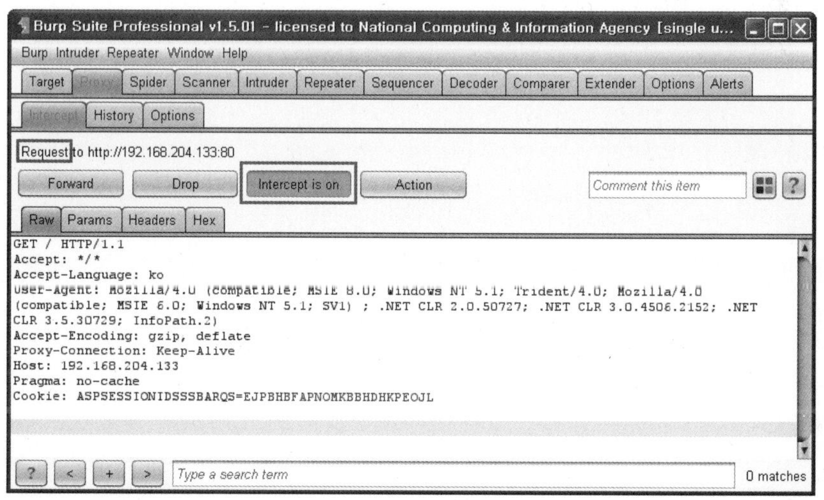

그림 C.6 요청(Request) 패킷

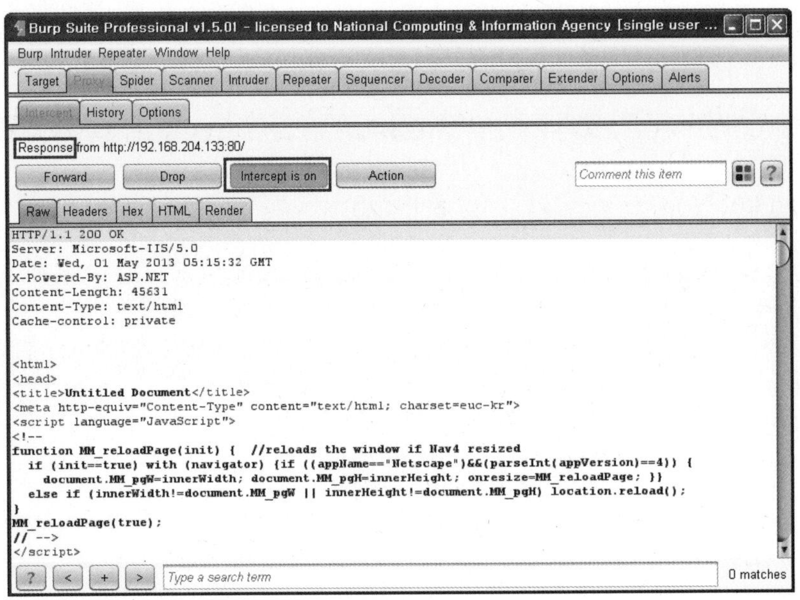

그림 C.7 응답(Reponse) 패킷

홈페이지에 접속한 이력은 그림 C.8과 같이 Proxy 탭의 History에 모두 기록된다.

Burp Suite Professional v1.5.01 - licensed to National Computing & Information Agency [single user ...

Burp Intruder Repeater Window Help

Target Proxy Spider Scanner Intruder Repeater Sequencer Decoder Comparer Extender Options Alerts

Intercept History Options

Filter: Hiding CSS, image and general binary content

#	Host	Method	URL	Params	Modifi...	Status	Length	MIME t...	Extensi
1	http://tools.google.com	POST	/service/update2?w=6:jzkJdVja...	☑	☐				
2	http://freewiw.kweather.co.kr	GET	/info_fwin/1.swf	☐	☐	304	145	flash	swf
3	http://192.168.204.133	GET	/	☐	☐	200	45876	HTML	
16	http://freewiw.kweather.co.kr	GET	/info_fwin/FS_T02_1.swf?locatio...	☑	☐	304	146	flash	swf
22	http://192.168.204.133	GET	/image/main_flash.swf	☐	☐	304	164	flash	swf
46	http://freewiw.kweather.co.kr	GET	/info_fwin/v_seoul.txt	☐	☐	304	144	text	txt
47	http://192.168.236.6	GET	/getcookie.php?cookie=ASPSE...	☑	☐			HTML	php
48	http://tools.google.com	POST	/service/update2?w=6:kVPQ_Fi...	☑	☐				
49	http://192.168.204.133	GET	/	☐	☐	200	45809	HTML	
74	http://192.168.204.133	GET	/admin/product/upload/%EA%B...	☐	☐	404	4100	HTML	jpg
98	http://192.168.236.6	GET	/getcookie.php?cookie=ASPSE...	☑	☐			HTML	php

그림 C.8 History

여러 개의 홈페이지를 방문했을 경우에는 그림 C.9와 같이 Target 탭의 Site map에 방문한 모든 홈페이지 목록이 기록되며, 해당 홈페이지명을 클릭하면 해당 홈페이지에서 열람했던 상세한 URL 목록들이 나타난다.

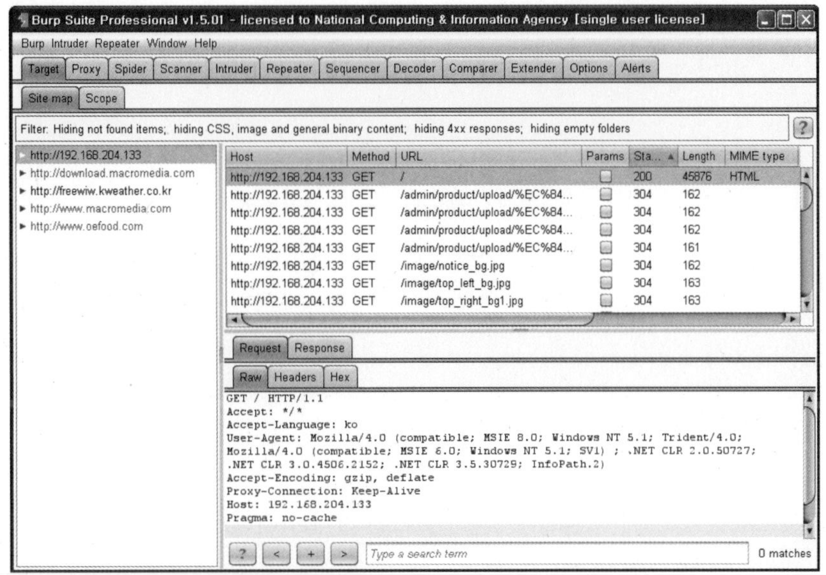

그림 C.9 Site map

Target 탭의 Site map에서 해당 사이트를 선택한 후 마우스 오른쪽 버튼을 클릭한 다음에 그림 C.10과 같이 Spider this host를 클릭하면 홈페이지의 크롤링을 수행한다.

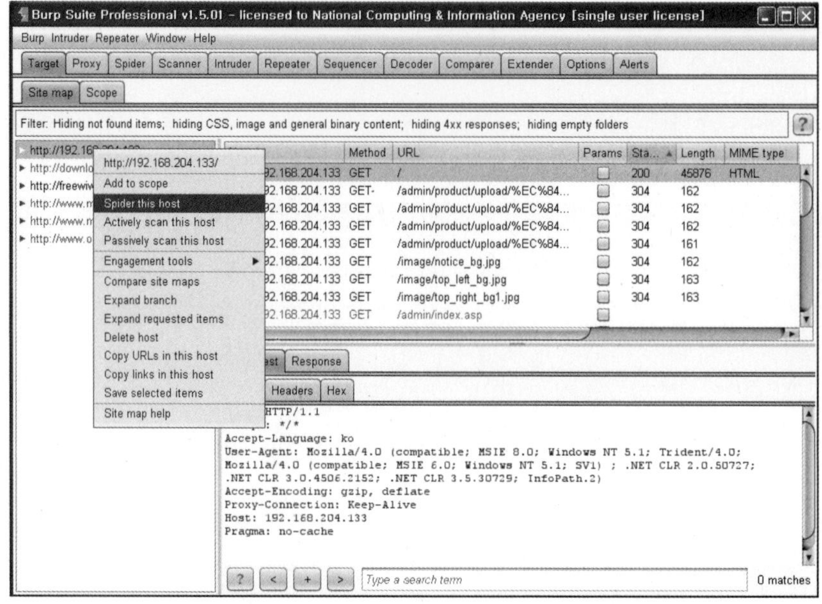

그림 C.10 Spider this host

크롤링 도중 로그인 폼을 찾았을 경우 그림 C.11과 같이 나타나며, 값을 입력하면 응답 패킷을 통해 추가적인 크롤링을 진행할 수 있다.

Burp Spider - Submit Form

Burp Spider needs your guidance to submit a login form. Please choose the value of each form field which should be used when submitting the form. You can control how Burp handles forms in the Spider options tab.

Action URL: http://192.168.204.133/goods/index.asp?cmd=detail&pdt_cd=100001&page=1&code1=1&code2=5&...

Method: POST

Type	Name	Value
Hidden	maincat_cd	
Password	pwd	
Hidden	gubun	write
Text	name	
Hidden	com_idx	
Hidden	pdt_cd	100001

Submit form | Ignore form

그림 C.11 로그인 폼 확인 화면

Spider 탭의 Control에서 그림 C.12와 같이 크롤링된 상태를 확인할 수 있으며, 크롤링 결과는 Target에서 확인할 수 있다.

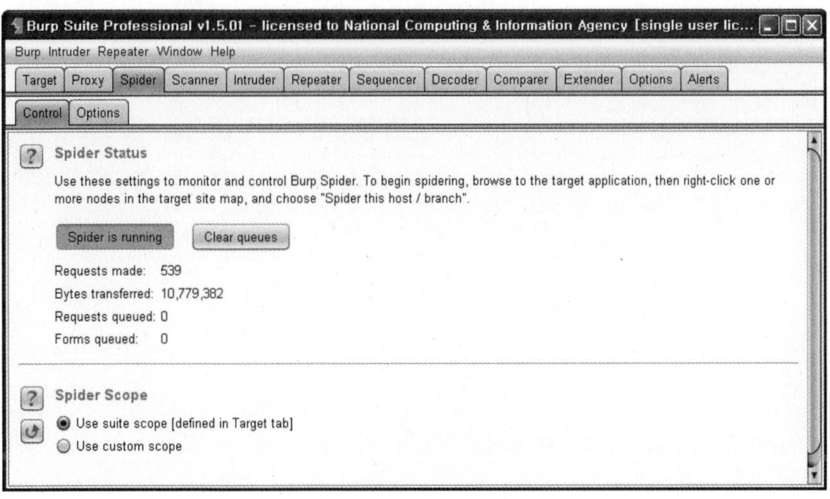

그림 C.12 크롤링 상태 확인

실제 취약점을 찾는 데 사용되는 스캐너Scanner 기능은 무료Free 버전에서는 제공되지 않으며, 프로페셔널Professional 버전에서만 사용할 수 있다.

Target에서 해당 사이트를 선택한 후 마우스 오른쪽 버튼을 클릭해 그림 C.13과 같이 Actively scan this host를 선택한다. 이는 스파이더Spider에서 수집된 결과에 대해 취약점을 찾는 것이다.

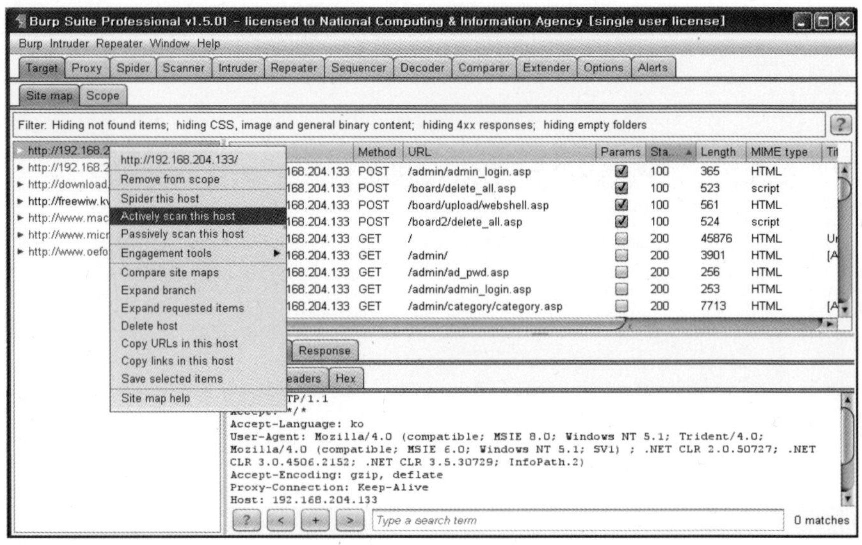

그림 C.13 Scan 실행

그림 C.14와 같이 Active scanning wizard에서 스캔 대상을 확인한 후 Next 버튼을 클릭한다.

Active scanning wizard

You have selected 788 items for active scanning. Before continuing, you can use the filters below to remove certain categories of items, to make your scanning more targeted and efficient.

- [x] Remove duplicate items (same URL and parameters) [674 items]
- [ ] Remove items already scanned (same URL and parameters) [0 items]
- [ ] Remove out-of-scope items [1 item]
- [ ] Remove items with no parameters [44 items]
- [x] Remove items with media responses [0+ items]
- [ ] Remove items with the following extensions [0 items]

js,gif,jpg,png,css

Note: Some of the selected items do not yet have responses. If you choose to remove items with media responses, some of these items may be removed from the scan when their responses have been analyzed.

Cancel Next

그림 C.14 스캔 대상 확인

그림 C.15와 같이 크롤링된 결과가 나타나며 OK 버튼을 클릭할 때 스캔이 진행된다.

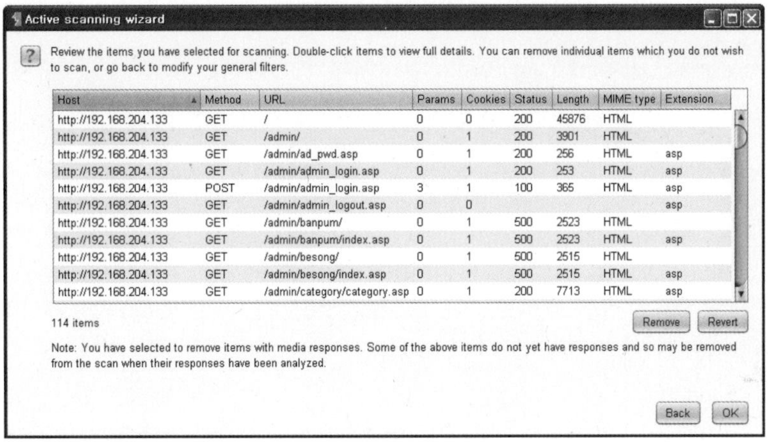

Active scanning wizard

Review the items you have selected for scanning. Double-click items to view full details. You can remove individual items which you do not wish to scan, or go back to modify your general filters.

Host	Method	URL	Params	Cookies	Status	Length	MIME type	Extension
http://192.168.204.133	GET	/	0	0	200	45876	HTML	
http://192.168.204.133	GET	/admin/	0	1	200	3901	HTML	
http://192.168.204.133	GET	/admin/ad_pwd.asp	0	1	200	256	HTML	asp
http://192.168.204.133	GET	/admin/admin_login.asp	0	1	200	253	HTML	asp
http://192.168.204.133	POST	/admin/admin_login.asp	3	1	100	365	HTML	asp
http://192.168.204.133	GET	/admin/admin_logout.asp	0	0				asp
http://192.168.204.133	GET	/admin/banpum/	0	1	500	2523	HTML	
http://192.168.204.133	GET	/admin/banpum/index.asp	0	1	500	2523	HTML	asp
http://192.168.204.133	GET	/admin/besong/	0	1	500	2515	HTML	
http://192.168.204.133	GET	/admin/besong/index.asp	0	1	500	2515	HTML	asp
http://192.168.204.133	GET	/admin/category/category.asp	0	1	200	7713	HTML	asp

114 items

Remove Revert

Note: You have selected to remove items with media responses. Some of the above items do not yet have responses and so may be removed from the scan when their responses have been analyzed.

Back OK

그림 C.15 스캔 진행

Scanner의 Scan queue를 선택하면 그림 C.16과 같이 스캐닝scanning 상태를 확인할 수 있다.

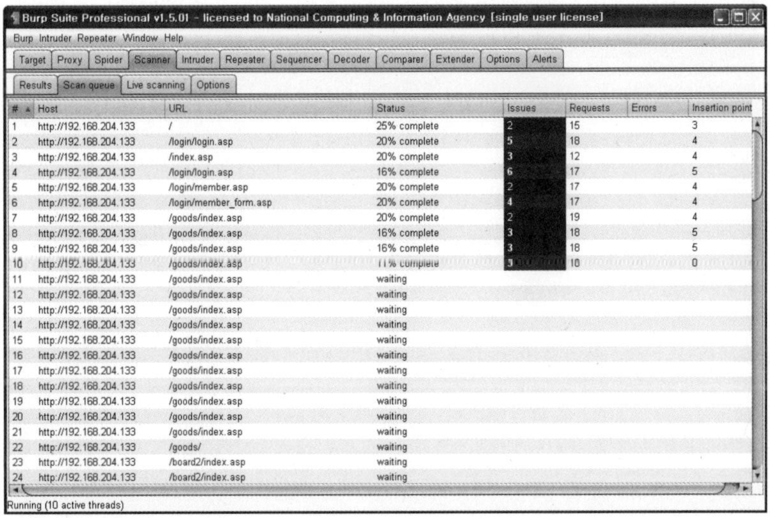

Burp Suite Professional v1.5.01 - licensed to National Computing & Information Agency [single user license]

Burp Intruder Repeater Window Help

Target Proxy Spider Scanner Intruder Repeater Sequencer Decoder Comparer Extender Options Alerts

Results Scan queue Live scanning Options

#	Host	URL	Status	Issues	Requests	Errors	Insertion point
1	http://192.168.204.133	/	25% complete	2	15		3
2	http://192.168.204.133	/login/login.asp	20% complete	5	18		4
3	http://192.168.204.133	/index.asp	20% complete	3	12		4
4	http://192.168.204.133	/login/login.asp	16% complete	6	17		5
5	http://192.168.204.133	/login/member.asp	20% complete	2	17		4
6	http://192.168.204.133	/login/member_form.asp	20% complete	4	17		4
7	http://192.168.204.133	/goods/index.asp	20% complete	2	19		4
8	http://192.168.204.133	/goods/index.asp	16% complete	3	18		5
9	http://192.168.204.133	/goods/index.asp	16% complete	3	18		5
10	http://192.168.204.133	/goods/index.asp	11% complete	3	10		0
11	http://192.168.204.133	/goods/index.asp	waiting				
12	http://192.168.204.133	/goods/index.asp	waiting				
13	http://192.168.204.133	/goods/index.asp	waiting				
14	http://192.168.204.133	/goods/index.asp	waiting				
15	http://192.168.204.133	/goods/index.asp	waiting				
16	http://192.168.204.133	/goods/index.asp	waiting				
17	http://192.168.204.133	/goods/index.asp	waiting				
18	http://192.168.204.133	/goods/index.asp	waiting				
19	http://192.168.204.133	/goods/index.asp	waiting				
20	http://192.168.204.133	/goods/index.asp	waiting				
21	http://192.168.204.133	/goods/index.asp	waiting				
22	http://192.168.204.133	/goods/	waiting				
23	http://192.168.204.133	/board2/index.asp	waiting				
24	http://192.168.204.133	/board2/index.asp	waiting				

Running (10 active threads)

그림 C.16 스캐닝 상태 확인

결과는 그림 C.17과 같이 Scanner의 Results에서 확인할 수 있다.

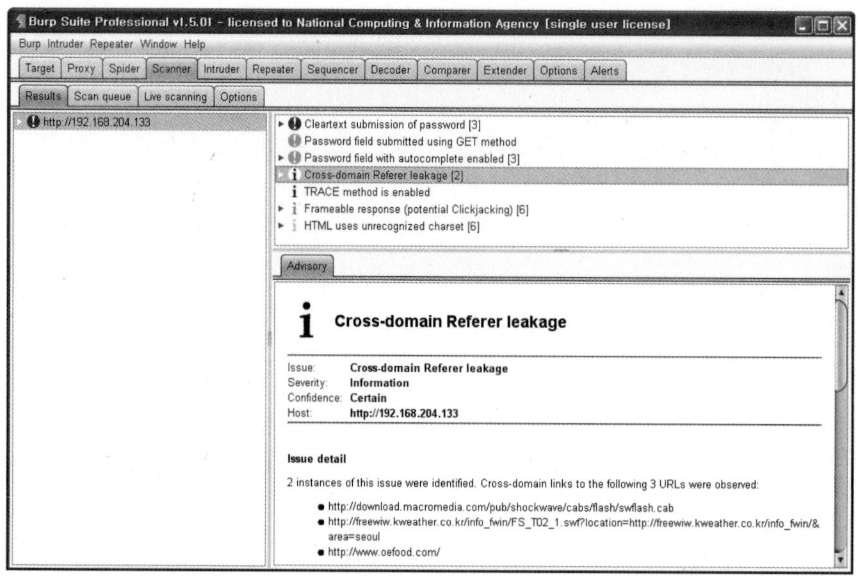

그림 C.17 스캐닝 결과

다음은 무작위 대입 공격(브루트포스)에 사용되는 Intruder 기능이다.

그림 C.18과 같이 홈페이지의 로그인 페이지로 이동해 입력 창에 임의의 값을 입력한 후 로그인을 시도한다.

그림 C.18 홈페이지 로그인 화면

그림 C.19와 같이 Proxy의 History에서 로그인 입력 값 전송하는 부분을 선택한 후 마우스 오른쪽 버튼을 클릭해 Send to Intruder를 선택한다.

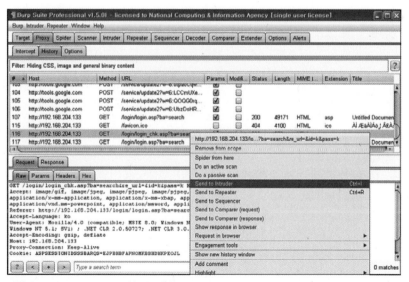

그림 C.19 Intruder로 로그인 폼 전송

Intruder의 Target으로 이동하면 해당 호스트 정보가 그림 C.20과 같이 자동으로 등록돼 있는 것을 확인할 수 있다.

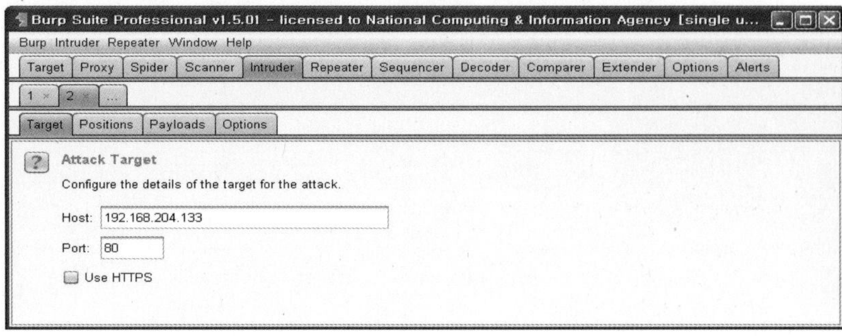

그림 C.20 Intruder Target 정보

Intruder의 Positions에서 오른쪽 Clear 버튼을 클릭해 선택을 초기화한 후 사용하고자 하는 입력 값 부분만 선택한 다음 Add 버튼을 클릭한다. 그림 C.21과 같이 아이디와 비밀번호 2개의 값을 선택한다.

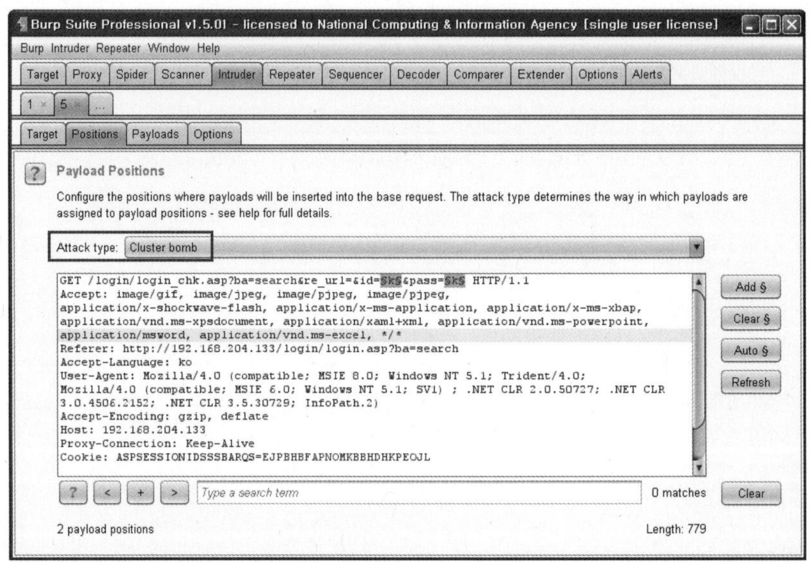

그림 C.21 Payload Positions 설정

공격 타입Attack type은 Cluster bomb를 선택해 Options에서 값을 조정한다.

2개의 입력 값에 대해 그림 C.22와 같이 Payload Sets를 선택하고, Payload Options에서 입력 값을 추가한다.

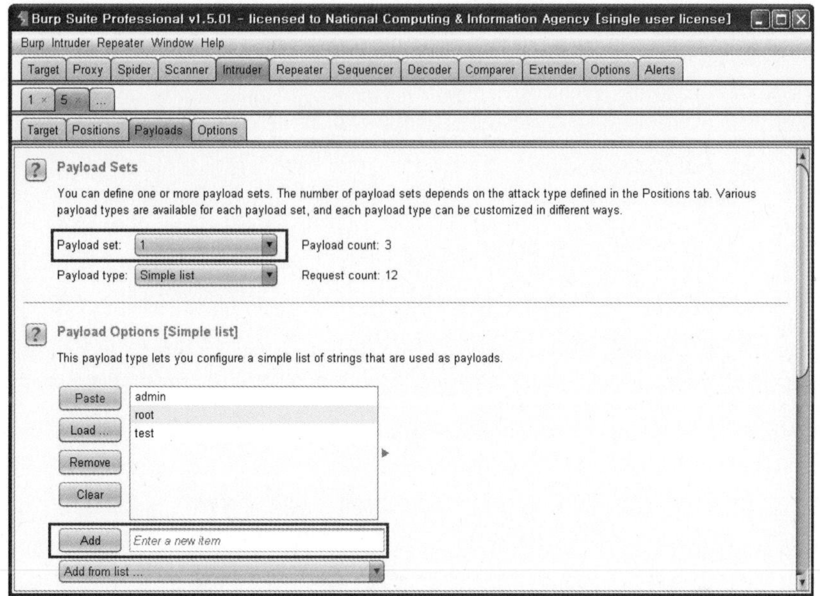

그림 C.22 Payload 설정

Intruder의 Options에서 그림 C.23과 같이 공격 스레드threads 등의 설정을 확인한다.

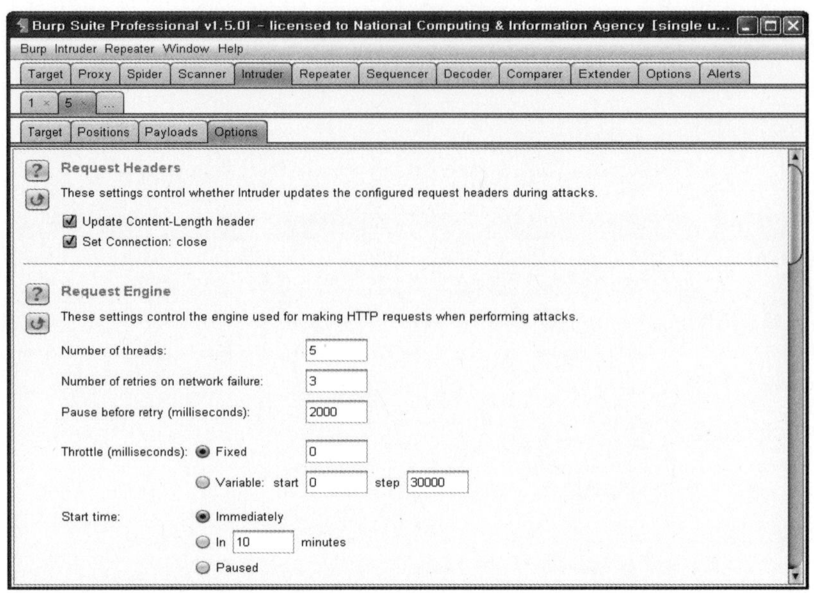

그림 C.23 Options의 설정 값 확인

그림 C.24와 같이 Intruder 메뉴의 Start attack을 클릭하면 공격이 시작된다.

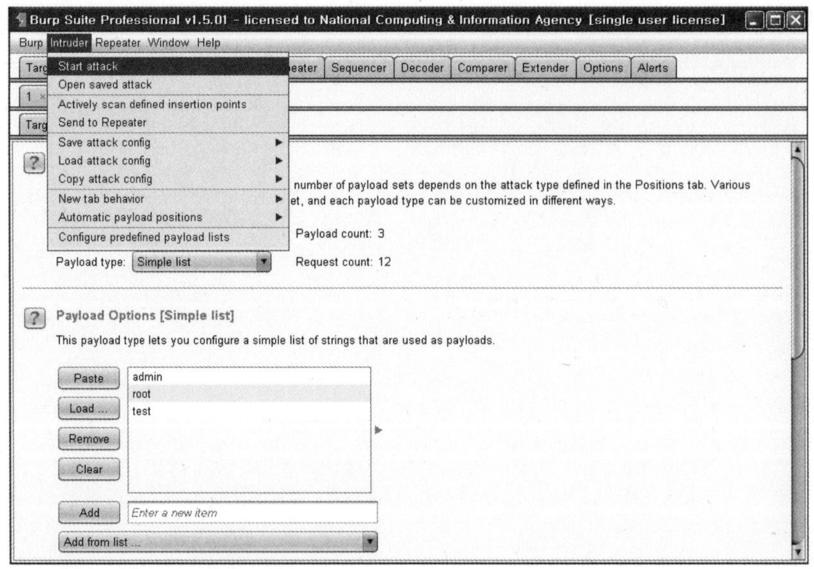

그림 C.24 Intruder 공격 실행

완료되면 그림 C.25와 같이 결과 창이 나타나며 Length 값이 다르게 나타나는 부분이 성공된 부분이다.

Intruder attack 1

Attack Save Columns

Results | Target | Positions | Payloads | Options

Filter: Showing all items

Request ▲	Payload1	Payload2	Status	Error	Timeout	Length	Comment
0			200	☐	☐	372	baseline request
1	admin	admin	200	☐	☐	372	
2	root	admin	200	☐	☐	372	
3	test	admin	200	☐	☐	372	
4	admin	root	200	☐	☐	372	
5	root	root	200	☐	☐	372	
6	test	root	200	☐	☐	372	
7	admin	test	200	☐	☐	372	
8	root	test	200	☐	☐	372	
9	test	test	200	☐	☐	372	

Finished

그림 C.25 Intruder 결과 화면

Repeater 기능은 자동화 공격을 위한 패킷을 재전송한다. 그림 C.26과 같이 게시판 글쓰기 등 자동화 공격을 하기 위한 초기 패킷을 전송한다.

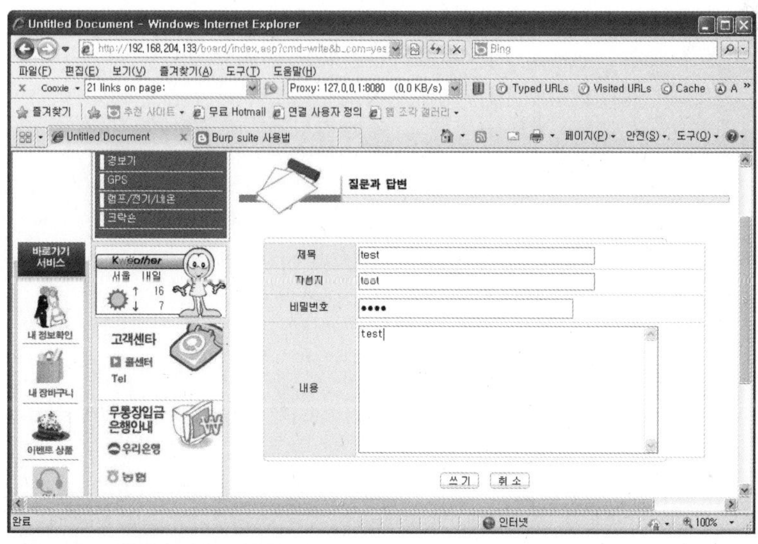

그림 C.26 게시판 글쓰기 화면

Proxy의 History에서 글쓰기 패킷 전송 부분(게시판에서 입력한 값들이 서버로 전송되는 부분이며 POST로 값들을 전송하게 된다)을 확인한 후 마우스 오른쪽 버튼을 클릭해 그림 C.27과 같이 Send to Repeater를 선택한다.

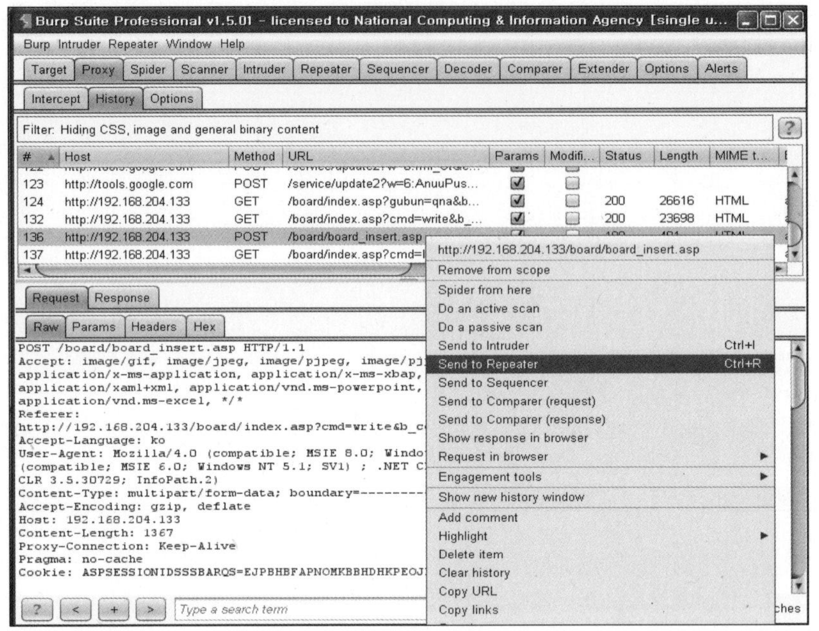

그림 C.27 Send to Repeater

그림 C.28과 같이 Repeater 탭의 Request 부분에 자동으로 내용이 입력된 것을 확인할 수 있으며, Target 부분에서 서버 정보가 자동으로 입력된다. 내용을 확인한 후 Go 버튼을 클릭할 때마다 패킷이 재전송돼 게시판의 글쓰기 시 입력했던 내용이 서버로 똑같이 전달된다.

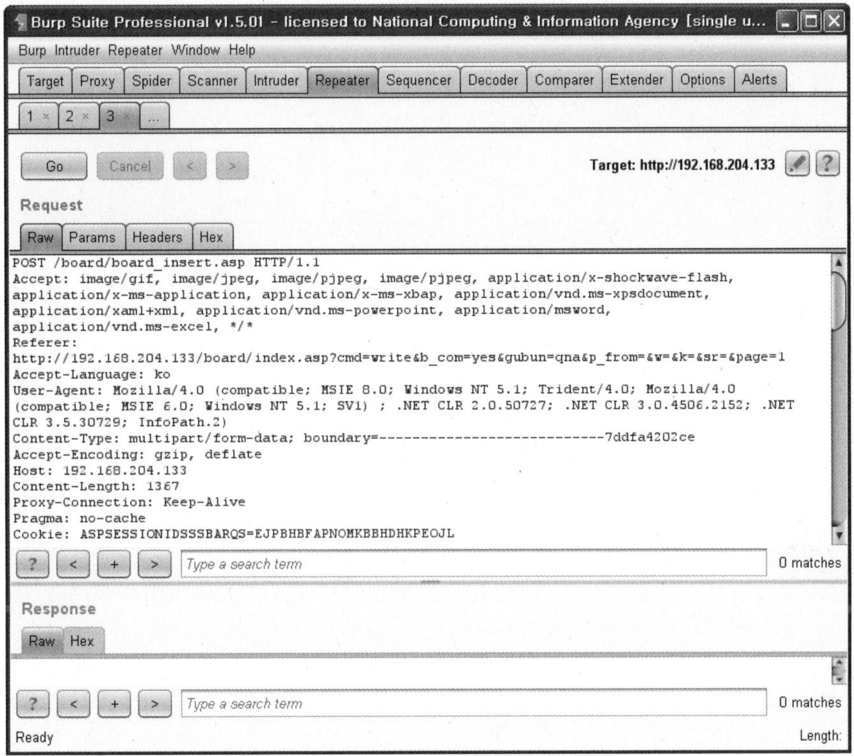

그림 C.28 Repeater 실행

Decoder 기능은 그림 C.29와 같이 평문을 인코딩하거나 인코딩된 값을 디코딩하는 데 사용한다.

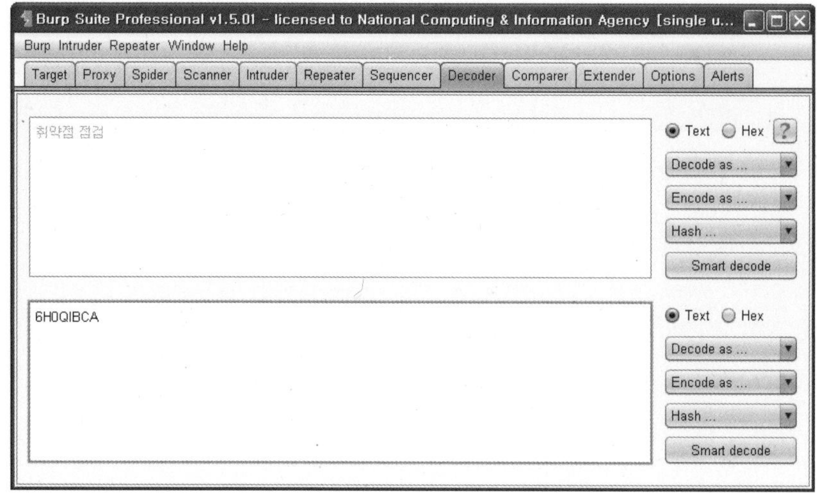

그림 C.29 Decoder

Comparer는 2개의 결과 값을 비교하는 데 사용한다.

그림 C.30과 같이 Intruder의 결과 값 중 비교하고 싶은 패킷을 선택해 Send to Comparer (response)를 클릭한다.

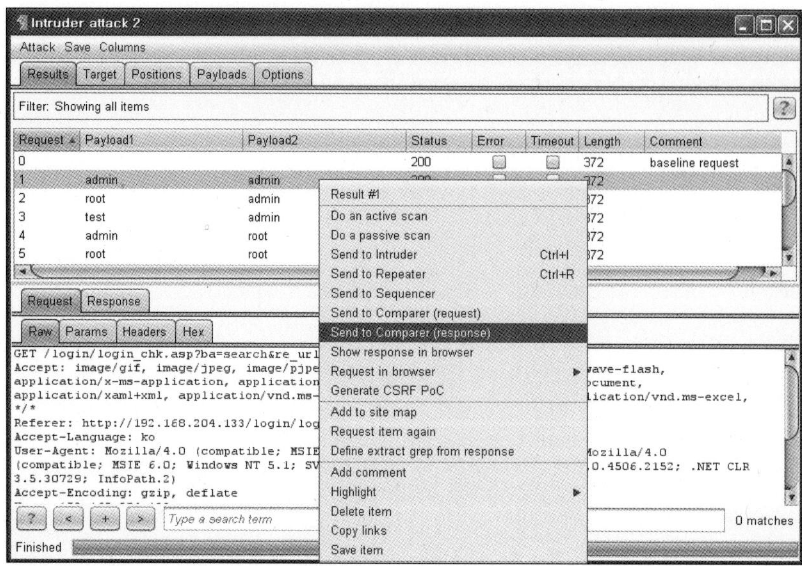

그림 C.30 Send to Comparer(response)

그림 C.31과 같이 선택한 2개의 값을 확인 후 Words 또는 Bytes 버튼을 클릭한다.

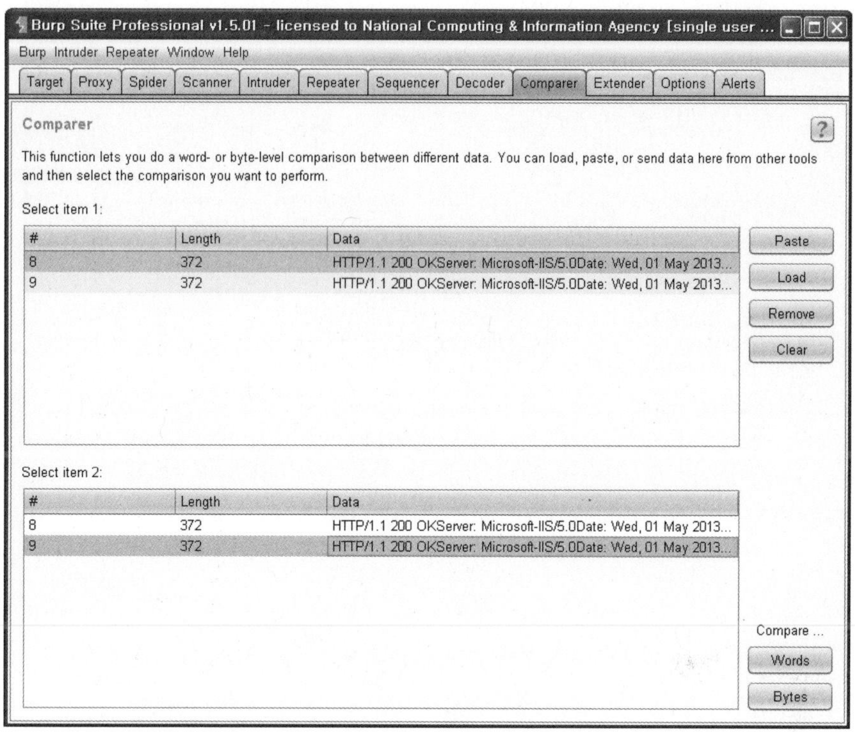

그림 C.31 Comparer 실행

그림 C.32는 Comparer의 결과 화면이다.

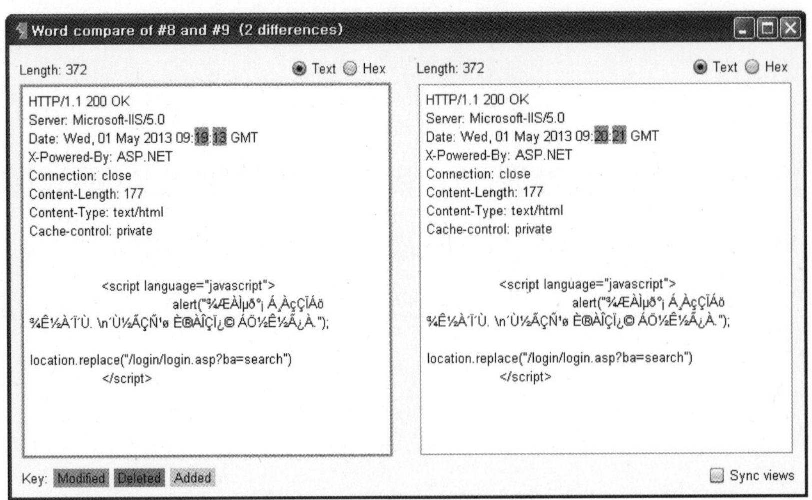

그림 C.32 Comparer 결과 화면

웹 프락시 툴인 버프 스위트Burp Suite의 기본적인 사용법을 살펴봤으며, 세부적인 Options 값들은 사용자의 재량에 따라 자유롭게 설정해 사용할 수 있다.

참고 문헌

1. 홈페이지 SW(웹) 개발 보안 가이드, 행정안전부, 한국인터넷진흥원, 2012. 11

2. 웹 애플리케이션 개발 보안 가이드 2013, 정부통합전산센터, 2013. 2

3. WEB & WAS 보안 설정 가이드 2012, 정부통합전산센터, 2012. 12

4. 『웹, 해킹과 방어』, 최경철, FREELEC

5. 국가 사이버 안전 매뉴얼, 국가정보원, 2005. 10

6. 웹사이트 보안가이드라인, Infosec, 2012. 5

7. 웹 서버 구축 보안 점검 안내서, 방송통신위원회, 한국인터넷진흥원, 2010. 1

8. 웹 애플리케이션 보안 안내서, 한국인터넷진흥원, 2010. 1

9. 홈페이지 개발 보안 안내서, 한국인터넷진흥원, 2010. 1

10. OWASP TOP 10 2013

11. http://technet.tmax.co.kr/kr/edocs/JEUS/60/server/index.html

12. 정보시스템 및 웹서비스 보안 관리 가이드, 2008. 1

13. 웹 서버 보안 관리 가이드, 정보통신부, 한국인터넷진흥원, 2003. 9

14. 『WEB/WAS 보안 가이드』, 이글루시큐리티, 2013

15. WEB 보안 가이드라인, Infosec, 2012. 11

16. WAS 보안 가이드라인, Infosec, 2012. 11

17. 웹사이트 보안 가이드라인, Infosec, 2012. 11

찾아보기

ㅇ

ㅈ

ㅊ

ㅋ

T

U

V

W

X

리눅스 해킹 퇴치 비법

James Stanger Ph.D 지음 | 강유 옮김 |
8989975050 | 666페이지 | 2002-05-20 | 40,000원

오픈 소스 보안 툴을 정복하기 위한 완전 가이드. 오픈 소스 툴을 사용해서, 호스트 보안, 네트웍 보안, 경계선 보안을 구현하는 방법을 설명한다.

ISA Server 2000 인터넷 방화벽

Debra Littlejohn Shinder 외 지음 | 문일준, 김광진 옮김
8989975158 | 774페이지 | 2002-11-08 | 45,000원

기업 ISA 서버 구현을 위한 완벽한 지침서. ISA Server의 두 가지 상반되는 목표인 보안과 네트워크 성능은 오늘날의 상호접속 환경에서 필수불가결한 요소이며 전체적인 네트워크 설계에서 ISA Server는 중요한 역할을 한다.

네트웍 해킹 퇴치 비법

David R.Mirza Ahmad 지음 | 강유 옮김
8989975107 | 825페이지 | 2002-12-06 | 40,000원

네트웍을 보호하기 위한 완변 가이드 1판을 개정한 최신 베스트 셀러로 당신의 보안 책 목록에 반드시 들어 있어야 할 책이다. 네트웍 해킹 방지 기법, 2판은 해커를 막는 유일한 방법이 해커처럼 생각하는 것이라는 사실을 당신에게 알려 줄 것이다.

솔라리스 해킹과 보안

Wyman Miles 지음 | 황순일, 정수현 옮김
8989975166 | 450페이지 | 2003-04-03 | 30,000원

인가된 사용자에게 적절한 접근을 허가하고 비인가된 사용자를 거부하는 구현을 얼마나 쉽게 할 수 있을까? 솔라리스에 관리자가 사용할 수 있는 많은 도구를 제공한다.

강유의 해킹 & 보안 노하우

강유, 정수현 지음
8989975247 | 507페이지 | 2003-04-15 | 35,000원

이 책은 지금까지 저자가 보안 책을 보면서 아쉽게 생각했던 부분을 모두 한데 모은 것이다. 보안의 기본이라 할 수 있는 유닉스 보안에서 네트웍 보안, 윈도우 보안에 이르기까지 반드시 알아야 할 보안 지식을 설명한다.

사이버 범죄 소탕작전 컴퓨터 포렌식 핸드북

Debra Littlejohn Shinder, Ed Tittel 지음 | 강유 옮김
8989975328 | 719페이지 | 2003-08-25 | 30,000원

IT 전문가에게 증거 수집의 원칙을 엄격히 지켜야 하고 사이버 범죄 현장을 그대로 보존해야 하는 수사현황을 소개한다. 수사담당자에게는 사이버 범죄의 기술적 측면과 기술을 이용해서 사이버 범죄를 해결하는 방법을 알려준다. 사이버 범죄의 증거를 수집하고 해석하는 법을 이해함으로써 컴퓨터 포렌식에 대한 전문적인 지식을 얻을 수 있다.

스노트 2.0 마술상자 오픈 소스 IDS의 마법에 빠져볼까

Brian Caswell, Jeffrey Posluns 지음 | 강유 옮김
8989975344 | 255페이지 | 2003-09-25 | 28,000원

Snort 2.0에 관한 모든 것을 설명한다. Snort의 설치법에서부터 규칙 최적화, 다양한 데이터 분석 툴을 사용하는 법, Snort 벤치마크 테스트에 이르기까지 Snort IDS에 대해서 상상할 수 있는 모든 것을 설명한다.

네트워크를 훔쳐라
상상을 초월하는 세계 최고 해커들의 이야기

Ryan Russell 지음 | 강유 옮김
8989975354 | 340페이지 | 2003-10-27 | 18,000원

이 책은 매우 특이한 소설이다. 실제 해커들의 체험한 이야기를 바탕으로 허구와 실제를 넘나드는 해킹의 기술을 재미있게 소개하고 해킹은 고도의 심리전임을 알려준다.

해킹 공격의 예술 (절판)
Jon Erickson 지음 | 강유 옮김
8989975476 | 254페이지 | 2004-05-21 | 19,000원

이 책에서는 해킹의 이론뿐만 아니라 그 뒤에 존재하는 세부적인 기술을 설명한다. 또한 다양한 해킹 기법을 설명하는데 그중 대부분은 매우 기술적인 내용과 해킹 기법에서 쓰이는 핵심 프로그래밍 개념을 소개한다.

구글 해킹

Johnny Long 지음 | 강유 옮김
8989975662 | 526페이지 | 2005-06-16 | 19,800원

이 책에서는 악성 '구글 해커'의 공격 기법을 분석함으로써, 보안 관리자가 흔히 간과하지만 실제로는 매우 위험한 정보 유출로부터 서버를 보호하는 방법을 설명한다.

시스코 네트워크 보안

Eric Knipp 외 지음 | 강유 옮김
8989975689 | 784페이지 | 2005-10-13 | 40,000원

이 책에서는 IP 네트워크 보안과 위협 환경에 대한 일반 정보뿐만 아니라 시스코 보안 제품에 대한 상세하고 실용적인 정보를 제공한다. 이 책의 저자들은 실전 경험이 풍부한 업계 전문가들이다. 각 장에서는 PIX 방화벽, Cisco Secure IDS, IDS의 트래픽 필터링, Secure Policy Manager에 이르는 여러 보안 주제를 설명한다.

웹 애플리케이션 해킹 대작전 웹 개발자들이 알아야 할 웹 취약점과 방어법

마이크 앤드류스 외 지음 | 윤근용 옮김 | 강유 감수
9788960770102 | 240페이지 | 2007-01-30 | 25,000원

이 책에서는 웹 소프트웨어 공격의 각 주제(클라이언트, 서버에서의 공격, 상태, 사용자 입력 공격 등) 별로 두 명의 유명한 보안 전문가가 조언을 해준다. 웹 애플리케이션 구조와 코딩에 존재할 수 있는 수십 개의 결정적이고 널리 악용되는 보안 결점들을 파헤쳐 나가면서 동시에 강력한 공격 툴들의 사용법을 마스터해나갈 것이다.

오픈소스 툴킷을 이용한 **실전해킹 절대내공**

Johnny Long 외 지음 | 강유, 윤근용 옮김
9788960770140 | 744페이지 | 2007-06-25 | 38,000원

모의 해킹에서는 특정한 서버나 소프트웨어의 취약점을 알고 있는 것도 중요하지만 정보 수집, 열거, 취약점 분석, 실제 공격에 이르는 전 과정을 빠짐없이 수행할 수 있는 자신만의 체계를 확립하는 것이 더욱 중요하다. 체계적인 모의 해킹 과정을 습득하는 데 많은 도움을 주는 책이다.

윈도우 비스타 보안 프로그래밍

마이클 하워드, 데이빗 르블랑 지음 | 김홍석, 김홍근 옮김
9788960770263 | 288페이지 | 2007-11-27 | 25,000원

윈도우 비스타용으로 안전한 소프트웨어를 개발하려는 프로그래머를 위한, 윈도우 비스타 보안 관련 첫 서적으로 윈도우 애플리케이션 개발자가 안전한 소프트웨어 제품을 만들 수 있는 보안 모범 사례를 보여주고 있다.

루트킷 윈도우 커널 조작의 미학

그렉 호글런드, 제임스 버틀러 지음 | 윤근용 옮김
9788960770256 | 360페이지 | 2007-11-30 | 33,000원

루트킷은 해커들이 공격하고자 하는 시스템에 지속적이면서 탐지되지 않은 채로 교묘히 접근할 수 있는 최고의 백도어라고 할 수 있다. rootkit.com을 만들고 블랙햇에서 루트킷과 관련한 교육과 명강의를 진행해오고 있는 저자들이 집필한 루트킷 가이드

와이어샤크를 활용한 실전 패킷 분석
시나리오에 따른 상황별 해킹 탐지와 네트워크 모니터링

크리스 샌더즈 지음 | 김경곤, 장은경 옮김
9788960770270 | 240페이지 | 2007-12-14 | 25,000원

와이어샤크를 이용해 패킷을 캡처하고 분석하는 방법을 익힘으로써 실제 네트워크 환경에서 발생할 수 있는 다양한 시나리오에 대한 문제를 분석하고 해결하는 방법을 배울 수 있다. 네트워크에서 오가는 패킷을 잡아내어 분석해냄으로써, 해킹을 탐지하고 미연에 방지하는 등 네트워크에서 벌어지는 다양한 상황을 모니터링할 수 있다.

리눅스 방화벽
오픈소스를 활용한 철통 같은 보안

마이클 래쉬 지음 | 민병호 옮김
9788960770577 | 384페이지 | 2008-09-12 | 30,000원

해커 침입을 적시에 탐지하고 완벽히 차단하기 위해, iptables, psad, fwsnort를 이용한 철통 같은 방화벽 구축과 보안에 필요한 모든 내용을 상세하고 흥미롭게 다룬 리눅스 시스템 관리자의 필독서

웹 개발자가 꼭 알아야 할
Ajax 보안

빌리 호프만, 브라이언 설리번 지음 | 고현영, 윤평호 옮김
9788960770645 | 496페이지 | 2008-11-10 | 30,000원

안전하고 견고한 Ajax 웹 애플리케이션을 제작해야 하는 웹 개발자라면 누구나 꼭 알아야 할 Ajax 관련 보안 취약점을 알기 쉽게 설명한 실용 가이드

웹 해킹 & 보안 완벽 가이드
웹 애플리케이션 보안 취약점을 겨냥한 공격과 방어

데피드 스터타드, 마커스 핀토 지음 | 조도근, 김경곤, 장은경, 이현정 옮김
9788960770652 | 840페이지 | 2008-11-21 | 40,000원

악의적인 해커들이 웹 애플리케이션을 어떻게 공격하는지, 실제 취약점을 찾기 위해 어떤 방법으로 접근하는지, 웹 애플리케이션에서 존재하는 취약점을 찾고 공격하기 위해 어떤 과정을 거쳐야 하는지를 자세히 설명하는 웹 해킹 실전서이자 보안 방어책을 알려주는 책이다.

리버싱 리버스 엔지니어링 비밀을 파헤치다

엘다드 에일람 지음 | 윤근용 옮김
9788960770805 | 664페이지 | 2009-05-11 | 40,000원

복제방지기술 무력화와 상용보안대책 무력화로 무장한 해커들의 리버싱 공격 패턴을 파악하기 위한 최신 기술을 담은 해킹 보안 업계 종사자의 필독서. 소프트웨어의 약점을 찾아내 보완하고, 해커의 공격이나 악성코드를 무력화하며, 더 좋은 프로그램을 개발할 수 있도록 프로그램의 동작 원리를 이해하는 데도 효율적인 리버스 엔지니어링의 비밀을 파헤친다.

크라임웨어 쥐도 새도 모르게 일어나는 해킹 범죄의 비밀

마커스 야콥슨, 줄피카 람잔 지음 | 민병호, 김수정 옮김
9788960771055 | 696페이지 | 2009-10-30 | 35,000원

우리가 직면한 최신 인터넷 보안 위협을 매우 포괄적으로 분석한 책. 이 책에서는 컴퓨터 사이버 공격과 인터넷 해킹 등 수많은 범죄로 악용되는 크라임웨어의 경향, 원리, 기술 등 현실적인 문제점을 제시하고 경각심을 불러일으키며 그에 대한 대비책을 논한다.

엔맵 네트워크 스캐닝 네트워크 발견과 보안 스캐닝을 위한 Nmap 공식 가이드

고든 '표도르' 라이언 지음 | 김경곤, 김기남, 장세원 옮김
9788960771062 | 680페이지 | 2009-11-16 | 35,000원

엔맵 보안 스캐너를 만든 개발자가 직접 저술한 공식 가이드로 초보자를 위한 포트 스캐닝의 기초 설명에서 고급 해커들이 사용하는 상세한 로우레벨 패킷 조작 방법에 이르기까지, 모든 수준의 보안 전문가와 네트워크 전문가가 꼭 읽어야 할 책이다.

프로그래머라면 누구나 할 수 있는 **파이썬 해킹 프로그래밍**

저스틴 지이츠 지음 | 윤근용 옮김
9788960771161 | 280페이지 | 2010-01-04 | 25,000원

해커와 리버스 엔지니어가 꼭 읽어야 할 손쉽고 빠른 파이썬 해킹 프로그래밍. 디버거, 트로이목마, 퍼저, 에뮬레이터 같은 해킹 툴과 해킹 기술의 기반 개념을 설명한다. 또한 기존 파이썬 기반 보안 툴의 사용법과 기존 툴이 만족스럽지 않을 때 직접 제작하는 방법도 배울 수 있다.

구글해킹 절대내공

Johnny Long 지음 | 강유, 윤평호, 정순범, 노영진 옮김
9788960771178 | 612페이지 | 2010-01-21 | 35,000원

악성 '구글해커'의 공격기법을 분석함으로써 보안관리자가 흔히 간과하지만 매우 위험한 정보 유출로부터 서버를 보호하는 방법을 설명한다. 특히 구글해킹의 갖가지 사례를 스크린샷과 함께 보여주는 쇼케이스 내용을 새롭게 추가해 해커의 공격 방식을 한눈에 살펴볼 수 있다.

버그 없는 안전한 소프트웨어를 위한 CERT® C 프로그래밍
The CERT® C Secure Coding Standard

로버트 C. 시코드 지음 | 현동석 옮김 | 9788960771215 | 740페이지 | 2010-02-16 | 40,000원

보안상 해커의 침입으로부터 안전하고, 버그 없이 신뢰도가 높은 소프트웨어를 개발할 수 있도록 컴퓨터 침해사고대응센터인 CERT가 제안하는 표준 C 프로그래밍 가이드. C 언어로 개발되는 소프트웨어 취약성을 분석해 근본 원인이 되는 코딩 에러를, 심각도, 침해 발생가능성, 사후관리 비용 등에 따라 분류하고, 각 가이드라인에 해당하는 불안전한 코드의 예와 해결 방법을 함께 제시한다.

(개정판) 해킹: 공격의 예술

존 에릭슨 지음 | 장재현, 강유 옮김 | 9788960771260 | 676페이지 | 2010-03-19 | 30,000원

프로그래밍에서부터 공격 가능한 기계어 코드까지 해킹에 필요한 모든 것을 다룸으로써 해킹의 세계를 좀 더 쉽게 이해할 수 있도록 해킹의 예술과 과학을 설파한 책. 해킹을 공부하고 싶지만 어디서부터 시작해야 할지 모르는 초보 해커들에게 해킹의 진수를 알려주는 한편, 실제 코드와 해킹 기법, 동작 원리에 대한 설명이 가득한 간결하고 현실적인 해킹 가이드다. 기본적인 C 프로그래밍에서부터 기본 공격 기법, 네트워크 공격, 셸코드 공격과 그에 대한 대응책까지 해킹의 거의 모든 부분을 다룬다.

해킹 초보를 위한 웹 공격과 방어

마이크 셰마 지음 | 민병호 옮김 | 9788960771758 | 236페이지 | 2011-01-26 | 20,000원

보안 실무자와 모의 해킹 전문가가 바로 활용할 수 있는 최신 기술이 담긴 책!
웹 보안의 개념과 실전 예제가 모두 담긴 책!
적은 분량임에도 불구하고 매우 실질적인 공격 예제와 최선의 방어법을 모두 담고 있는 책이 바로 『해킹 초보를 위한 웹 공격과 방어』다.

실용 암호학 보안 실무자를 위한 정보 보호와 암호화 구현

닐스 퍼거슨, 브루스 슈나이어, 타다요시 코노 지음 | 구형준, 김진국, 김경신 옮김
9788960771970 | 448페이지 | 2011-04-29 | 30,000원

암호학의 이론적 배경에 기반을 두고 동작 원리를 설명한다. 또한 실무에서 암호학을 어떻게 적용할 수 있는지에 초점을 맞춘 실전 암호학 가이드다. 보안 실무자와 실제 암호를 구현하는 개발자 모두를 위한 필수 지침서로서, 단순 이론을 배우는 데 그치지 않고 실용적 측면에서 암호학을 이해할 수 있는 최고의 암호학 서적이다.

해킹 초보를 위한 USB 공격과 방어

브라이언 앤더슨, 바바라 앤더슨 지음 | 윤민홍, 남기혁 옮김
9788960772007 | 324페이지 | 2011-05-31 | 25,000원

편리해서 널리 사용되는 USB 메모리가 사실 얼마나 위험한 존재인지 깨닫게 해주는 책이다. 악성 코드를 심어 사용자 몰래 컴퓨터의 자료를 훔치는 일부터 전원이 꺼진 컴퓨터의 메모리에서 정보를 빼가는 일까지 USB 메모리로 할 수 있는 공격 방법들을 분석하고 방어 전략을 세울 수 있게 도움을 준다. 또한 사회공학적인 방법이 더해져 상상할 수 없을 만큼 확장될 수 있는 공격 방법들도 분석하고 대처하는 방법을 알려준다.

넷 마피아 국경 없는 인터넷 지하경제를 파헤치다

조셉 멘 지음 | 차백만 옮김 | 9788960772014 | 364페이지 | 2011-05-31 | 15,800원

이 책은 웹사이트 공격에서 신원도용으로 발전한 사이버 범죄조직에 맞서 싸운 두 남자에 대한 실화를 다룬다. 저자는 이 책에서 사이버 범죄로 인해 현대사회가 전자상거래의 추락뿐만 아니라 금융시스템의 붕괴까지 직면하고 있다고 지적한다. 한마디로 사이버 조직범죄는 국제 마약거래나 핵 확산만큼 심각한 문제다. 나아가 러시아나 중국 정부는 국익을 위해 자국 해커들을 보호하고 심지어 전략적 수단으로 활용한다. 이 책은 영화처럼 흥미진진하지만 한편으론 인터넷 시대에 대한 매우 위험한 통찰이 담겨 있다.

해킹 초보를 위한 무선 네트워크 공격과 방어

브래드 하인스 지음 | 김경곤, 김기남 옮김
9788960772175 | 212페이지 | 2011-07-29 | 20,000원

무선 네트워크 세계에서 발생할 수 있는 7가지 주요 공격 방법과 대응 방법을 소개한다. 와이파이 무선 네트워크 기반 공격과, 무선 클라이언트에 대한 공격, 블루투스 공격, RFID 공격, 아날로그 무선 장치 공격, 안전하지 않은 암호, 휴대폰, PDA, 복합 장치에 대한 공격 실패 사례, 공격과 방어 방법에 대한 지식을 얻을 수 있을 것이다.

BackTrack 4 한국어판 공포의 해킹 툴 백트랙 4

샤킬 알리, 테디 헤리얀토 지음 | 민병호 옮김
9788960772168 | 436페이지 | 2011-07-29 | 30,000원

최초로 백트랙(BackTrack) 운영체제를 다룬 책으로서, 침투 테스트(모의 해킹)의 A에서 Z까지를 모두 다룬다. 워낙 다양한 해킹 툴을 다루다 보니 독자 입장에서는 '양날의 칼과 같은 해킹 툴이 악용되면 어쩌려고 이런 책을 출간했나'하는 걱정을 할 수도 있다. 하지만 구더기 무서워 장 못 담그랴. 해킹 툴을 널리 알려 윤리적 해커인 침투 테스터 양성에 기여하는 게 바로 이 책의 목적이다. 이를 위해 이 책에서는 해킹 툴뿐만 아니라 보고서 작성과 발표 등 전문 침투 테스터에게 반드시 필요한 내용도 충실히 다룬다.

와이어샤크 네트워크 완전 분석

로라 채플 지음 | 김봉한, 이재광, 이준환, 조한진, 채철주 옮김
9788960772205 | 912페이지 | 2011-08-19 | 50,000원

와이어샤크(Wireshark)는 지난 10여 년간 산업계와 교육기관에서 가장 많이 사용하는 사실상 표준이다. 이 책은 IT 전문가들이 트러블슈팅, 보안과 네트워크 최적화를 위해 사용하는 필수 도구인 와이어샤크를 설명한 책 중 최고의 지침서가 될 것이다. 이 책의 저자인 로라 채플은 HTCIA와 IEEE의 회원으로, 1996년부터 네트워크와 보안 관련 책을 10여 권 이상 집필한 유명한 IT 교육 전문가이자 네트워크 분석 전문가다.

BackTrack 5 Wireless Penetration Testing 한국어판
백트랙 5로 시작하는 무선 해킹

비벡 라마찬드란 지음 | 민병호 옮김
9788960772397 | 224페이지 | 2011-10-24 | 25,000원

어디서나 편리하게 이용할 수 있는 무선 랜이 공격에 얼마나 취약할 수 있는지 자세히 다룬다. 업무상 무선 랜의 보안을 점검해야 하는 사람은 물론이고 집과 사무실의 무선 랜 환경을 안전하게 보호하고 싶은 사람이라면 반드시 이 책을 읽어보기 바란다.

2013 문화체육관광부 우수학술도서 선정
사회공학과 휴먼 해킹 인간의 심리를 이용해 어떻게 원하는 것을 얻는가?

크리스토퍼 해드네기 지음 | 민병교 옮김
9788960772939 | 444페이지 | 2012-04-09 | 30,000원

이 책은 사람을 통제해 자신이 원하는 것을 얻어내는 데 활용할 수 있는 기본적인 심리이론, 정보수집방법, 구체적인 질문, 위장, 속임수, 조작, 설득방법, 그리고 다양한 도구와 장비들의 사용법 등 사회공학의 모든 것을 자세히 소개한다.

악성코드 분석가의 비법서 Malware Analysis Cookbook and DVD

마이클 할레 라이, 스티븐 어드에어, 블레이크 할스타인, 매튜 리차드 지음
여성구, 구형준 옮김 | 이상진 감수 | 9788960773011 | 896페이지 | 2012-05-22 | 45,000원

악성코드 분석에 필요한 여러 비법을 소개한 책이다. 악성코드 분석 환경 구축에서 다양한 자동화 분석 도구를 이용한 분석 방법까지 차근히 설명한다. 또한 디버깅과 포렌식 기법까지 상당히 넓은 영역을 난이도 있게 다루므로 악성코드 분석 전문가도 십분 활용할 수 있는 참고 도서다.

모의 해킹 전문가를 위한 **메타스플로잇 Metasploit**

데이비드 케네디, 짐 오고먼, 데본 컨즈, 마티 아하로니 지음
김진국, 이경식 옮김 | 9788960773240 | 440페이지 | 2012-07-20 | 33,000원

2003년부터 시작된 메타스플로잇 프로젝트는 꾸준한 업데이트와 다양한 부가 기능으로 모의 해킹 전문가들에게 필수 도구로 자리를 잡았다. 하지만 처음 메타스플로잇을 접하는 초보자들은 한글로 된 매뉴얼이 부족해 활용하는 데 어려움을 겪는다. 이 책은 메타스플로잇 초보에게 좋은 길잡이가 되며, 기초적인 내용부터 고급 기능까지 두루 다루므로 전문가에게도 훌륭한 참고서가 될 것이다.

(개정판) 와이어샤크를 활용한 실전 패킷 분석
상황별 시나리오에 따른 해킹 탐지와 네트워크 모니터링

크리스 샌더즈 지음 | 이재광, 김봉한, 조한진, 이원구 옮김
9788960773288 | 368페이지 | 2012-07-31 | 30,000원

이 책은 패킷 분석 도구 중 가장 대표적인 와이어샤크를 이용해 패킷을 캡처하고 분석하는 기법을 소개한다. 패킷 분석이란 무엇이고, 어떠한 방법들을 통해 분석할 수 있는지 설명한다. 또한 TCP/IP의 기본이 되는 TCP, UDP, IP, HTTP, DNS와 DHCP 프로토콜들이 어떻게 동작하는지도 보여준다. 뿐만 아니라 실전에서 유용하게 사용할 수 있는 예제를 이용해 설명하며, 최근에 중요한 이슈가 되고 있는 보안과 무선 패킷 분석 기법도 소개한다.

The IDA Pro Book (2nd Edition) 한국어판 리버스 엔지니어링에 날개를 달다

크리스 이글 지음 | 고현영 옮김 | 9788960773325 | 780페이지 | 2012-08-23 | 45,000원

IDA Pro를 사용해보고 싶은데 어떻게 시작해야 할지 잘 모른다면 이 책으로 시작해보길 바란다. 이 책은 IDA Pro에 대한 훌륭한 가이드로, IDA Pro의 구성부터 기본적인 기능, 스크립트와 SDK를 활용한 당면한 문제를 쉽게 해결할 수 있는 방법 등 IDA의 모든 것을 알려준다. 이 책을 보고 나면 IDA Pro를 이용한 리버스 엔지니어링의 마스터가 되어 있을 것이다.

2013 문화체육관광부 우수학술도서 선정

해킹사고의 재구성

사이버 침해사고의 사례별 해킹흔적 수집과 분석을 통한 기업 완벽 보안 가이드

최상용 지음 | 9788960773363 | 352페이지 | 2012-08-29 | 25,000원

이 책은 해킹사고 대응을 다년간 수행한 저자의 경험을 바탕으로, 해킹사고 대응 이론을 실무에 적용하는 방법과 실무적으로 가장 빠른 접근이 가능한 사고 분석의 실체를 다룬다. 이 책을 통해 독자들은 해킹사고 시 해킹 흔적 분석/조합을 통한 해커의 행동 추적 기법과, 사이버 침해사고 실제 사례를 통한 기업을 위한 최적의 대응 모델에 대한 지식과 기술을 빠르고 완벽하게 습득하게 될 것이다.

보안 전문가와 아이폰 개발자를 위한 iOS 해킹과 방어

조나단 지드자스키 지음 | 민병호 옮김 | 9788960773370 | 472페이지 | 2012-08-31 | 35,000원

모바일 앱 개발자, 특히 금융/쇼핑 앱, 개인정보 저장 앱, 또는 사내 전용 앱을 개발하는 개발자라면 주목하자. 애플의 보호 클래스를 사용해서 데이터를 암호화하니 안전하다고 생각하는가? 지금 바로 이 책을 읽어보자. 신혼의 단꿈이 무너지듯 현실은 냉혹하기 그지 없을 것이다. 이 책은 iOS 보안의 불완전함을 알기 쉽게 설명하고 개발자 입장에서 이를 어떻게 보완할 수 있는지 친절하게 알려준다. 모바일 보안이 이슈인 요즘, 미래를 대비하는 개발자라면 꼭 한 번 읽어보자.

백트랙을 활용한 모의 해킹

조정원, 박병욱, 임종민, 이경철 지음 | 9788960774452 | 640페이지 | 2013-06-28 | 40,000원

백트랙 라이브 CD는 모든 네트워크 대역의 서비스를 진단할 수 있는 종합 도구다. 백트랙은 취약점 진단과 모의해킹 프로세스 단계별 도구로 구성되어 있으므로, 이에 바탕해 설명한 이 책에서는 실제 업무에서 모의해킹이 어떻게 진행되는지 손쉽게 배울 수 있다. 저자들이 컨설팅 업무를 하면서 느낀 점, 입문자들에게 바라는 점 등 실무 경험을 바탕으로 이해하기 쉽게 설명했다. 백트랙 도구들을 다루는 실습 부분에서는 프로세스별로 활용할 수 있는 주요 도구들을 선별해 알아보고, 단계별로 좀더 중요도가 높은 도구는 자세히 다뤘다.

해커 공화국 미래 전쟁 사이버워, 전시상황은 이미 시작됐다

리처드 클라크, 로버트 네이크 지음 | 이선미 옮김

9788960774483 | 384페이지 | 2013-07-30 | 40,000원

로널드 레이건, 조지 H. 부시, 조지 W. 부시, 빌 클린턴 대통령 등의 임기 동안 미국 정부에서 업무를 수행한 안보 분야의 핵심 인사 리처드 클라크가 들려주는 믿기 어려우면서도 부인할 수 없는 사이버 전쟁 이야기. 머지않은 미래의 전쟁인 사이버전을 최초로 독자 눈높이에 맞춰 다룬 이 책에서는 사이버전의 실제 사례 및 미국 내 정책과 대응 방안 및 세계 평화를 위해 모두가 나아가야 할 방향을 제시한다. 세계 수위를 다투는 인터넷 강국이지만 최근 일어난 일련의 사이버 테러 사건들을 통해 사이버 보안 취약성을 여실히 보여준 대한민국이 반드시 귀 기울여 들어야 하는 행동 강령이 제시된다.

우리가 어나니머스다 We Are Anonymous
어나니머스, 룰즈섹 국제해킹집단의 실체를 파헤치다

파미 올슨 지음 | 김수정 옮김 | 9788960774537 | 640페이지 | 2013-08-23 | 25,000원

지금껏 그 실체를 알 수 없었던 '어나니머스 해킹 그룹'의 실체를 낱낱이 파헤친다. 기계음으로 상대에게 경고 메시지를 날리는 섬뜩한 유튜브 동영상이나, 위키리크스를 위한 보복성 공격과 사이언톨로지 교회 웹 사이트 해킹, 최근 우리나라와 북한을 향한 해킹 공격 예고장 등으로 이름을 날린 '어나니머스'의 탄생부터 최근까지의 역사가 이 책에 모두 담겨 있다.

실전 악성코드와 멀웨어 분석 Practical Malware Analysis

마이클 시코스키, 앤드류 호닉 지음 | 여성구, 구형준, 박호진 옮김
9788960774872 | 1,008페이지 | 2013-10-29 | 45,000원

이 책은 악성코드 분석의 초심자를 비롯해 중고급자에게 충분한 지식을 전달할 수 있게 구성되었으며, 악성코드 분석 기법과 사용 도구, 그리고 악성코드 분석의 고급 기법을 다룬다. 특히 저자가 직접 작성한 악성코드 샘플을 각 장의 문제와 더불어 풀이해줌으로써 문제를 고민하고 실습을 통해 체득해 악성코드 분석에 대한 이해와 능력을 크게 향상시킬 수 있다.

Nmap NSE를 활용한 보안 취약점 진단
엔맵 스크립팅 엔진으로 하는 네트워크와 웹서비스 보안 분석

조정원, 박병욱, 이준형, 서준석 지음 | 9788960774933 | 544페이지 | 2013-11-29 | 40,000원

이 책에서는 엔맵 스크립팅 엔진(Nmap Scripting Engine) NSE에 대해 분석을 하고, 분석된 스크립트 중에서 업무에 바로 적용하고 효율적인 업무 프로세스를 만들 수 있도록 실습과 함께 가이드를 제시했다. 특히 NSE에서 기본적으로 제공하는 430여 개의 크고 작은 스크립트 중에서 특히 실무에서 바로 효율적으로 사용할 수 있는 50여 가지 스크립트를 선정해 다뤘다.

해킹의 꽃 디스어셈블링 Hacker Disassembling Uncovered
보안 분석에 유용한 리버스 엔지니어링 기술

크리스 카스퍼스키 지음 | 서준석 옮김 | 9788960775039 | 720페이지 | 2013-12-26 | 40,000원

이 책은 고급 해커의 필수 능력인 디스어셈블링 기법을 집중적으로 다룬다. 디버깅, 디스어셈블링에 대한 기본 지식부터 커널 분석, 고급 패치 기술 등 분석 과정에서 마주칠 수 있는 깊이 있는 주제들을 다양한 관점과 예제를 통해 학습할 수 있는 훌륭한 분석 길잡이가 되어 줄 것이다.

소프트웨어 보안 평가 The Art of Software Security Assessment

마크 다우드, 존 맥도날드, 저스틴 슈 지음 | 삼성SDS 정보보안연구회 옮김
9788960775114 | 1,256페이지 | 2013-12-31 | 58,000원

알려지지 않은 취약점을 연구하는 저자들의 특별한 경험을 바탕으로, 감지하기 어렵고 잘 숨겨진 보안 취약점들을 처음부터 끝까지 밝혀내는 방법을 소개한다. 유닉스/리눅스와 윈도우 환경에서의 소프트웨어 취약점에 대한 모든 범위를 다룸으로써 네트워크와 웹 소프트웨어를 비롯해 모든 종류의 애플리케이션과 함수에 대한 보안 평가를 할 수 있게 해준다.

웹 해킹과 보안 설정 가이드 웹 개발자와 서버 운영자를 위한

백승호 지음 | 9788960775220 | 292쪽 | 2014-01-29 | 정가 28,000원

웹 해킹 기법을 소개하고, 홈페이지에서 해당 웹 해킹에 대한 취약점의 존재 여부를 확인하는 방법, 안전한 소스코드 개발 방법과 서버의 보안 설정 방법을 설명한다. 이 책에서 홈페이지 개발자는 안전한 홈페이지 개발에 도움을 받을 수 있고, 운영자는 안전한 보안 설정 방법을 확인할 수 있다.

웹 해킹과 보안 설정 가이드

웹 개발자와 서버 운영자를 위한

초판 인쇄 | 2014년 1월 24일
1쇄 발행 | 2015년 4월 15일

지은이 | 백 승 호

펴낸이 | 권 성 준
엮은이 | 김 희 정
박 창 기
윤 설 희

표지 디자인 | 이 롭 게
본문 디자인 | 권 수 진

인　쇄 | (주)갑우문화사
용　지 | 다올페이퍼(주)

에이콘출판주식회사
경기도 의왕시 계원대학로 38 (내손동) (437-836)
전화 02-2653-7600, 팩스 02-2653-0433
www.acornpub.co.kr / editor@acornpub.co.kr

ISBN 978-89-6077-522-0
ISBN 978-89-6077-104-8 (세트)
http://www.acornpub.co.kr/book/secure-setting-guide

이 도서의 국립중앙도서관 출판시도서목록(CIP)은 서지정보유통지원시스템 홈페이지(http://seoji.nl.go.kr)와 국가자료공동목록시스템(http://www.nl.go.kr/kolisnet)에서 이용하실 수 있습니다.
(CIP제어번호:CIP2014002355)

책값은 뒤표지에 있습니다.